자식은 교육을 받지 못하셨지만

나를 교육시키기 위해 희생하신 홀어머니와

내가 평생 배우는 자로 살아가도록 자극하고

동기를 부여해주는

무디성경학교(MBI)의 학생들에게 이 책을 바칩니다.

The Whole Bible Story

by William H. Marty



Originally published in English under the title
The Whole Bible Story by Bethany House

11400 Hampshire Avenue South
Bloomingtons Minnesota 55438



구약에서 일어난 모든 일들

초판발행 | 2014년 11월 25일

지 은 이 | 윌리엄 H. 마티
옮 긴 이 | 강선규

펴 낸 이 | 허철
편 집 | 김혜진
디 자 인 | 이보다나
인 쇄 소 | 예원프린팅

펴 낸 곳 | 도서출판 순전한 나드
등록번호 | 제2010-000128
주 소 | 서울 강남구 역삼2동 774-31 2층
도서문의 | 02) 574-6702 / 010-6214-9129
편 집 실 | 02) 574-9702
팩 스 | 02) 574-9704
홈페이지 | www.purenard.co.kr

Printed in Korea

ISBN 978-89-6237-170-3 03230

윌리엄 H. 마티 지음 | 강선규 옮김
구약에서
일어난
모든 일들
순전한 나드

## | 감사의 글

어떤 의미에서 이 책은 나의 것이 아니다. 이 책의 기본적인 아이디어는 베다니하우스 출판사의 앤디 맥과이어에게서 나왔다. 기획에서부터 글쓰기와 내용을 조직하는 작업을 이끌어주고, 학문적인 내용과 양식을 대중적이고 현대적인 성경 이야기로 바꿀 수 있도록 도움을 준 그에게 감사의 인사를 전한다. 또한 이 책의 원고를 최종적으로 편집해준 크리스토퍼 소더스트롬에게도 감사를 드린다. 최종 수정 원고를 검토하면서 편집자들에게 다시금 감사하게 되었다. 그들의 손길이 닿지 않았다면, 이 책은 무디성경학교에서 사용하는 강의노트와 비슷한 책이 되었을 것이다.

이 책만이 아니라 그리스도의 제자로서나 교사로서의 삶에 대해 나는 두 은사님께 큰 빚을 지고 있다. 나는 원래 사역을 하겠다는 목표를 가져본 적이 없었다. 대학 졸업 후 장교로 임관되어 4년간 복무하고 베트남 파견 근무까지 마치고 제대한 나는 인생을 바꾸는 중대한 결정을 내려 덴버신학교에 입학하였다. 외상 후 스트레스성 증후군에 대한 공식적인 진단이 없었기 때문에, 나는 내가 왜 감정적으로 불안정한지 이유를 알 수 없었다. 그런 나에게 교회사 담당이셨던 브루스 셸리 박사님과 목회학 담당이시며 학장이셨던 버논 그라운즈 교수님은 그리스도의 제자가 된다는 것이 무엇을 의미하는지에 대한 모델이 되어주셨다. 이제는 모두 주님 곁으로 가신 두 교수님은 내게 무엇을 믿어야 할지를 가르쳐주셨을 뿐만 아니라 진정한 그리스도인으로서 어떻게 살아야 하는지를 보여주셨다. 그분들의 모범과 세심한 보살핌이 없었다면, 나는 신학교를 졸업할 수 없었을 것이고, 목사로서 그리고 결국에는 성경교사로서의 삶을 살 수도 없었을 것이다.

저술 작업을 격려해주고 이 책이 마무리되기까지 응원해준 아내에게도 감사한다. 그녀는 주님이 나에게 주신 놀라운 선물이다.

# | 목차


**4** · 감사의 글

**10** · 서문


## Chapter 1 창조부터 바벨까지


**14** · 창조(창세기 1–2장) | **16** · 타락(창세기 3장) | **18** · 아담과 하와의 아들들(창세기 4–6장)

**19** · 노아(창세기 6–9장) | **24** · 바벨탑(창세기 11장)


## Chapter 2 아브라함, 이삭, 야곱과 그의 아들들


**30** · 아브라함(창세기 11–25장) | **38** · 이삭(창세기 25장) | **40** · 야곱(창세기 25–36장)

**45** · 요셉(창세기 37–50장)


## Chapter 3 모세와 출애굽


**54** · 모세(출애굽기 1–6장) | **56** · 재앙과 출애굽(출애굽기 7–15장)

## Chapter 4 광야에서의 방황


64· 하나님의 공급하심(출애굽기 15–18장) | 66· 시내 산(출애굽기 19–31장)

70· 황금 우상(출애굽기 32장) | 72· 모세와 하나님의 영광(출애굽기 33–34장)

74· 성막(출애굽기 35–40장)


## Chapter 5 광야와 모세의 죽음


80· 시내 산에서 가데스까지(민수기 1–11장) | 82· 불평의 영(민수기 11–12장)

83· 반란(민수기 13–14장) | 84· 영적 패배와 군사적 승리(민수기 14–21장)

87· 발람(민수기 22–25장) | 91· 두 번째 인구조사(민수기 26–36장)

94· 모세의 마지막 메시지(신명기 1–33장) | 95· 모세의 죽음(신명기 34장)


## Chapter 6 약속의 땅


100· 정복(여호수아 1–22장) | 107· 다시 주님께 헌신함(여호수아 23–24장)


## Chapter 7 사사 시대


112· 이스라엘의 실패와 하나님의 신실하심(사사기 1–2장)

113· 초기 지도자들(사사기 3–5장) | 116· 기드온(사사기 6–8장)

120· 중기 지도자들(사사기 9–12장) | 122· 삼손(사사기 13–16장)

126· 혼돈의 시기(사사기 17–21장) | 129· 룻(룻기)

## Chapter 8 통일 왕국

134 · 사무엘(사무엘상 1–8장) | 136 · 사울(사무엘상 9–15장)

141 · 사울과 다윗(사무엘상 16–31장)

## Chapter 9 다윗과 솔로몬

158 · 다윗의 통치(사무엘하, 역대상) | 169 · 솔로몬의 통치(열왕기상 1–11장, 역대하 1–9장)

## Chapter 10 분열 왕국Ⅰ 북왕국

180 · 왕국의 분열(열왕기상 12–14장) | 183 · 초기의 왕들(열왕기상 14–16장)

185 · 엘리야(열왕기상 17–열왕기하 1장) | 195 · 엘리사(열왕기하 2–14장)

208 · 요나(요나) | 210 · 북왕국의 멸망(열왕기하 15–17장)

## Chapter 11 분열 왕국Ⅱ 남왕국

216 · 왕국의 분열(열왕기상 12장, 역대하 10–11장)

217 · 초기의 왕들(열왕기상 14–15장, 역대하 12–16장)

219 · 국가의 기반을 다지다(열왕기상 22장, 역대하 17–20장)

220 · 바알 숭배에 빠지다(열왕기하 8–11장, 역대하 21–23장)

223 · 성전의 회복(열왕기하 11–12장, 역대하 24장) | 224 · 아마샤(열왕기하 14장, 역대하 25장)

**226** · 웃시야(열왕기하 15장, 역대하 26–27장) | **228** · 아하스(열왕기하 16장, 역대하 28장)

**230** · 히스기야(열왕기하 18–20장, 역대하 29–32장) | **236** · 므낫세(열왕기하 21장, 역대하 33장)

**237** · 요시야(열왕기하 22–23장, 역대하 34–35장)

**240** · 남왕국의 멸망(열왕기하 24–25장, 역대하 36장)


## Chapter 12 포로가 된 하나님의 백성들


**246** · 다니엘과 그의 친구들(다니엘) | **254** · 성전 재건(에스라)

**258** · 에스더(에스더) | **267** · 느헤미야와 예루살렘 성벽 재건(느헤미야)

## | 서문

최근에 한 자매가 나에게 성경에 대해 물었다. 나는 그녀가 성경에 대해 아는 바가 전혀 없다는 것을 알고 있었기 때문에 스터디 성경을 한 권 선물했다.

그녀는 책을 펼쳐서 몇 장을 뒤적이더니 당황스러운 표정으로 나를 보며 물었다. "이 책을 어떻게 읽어야 하죠? 어디서부터 읽을까요? 무슨 내용이 들어 있나요?"

나는 그녀에게 간단한 설명을 해주고, 성경에서 먼저 읽으면 좋을 책들을 적어주었다. 하지만 나는 그녀에게 이보다 더 많은 도움이 필요하다는 것을 깨달았다.

성경을 처음부터 끝까지 쭉 읽는 것은 벅찬 과제이다. 성경은 길고(창세기부터 요한계시록까지는 66권이나 된다), 그 책들이 시대순으로 기록된 것이 아니기 때문에 이야기의 맥을 따라가는 것은 대단히 어려운 일이다.

성경의 내용은 또 다른 과제이다. 성경은 매우 다양한 문학 양식으로 구성되어 있다. 역사적 서술, 시가, 법, 예언, 그리고 비유들이 혼재해 있으며, 신약은 서신서(편지들)가 거의 절반을 차지한다.

우리는 구약의 예언서 몇 권과 요한계시록을 합해서 묵시문학이라고 부른다. 이런 유형의 저술은 강렬하고 기이한 이미지를 통해 말세와 연결된 재앙들을 묘사하고 있다. 따라서 처음 성경을 읽으려고 하는 사람들에게는 이 모든 것들이 매우 혼란스러울 수 있다. 바로 이러한 이들에게 도움을 주기 위해 이 책을 저술하였다.

이 책의 목적은 성경의 이야기를 하는 것이다. 이 책은 성경 66권을 풀어쓴 것도 아니고, 성경 읽기를 대체하려는 의도로 쓴 것도 아니다. 나의 소망은 이 책을 읽는 사람들의 마음에 성경을 읽고자 하는 갈망이 생겨나는 것이다.

이 책은 중요한 정보를 생략한다. 나는 성경에서 율법, 메시지(설교), 예언, 비유(이야기)들을 빼고 이야기의 맥을 종합하기 위해 노력했다. 또한 이 책은 시가서(지혜 문학)와 예언서를 포함하지 않고 있다.

이 책은 평범하고 단순한 언어로 성경의 이야기를 한다. 주석은 거의 하지 않았으며, 그저 '사실만을' 말하려고, 즉 기록된 그대로의 이야기를 하려고 노력했다.

책을 읽기 전에 한 가지 사실을 염두에 두었으면 좋겠다. 어떤 사건이 성경에 기록되었다는 사실만으로 하나님이 그것을 인정하셨음을 의미하는 것은 아니다. 역사적 서술의 특성은 일어난 일을 있는 그대로 기록하는 것이다. 이에 대하여 성경의 저자들은 독자들이 하나님의 관점에서 그 사건들을 바라볼 것이라고 가정하고 있다.

그리고 성경 읽기는 당신을 변화시킬 것이라는 점을 강조하고 싶다. 성경은 그것을 읽는 사람이 그 이야기로 들어가 참여자가 되지 않을 수 없게 만든다.

간단히 말해서, 성경은 하나님에 관한 것이다. 성경은 하나님의 관점에서 창조의 진리를 이야기한다. 어떤 측면에서 성경은 하나님을 닮은 사람들, 그리고 그분과 관계를 맺도록 지음 받은 사람들에게 자기 자신을 드러내시는 하나님에 관한 이야기다.

당신은 성경을 읽으면서 하나님께서 모든 피조물을 향한 계획을 가지고 계시다는 것을 발견하게 될 것이다. 그 계획이 실패로 오염되기는 했지만, 하나님은 결코 우리를 포기하지 않으신다. 그분의 이야기 속으로 들어가는 사람들은 현재를 비롯하여 영원토록 삶을 누리는 것이 무엇을 의미하는지 경험할 수 있다.

신약의 대부분을 기록한 바울은 성경의 이야기를 '복음'이라고 불렀다. 그는 로마서에서 "나는 복음을 부끄러워하지 않습니다. 왜냐하면 그것은 예수 그리스도 안에서 알려진 하나님의 놀라운 사랑을 믿는 모든 사람들에게 구원을 주시는 하나님의 능력이기 때문입니다"라고 썼다.

나는 이 책이 성경을 읽으라고 격려하고 도움을 줄 뿐 아니라 당신이 하나님의 이야기에 동참하도록 설득할 수 있기를 소망한다. 그것은 당신의 이야기이기도 하다.

# 1
CHAPTER

# 창조부터 바벨까지

**주요 등장인물**

하나님 | 아담과 하와 | 가인과 아벨 | 노아

**배경**

메소포타미아

# 창조 창세기 1-2장

태초에 하나님이 천지를 창조하셨다. 지구는 공허하며 어두웠고, 하나님의 영은 새끼를 돌보는 새처럼 지구의 수면 위를 맴돌고 있었다.

하나님은 첫째 날에 빛을 창조하셨다. 둘째 날에는 지구와 천국 사이에 하늘을 두셨다. 셋째 날에는 땅과 식물들을 만드셨고, 넷째 날에는 해와 달과 별을 제자리에 두셨다. 다섯째 날에 하나님은 하늘에는 새들을, 바다에는 물고기들로 채우셨다. 여섯째 날에 하나님은 동물들을 창조하셨고, 마침내 마지막으로 (그러나 앞의 것들 못지않게 중요한) 인류를 그분의 형상을 따라(이것은 그들이 어떤 면에서 하나님을 닮았다는 것을 의미한다) 창조하셨다. 하나님은 그들에게 먹을 음식을 주시고 나머지 피조물들에 대한 책임을 맡기심으로 그들의 삶을 풍요롭게 하셨다.

하나님께서 이 작업을 마치셨을 때, 그분이 만든 모든 것이 완벽하다고 보셨다. 하나님의 피조세계에는 결함이 없었다. 그분은 일곱째 날에 쉬셨고, 그 하루를 따로 떼어놓아 하나님이 우주의 창조자이심을 기억하게 하셨다.

주 하나님은 에덴에 동산을 만드시고, 아담을 그곳을 돌보는 자로 삼으셨다. 그분은 동산에 온갖 종류의 나무들을 만드셨고, 그 중앙에 있는 나무 두 그루를 선과 악을 알게 하는 나무와 생명나무로 지정하셨다. 주님은 사람에게 그 동산에 있는 나무들 가운데 선악을 알게 하는 나무만 제외하고 다른 모든 나무를 먹어도 좋다고 허락하셨다. 하나님께서는 아담에게 그가 선악을 알게 하는 나무를 먹어서 불순종한다면, 즉시 영적으로 죽을 것이며 결국에는 육체적으로도 죽을 것이라고 경고하셨다.

하나님께서는 아담에게 모든 동물들의 이름을 짓도록 허락하셨다. 아담은 그 일을 하면서 그것들 중 어느 것도 자신과 닮지 않았다는 것을 깨달았을 것이다. 주님은 아담에게 아내가 필요하다는 것을 아시고 그가 깊은 잠에 빠졌을 때, 그의 갈빗대로 여자를 만드셨다. 잠에서 깨어난 아담은 전율을 느꼈다. 그 여자는 완벽했다. 아담은 그녀를 '여자'라고 불렀다. 그녀가 그의 옆구리에서 만들어졌기 때문이었다. 하나님은 그들로 연합하여 결혼하게 하셨다. 그들은 벌거벗고 있었으나 부끄러워하지 않았고, 상대방을 이기적으로 이용하려는 생각이 전혀 없었다.

# 타락 창세기 3장

그들(아담과 하와)과 하나님의 관계, 그리고 그들 서로의 관계는 뱀의 모습으로 가장한 사탄이 하와에게 다가와 하나님이 금지하신 일에 대한 의심을 불러일으키기 전까지는 더할 나위 없이 좋았다. 사탄은 하와에게 그녀가 선악을 알게 하는 나무의 열매를 먹으면 하나님처럼 되어서 독립적으로 결정을 할 수 있게 될 것이라고 거짓말을 했다.

사탄의 주장은 매우 설득력이 있었다. 하와가 그 나무 과실을 보니 먹기에 좋아 보였다. 하와는 그것을 먹기로 결심했고, 자신이 먼저 먹은 후에 아담에게도 주었다. 그러자 그들은 즉시 자신들이 죄를 지었다는 것을 깨달았다. 그들은 죄책감에 압도되었고, 자신들이 벌거벗고 있다는 것을 알고 충격을 받았다. 아담과 하와는 어줍게도 무화과 나뭇잎을 엮어서 자신들의 벗은 몸을 가리려고 하였다.

하나님께서 동산으로 돌아오셨을 때, 아담과 하와는 두려워서 숨으려고 하였다. 하지만 그것은 소용없는 행동이었다. 하나님께서는 무슨 일이 일어났는지 알고 계셨다. 아담과 하와가 그분을 뵈려고 하지 않자, 주님께서 부르셨다. "네가 어디에 있느냐?" 현장에서 붙잡힌 범인처럼, 아담은 자신의 죄를 가리려고 했다. 그는 자신이 벌거벗었기 때문에 두렵다고 말씀드렸다. 사실 그는 하나님께서 자신의 불순종을 벌하실 것이라고 알고 있었기 때문에 두려웠던 것이다.

하나님께서 아담에게 금지된 과일을 먹었느냐고 물으시자, 아담은 하와를 탓하였다. 그는 그것이 하와의 잘못이라고 말했다. 그녀가 자신에게 그 과일을 주었기 때문이다. 그러자 하나님께서는 하와에게 무슨 일이 있었느냐고 물으셨다. 하와는 사탄을 탓하며 그가 자기를 속였다고 하였다.

사탄이 하와를 속였기 때문에, 하나님께서는 사탄에게 그가 굴욕을 당할 것이며, 뱀처럼 땅을 기어다니며 흙을 먹을 것이라고 말씀하셨다. 또한 사탄의 추종자들과 여자의 후손 사이에 끊임없는 싸움이 있을 것이며, 결국에는 하와의 자손 가운데 하나가 사탄의 머리를 상하게 할 것이라고 예언하셨다.

하와가 불순종한 결과, 하나님께서는 그녀가 아이를 낳는 고통을 겪게 될 것이고, 아담과 하와의 결혼 관계는 갈등으로 인해 고통을 당할 것이라고 말씀하셨다. 하와는 아담을 통제하고 조종하려는 악한 욕구를 갖게 되고, 아담은 하와를 지배하고 착취하게 되었다.

아담이 그 아내의 말을 듣고 금지된 과일을 먹었기 때문에, 그는 먹는 것을 위해 분투하게 되었다. 땅의 소출이 그의 원수가 되고, 땅은 가시덤불과 엉겅퀴를 내게 되었다. 아담은 죽을 것이고, 그의 몸은 그가 창조된 흙으로 돌아가게 되었다.

하나님께서는 아담과 하와에게 친절을 베푸셔서 동물의 가죽으로 옷을 만들어 그들의 벗은 몸을 가려주셨다. 아담과 하와는 그들의 죄 때문에 생명나무를 먹을 기회를 박탈당했다. 하나님께서는 그들을 동산에서 쫓아내시고, 천사들을 두어 생명나무를 지키게 하셨다.

# 아담과 하와의 아들들 창세기 4-6장

하와는 아담과 동침한 후 임신을 해서 아들을 낳았다. 그녀는 자신이 하나님이 하셨던 것과 똑같이 생명을 낳을 수 있다는 사실에 놀랐다. 하와는 아들의 이름을 가인이라고 지었고, 아들을 주신 주님께 감사드렸다. 그 후에 하와는 또 다른 아들, 아벨을 낳았다.

이들은 각기 다른 직업을 선택하여 아벨은 양을 치는 목자가 되고, 가인은 농부가 되었다. 때가 되어 그들 둘 다 하나님께 제물을 가져왔다. 가인은 추수한 것 중 일부를 가져와 의무를 완수했을 뿐이었고, 아벨은 기르는 양떼 중에서 가장 좋은 것을 가져와 주님을 영화롭게 하기 위해 최선을 다했다. 하나님은 아벨의 제물은 받으시고, 가인의 제물은 받지 않으셨다. 이 일로 인해 가인은 몹시 화가 났고, 분노로 안색이 변하였다.

하나님께서는 가인에게 분노를 통제하지 못하면 폭력을 낳는다고 경고하셨다. 그러나 가인은 그 말을 듣지 않았고, 아벨을 들판으로 불러내어 그를 죽였다.

하나님께서는 가인이 무슨 일을 했는지 알고 계셨지만, 수사적인 질문을 던지셨다. "너의 아우 아벨이 어디에 있느냐?" 가인은 반항적인 어투로 자신은 알지 못한다고 대답했다. 그는 나름의 수사적인 질문을 던짐으로써 하나님을 모욕했다. "제가 아우를 지키는 사람입니까?"

하나님께서는 가인에게 그가 저지른 범죄의 증인이 있다고 하시며 그의 아우가 흘린 피가 땅에서부터 울부짖고 있다고 말씀하셨다. 가인이 동생 아벨을 죽인 극악한 범죄 때문에, 하나님께서는 그가 생계를 유지하기 위해 경작하였던 땅에서 그를 추방하셨다. 가인은 자신이 집 없는 방랑자로 떠돌아다니면서는 생존하기 어렵다는 것을 깨닫고 절망에 빠졌다. 그는 그 형벌이 감당할 수 없이 무거운 것이라고 불평했다. 그가 집 없는 방랑자라는 이유로 누군가가 그를 죽일 수도 있었다. 하나님은 그 상황을 이해하시고 가인에 대한 특별한 보호책을 마련해주셨다. 가인은 그것에 만족했으나 주님의 임재 안에 머물러 있기를 거부했다. 그는 동쪽으로 가서 놋 땅('유리하는 땅'을 의미한다)에 거주하였다.

그곳에서 가인은 결혼을 했고, 아내가 임신하여 아들 에녹을 낳았다. 가인은 동쪽에 도시를 만들어 아들의 이름을 따라 에녹이라고 불렀다. 에녹은 라멕을 포함하여 여러 명의 아들을 두었다. 라멕은 아다와 씰라, 두 여인과 결혼하였다. 아다가 낳은 아들 야발은 가축을 치는 자의 조상이 되었고, 씰라가 낳은 아들 두발가인은 처음으로 쇠를 사용하여 도구를 만드는 자가 되었다. 라멕은 자신에게 해를 끼친 사람을 죽였다.

하와는 또 다른 아들을 낳아 그의 이름을 '대신에'(가인이 아벨을 죽였기 때문에)를 뜻하는 셋이라고 지었다. 셋의 아들 에노스의 생애 동안 사람들이 비로소 기도와 희생 제사를 통해 하나님을 경배하기 시작했다.

## 노아 창세기 6-9장

아담은 셋의 아버지가 된 이후 800년을 더 살았다. 그는 930살이 되어서 죽었다. 아담에서부터 노아까지 그 자손들은 수백 년을 살았지만, 하나님께서 말씀하신 것처럼 결국에는 그들 모두 죽었다. 그런데 에녹은 온전히 하나님께 드려진 삶을 살았기 때문에, 하나님께서 그를 이 땅에서 데려가셨다. 아담의 후손인 라멕은 182살에 아들을 얻었고, 그의 이름을 '위로'를 뜻하는 노아라고 지었다. 그가 저주 받은 땅에서 살아가기 위해 수고롭게 일하는 삶으로부터 구원을 가져다주기를 바랐기 때문이다.

노아의 생애 동안에 인구 폭발이 있었고, '하나님의 아들들'이 아름다운 여자들을 탐하여서 그들과 결혼했다('하나님의 아들들'에 대해서는 대표적으로 세 가지 의견이 있다. 첫째는 그들이 여자들과 동거하기 위해 사람의 몸을 취한 타락한 천사들이었다는 의견이다. 둘째는 그들이 셋의 경건한 후손들이고, '사람의 딸들'은 경건하지 못한 가인의 후손들이라는 의견이다. 마지막으로 그들이 매력적인 여성들에게 억지로 자신을 받아들이게 했던 권력을 쥔 폭군들이라는 의견이다). 그들의 자녀들은 네피림이라고 불렸다(어떤 사람들은 네피림이 '하나님의 아들들'과 '사람의 딸들'이 결합하여 얻은 자손들로, 힘센 전사들이었다고 믿는다. 네피림은 나중에 민수기 13장 33절에서 언급되는데, 그들은 여기서 말하는 네피림의 후손들일 수가 없다. 왜냐하면 노아와 그의 가족을 제외하고는 모든 인류가 홍수 때에 멸망하였기 때문이다. '네피림'은 아마도 '신체적인 거인들' 혹은 '힘센 전사들'을 가리키는 일반적인 용어일 것이다). 네피림은 유명한 영웅이 되어서 세상을 지배했다. 그때까지 하나님의 영은 인류에 대한 죄의 심판을 모면케 해주셨는데, 이제 주님은 120년 동안만 심판을 유보하실 것이라고 경고하셨다.

온 땅에 죄악이 가득하여서 하나님께서 근심하시고 분노하셨다. 하나님은 사람들에게 몹시 실망하셔서 그분이 창조하신 모든 것을 멸망시키기로 결정을 내리셨다.

그 시대의 사람들과는 달리, 노아는 매우 정직하였고 하나님과 특별한 관계를 맺고 있었다. 그의 아들들은 셈과 함과 야벳이었다. 인류는 모두 타락하였고, 세상은 전적으로 무질서한 상태였다. 노아와의 특별한 관계 때문에, 하나님은 그를 다른 인류와 함께 멸망시키고 싶지 않으셨나.

이에 하나님은 노아에게 홍수로 세상을 멸망시키시려는 계획을 알려주셨고, 고페르 나무(삼나무로 추정되며, 잣나무로 보기도 한다)로 방주를 만들라고 명령하셨다. 하나님은 노아에게 홍수에 전복되지 않을 방주를 만들 방법을 구체적으로 가르쳐주셨다. 방주는 3층으로 만들되 창문은 내지 말고, 꼭대기 층에 18인치로 환기를 위한 창만 만들라고 말씀하셨다. 홍수가 일어날 기미도 보이지 않았지만, 노아는 하나님을 믿고 그분이 가르쳐주신 대로 방주를 만들었다.

노아가 방주 만들기를 마친 후에, 하나님께서 그에게 모든 깨끗한 동물들은 일곱 쌍씩, 깨끗하지 않은 동물들은 두 쌍씩, 그리고 모든 새들은 일곱 쌍씩 방주로 데려오라고 말씀하셨다(깨끗한 동물과 깨끗하지 않은 동물은 모세 율법에 규정된 내용을 기초로 구분한 것이다). 그리고 하나님은 노아에게 7일 후에 비가 내리기 시작하여 40일 밤낮으로 계속될 것이라고 경고하셨다.

600살이었던 노아는 그의 아내와 아들들과 며느리들과 모든 동물들을 배에 태웠다. 이들이 모두 방주에 타고 난 후, 비가 내리기 시작했다. 비와 더불어 바다에서 불어온 거대한 파도가 땅을 휩쓸었고, 150일 동안이나 땅을 덮고 있었다. 모든 것이 없어지고, 노아의 방주에 타고 있던 자들만 살아남았다.

하나님은 열렸던 거대한 깊음의 샘을 닫으셨고 비를 멈추셨다. 그분은 물이 증발되는 것을 촉진시키기 위해 강한 바람이 불게 하셨다(홍수의 정도에 대해서는 두 가지 견해가 있다. 일부는 그것이 지구 전체를 덮는 전 세계적인 것이었다고 믿고 있고, 다른 일부는 그 홍수가 부분적이었으며 사람이 살고 있던 지역에서만 생명을 멸망시켰다고 믿는다).

150일 후에 방주가 아라랏 산(오늘날의 터키, 아르메니아와 이란에 접하고 있는 흑해의 남동쪽) 어느 지점엔가에 착륙했다. 노아와 그의 가족은 다른 산꼭대기들을 볼 수 있을 만큼 물이 줄어들 때까지 두 달 반 동안 방주에 더 머물렀다.

방주를 나와도 안전한지를 확인하기 위해, 노아는 새 두 마리를 날려 보냈다. 처음에는 까마귀를 날려 보냈다. 까마귀는 물이 마른 곳을 찾을 때까지 날아 왕래하다가 다시 돌아오지 않았다. 두 번째로 비둘기를 날려 보냈는데, 내려앉을 땅을 찾지 못하고 돌아왔다. 노아는 7일을 더 기다려서 다시 그 비둘기를 날려 보냈다. 비둘기는 입에 올리브 나뭇잎을 물고 돌아왔고, 그것을 통해 노아는 마른 땅이 있다는 것을 알 수 있었다. 그러나 아주 확실하게 하기 위해 노아는 7일을 더 기다렸다가 세 번째로 비둘기를 날려 보냈다. 이번엔 비둘기가 다시 돌아오지 않았다.

홍수가 시작된 지 10개월 반이 지났고, 노아는 이제 601살이 되었다. 노아가 방주의 덮개를 열자 마른 땅이 보였다. 그러나 그는 땅이 완전히 마를 때까지 다시 두 달을 더 기다렸다.

하나님은 노아에게 방주에서 나와서 모든 동물들을 내어놓아 땅에 번성하게 하라고 명령하셨다. 노아는 동물들을 모두 풀어준 후에 제단을 쌓고, 깨끗한 동물과 새로 희생 제사를 드려 그와 그의 가족을 홍수에서 구해주신 하나님께 감사를 드렸다. 주님은 노아의 제물을 받으시고 그것을 기뻐하셨다. 비록 아담의 죄는 영원히 인류를 타락하게 했지만, 하나님은 다시는 세상을 완전히 멸망시키지 않으실 것이라고 약속하셨다. 또한 생명을 유지시키기 위해 계절의 순환이 언제나 계속될 것이라고 약속하셨다.

하나님은 노아를 축복하시고 그에게 땅에 번성하라고 말씀하셨다. 아담과 하와가 죄를 짓기 전에 주님은 사람에게 동물들을 다스릴 권한을 주셨지만, 고기를 먹는 것은 허락하지 않으셨다. 그러나 이제 하나님은 인간에게 고기를 먹는 것을 허락하셨고, 동물들이 사람을 두려워할 것이라고 말씀하셨다.

생명의 고귀한 가치를 위해 하나님은 피를 먹는 것을 허락하지 않으셨다. 그것이 건강에 좋지 않기 때문이 아니라 생명의 상징이었기 때문이다. 하나님은 누군가 다른 사람을 죽이면 그의 생명을 요구하겠다고 경고하셨다.

하나님은 노아와 온 인류에게 다시는 홍수로 생명을 멸망시키지 않을 것임을 확신시켜 주시기 위해 무지개를 특별한 징표로 지정하셨다.

불행히도 홍수는 죄의 문제를 제거해주지 못했고, 비극적인 사건이 노아와 그의 아들들을 덮쳤다. 노아는 직접 가꾼 포도원에서 수확한 포도로 만든 포도주를 마시고 취했다. 그는 인사불성이 되어 벗은 몸으로 잠이 들었다. 이때 노아의 장막에 들어온 아들 함은 아버지를 보고는 나가서 형제들에게 그 사실을 이야기했다. 그의 형제 셈과 야벳은 노아를 존중하는 마음을 담아 극도로 주의를 기울여 행동하였다. 그들은 아버지의 장막에 뒷걸음쳐 들어가서 그의 몸을 큰 수건으로 조심스레 덮어주었다.

후에 노아는 함이 한 일을 알게 되었고, 그의 폐륜적이고 무례한 행동이 미래의 세대에 영향을 미칠 것이라고 말했다. 그가 취한 행동으로 인해 노아는 함의 아들 가나안과 그의 후손들이 다른 형제들의 지배를 받게 될 것이라고 예언했다. 노아는 또한 하나님께서 자신의 허물을 덮어준 야벳과 셈의 후손을 축복하실 것이라고 예언했다.

* 창세기 10장은 '각 족속의 목록'이라 불리는 것을 포함하고 있다. 창세기에서 이 목록이 바벨탑 기사 이전에 나오기는 하지만, 이것은 바벨에 대한 하나님의 심판 이후 고대 근동 지방에 여러 족속들이 흩어진 것을 보여준다. 이 기록은 개인, 부족, 족속, 심지어는 도시들의 이름을 포함하고 있다. 여기에 기록된 모든 사람들은 어떤 식으로든 노아의 세 아들인 셈, 함, 그리고 야벳과 관련이 있다.

## 바벨탑 창세기 11장

시날 평야(고대 바빌로니아 지역 혹은 메소포타미아 남부, 이 지역은 오늘날의 이란에 해당한다)에서 사람들이 하나님께 반역한 사건을 보면, 다시 한 번 아담과 하와의 죄의 결과가 명백하게 드러난다. 홍수 이후 인구가 증가하기 시작하면서, 하나님은 사람들에게 온 땅에 퍼져 거주하라고 명령하셨다. 그러나 사람들은 이 말씀에 순종하지 않고, 시날 평야에 정착했다. 그 지역에는 돌이 부족하였기 때문에, 그들은 벽돌을 만드는 기술을 개발하여 도시를 건설했다. 오만해진 인간들은 강력한 제국을 건설하려는 욕망을 가지고 도시 중앙에 마천루와 같은 탑을 세웠다.

반역자들이 주님을 노골적으로 무시한 일은 묵과되지 않았다. 하나님이 그들을 멈추게 하지 않으신다면, 그들이 무슨 일을 벌일지 한계를 알 수 없었다. 이 시점에는 모든 사람들이 동일한 언어를 사용하고 있었다. 하나님은 그들이 서로 다른 언어를 사용하도록 하셔서 혼란을 일으켜 그들로 온 땅에 흩어지게 하셨다. 그 탑에는 바벨이라는 이름이 붙었다(이것은 일종의 언어유희이다. 히브리어로 '바벨'은 '혼동'을 의미하지만, 바빌로니아 문학에서 그것은 '신의 문'을 의미한다).

## 요약

하나님은 6일 동안에 땅과 온 우주를 창조하셨다. 그 정점에서 하나님은 아담과 하와를 만드셨다. 하나님은 모든 일을 마치시고 일곱째 날에 쉬셨다.

하나님은 아담과 하와를 에덴에 두시고, 그들이 살아가는 데 필요한 모든 것을 공급하셨다. 하나님은 그들의 삶의 방식에 지침들을 주셨고, 그들에게 선악을 알게 하는 나무의 열매는 먹지 말라고 경고하셨다.

사탄은 하와를 속였다. 그리하여 하와와 아담은 하나님께 불순종했다.

하나님은 사탄과 하와와 아담에게 그들이 어떤 형벌을 받게 될 것인지 말씀하셨고, 하와에게 그녀의 후손들 가운데 하나가 사탄을 이길 것이라고 확언해주셨다.

하나님은 그들의 벌거벗은 몸을 가려주셨지만, 그들을 동산에서 추방하셨다.

하와는 가인과 아벨을 낳았다. 아벨은 하나님을 경배하기 위해 최선을 다했지만, 가인은 불경했다. 가인은 아벨과 하나님의 관계를 질투해서 그를 죽였다.

하나님이 경고하신 대로 아담은 죽었다. 그의 죄는 온 인류에게 영향을 미쳐 인구가 증가할수록 세상은 타락하고 폭력적인 곳이 되었다. 이 사실은 하나님의 마음을 슬프게 했고, 진노하신 하나님은 세상을 멸망시키기로 결심하셨다.

노아는 선한 사람이었다. 다가올 홍수로부터 노아를 보호하기 위하여, 하나님은 그에게 가족들과 동물들이 들어갈 방주를 지으라고 말씀하셨다.

홍수 이후에 하나님은 노아에게 온 땅에 거주하라고 명령하셨다. 그분은 다시는 세상을 홍수로 멸망시키지 않으시겠다고 약속하셨고, 그 약속의 징표로 무지개를 주셨다.

사람들은 하나님이 명령하신 대로 흩어져 사는 대신 모여 살면서 도시와 탑을 건설하였다. 모든 사람들이 같은 언어를 사용하고 있었기 때문에, 하나님은 언어를 혼란케 하셔서 그들을 온 땅에 흩으심으로써 반역을 끝내셨다.

이제 성경의 이야기는 일반적인 인류 역사에서 아브라함과 그 후손들에게 초점을 맞춘다.

2
CHAPTER

# 아브라함, 이삭, 야곱과 그의 아들들

**주요 등장인물**

아브라함 | 사라 | 이스마엘 | 이삭 | 에서 | 야곱 | 요셉

**배경**

메소포타미아(우르와 하란) | 가나안 | 이집트

# 아브라함 창세기 11-25장

데라는 노아의 세 아들 중 하나인 셈의 후손이었다. 데라 역시 세 아들을 두었는데, 그 중 하나가 아브라함이었다. 데라와 그의 가족이 우르에 살고 있을 때, 하나님께서 아브라함에게 나타나셨다. 그분은 아브라함에게 "너는 네가 살고 있는 땅과 네가 난 곳과 너의 아버지의 집을 떠나서 내가 보여주는 땅으로 가거라. 내가 너로 큰 민족이 되게 하고 너에게 복을 주어 네가 크게 이름을 떨치게 하겠다. 너는 복의 근원이 될 것이다"라고 말씀하셨다(모든 민족에게 축복이 될 것이라는 약속은 아브라함의 후손인 예수 그리스도를 통하여 궁극적으로 성취되었다).

하나님이 아브라함에게 말씀하신 이후에 데라는 그의 가족을 데리고 하란으로 갔다. 그 도시는 하나님이 아브라함에게 약속하신 땅이 아니었음에도 불구하고, 아브라함은 그곳에서 몇 년을 살았다. 그의 아버지가 죽은 후에 아브라함은 아내 사라와 조카 롯을 데리고 가나안으로 갔다.

당시 아브라함은 가나안 땅에서 이리저리 옮겨 다니면서 유랑민처럼 살아야 했다. 가나안 사람들이 비옥한 땅들을 차지하고 있었기 때문이다. 하나님은 아브라함에게 두 번째로 나타나셔서 그의 후손이 그 땅을 소유하게 될 것이라고 약속하셨다. 아브라함은 돌제단을 만들어 주님을 경배하였다.

심각한 기근이 들어 아브라함은 이집트로 이주하였다. 사라가 매력적이었기 때문에, 아브라함은 이집트 사람들이 자신을 죽이고 아내를 취하는 일이 일어나지 않을까 염려하였다. 그래서 그는 이집트 사람들에게 사라가 그의 누이라고 말했다.

이집트의 통치자(바로 – 이것은 직함이며 이름이 아니다)는 사라의 아름다움에 매료되어 그녀를 자기 아내로 삼으려고 하였다. 이 일로 인해 주님께서 바로의 집안에 무서운 재앙을 내리셨다. 놀란 바로는 아브라함에게 왜 자신에게 거짓말을 하였느냐고 물었다. 아브라함이 사라가 자기 아내라는 것을 시인하자 바로는 그에게 이집트를 떠나라고 명령했다.

아브라함은 가나안으로 돌아가 벧엘에서 살기로 결정하였다. 그곳은 그가 이전에 하나님께 제단을 쌓아서 바쳤던 곳이었다. 아브라함과 롯은 함께 그들의 양떼를 먹였는데, 둘 다 매우 부유해졌다. 그러자 언제부턴가 그들의 목자들이 방목권을 두고 다투었다. 결국 두 사람은 각자의 영역을 정하기로 합의했다. 롯은 그 지역에 살고 있는 사람들이 악함에도 불구하고 물이 넉넉하여 살기 좋아 보이는 소돔 근처에서 살기로 선택했다.

롯이 떠난 후에 하나님께서 다시 아브라함에게 나타나셔서 그가 눈으로 볼 수 있는 모든 땅을 그에게 주실 것이며, 그의 후손이 모래와 같이 많아질 것이라고 말씀하셨다. 아브라함은 헤브론에서 다시 주님께 제단을 쌓았다.

그 지역의 왕들 사이에 전쟁이 일어나 동맹군들이 소돔 시를 약탈하였다. 그들은 롯을 비롯한 소돔 주민들을 사로잡아 북쪽으로 데려갔다. 아브라함은 조카가 잡혀갔다는 소식을 듣고는 정예 병사 318명을 조직하여 롯을 잡아간 사람들을 추격하였다. 그는 다마스쿠스 북쪽에서 그들을 따라잡아 소돔에서 사로잡혀온 롯과 다른 주민들을 구출했다.

아브라함이 돌아올 때에 제사장이자 왕이었던 멜기세덱이 그를 축복하면서 하나님이 창조자시라는 것과 아브라함에게 승리를 주신 분임을 찬양하였다('멜기세덱'은 '의의 왕'이라는 의미이다). 아브라함은 멜기세덱에게 그가 얻은 값진 것들의 10분의 1을 줌으로써 감사를 표했다.

아브라함이 포로로 잡혀갔던 사람들을 소돔 왕에게 돌려보내자 왕은 그에게 보상을 해주겠다고 제안하였다. 하지만, 아브라함은 하나님을 알지 못하는 왕에게 빚을 지고 싶지 않다는 이유로 거절하였다.

그때까지 아들이 없었기 때문에 아브라함은 가장 신뢰하는 종 엘리에셀을 상속자로 지명하려 하였다. 그러나 하나님께서는 아브라함에게 아들을 주시겠다고 재확인해주셨다. 주님은 아브라함에게 별의 수를 세어보라고 말씀하시며, "너의 자손이 저 별처럼 많아질 것이다"라고 말씀하셨다.

아브라함은 희생제물을 드려 하나님의 약속을 신뢰한다는 것을 재확인하였다. 그리고 주님은 연기 나는 화덕과 타오르는 횃불로 희생제물 사이를 지나가심으로써 그분이 신뢰할 만한 분이라는 것을 보증해주셨다. 하나님은 아브라함의 후손들이 이집트에서부터 북쪽으로 유프라테스 강까지의 땅을 소유하게 될 것이라고 약속하셨다. 주님은 아모리 족속(그 당시 가나안에 살고 있던 민족들 가운데 하나)이 그들의 죄 때문에 제거되기까지 400년 동안 그 땅을 차지하고 있도록 허락해주셨다.

사라는 조바심이 난 나머지 더 이상 아들을 기다리지 않기로 했다. 대신에 아브라함에게 자신의 여종인 이집트 사람 하갈과 동침하라고 말했다(고대 근동 지방에서는 아내가 자녀를 가질 수 없을 때, 남편에게 여종을 주어 대를 잇게 하였다). 하갈은 아이를 갖게 되자 주인 사라를 멸시하였고, 사라는 그런 하갈을 혐오하였다. 사라가 학대하자 하갈은 멀리 도망치려 하였다. 그때 주님의 천사가 나타나 사라에게로 돌아가서 그녀의 권위에 순종하라고 말하였다. 그리고 하갈에게 그녀의 아들이 크게 번성할 것이라고 하였다. 하갈이 아들을 낳았을 때, 아브라함은 그의 이름을 이스마엘이라고 하였다. 당시 아브라함의 나이 86세였다.

아브라함이 99살이 되었을 때, 하나님이 다시 그에게 나타나셨다. 주님은 전능하신 하나님으로 자신을 드러내셨고, 아브라함에게 그분을 신실하게 섬기라고 말씀하셨다. 하나님은 언약을 확장하셔서 아브라함을 여러 민족의 아버지로 삼겠다고 약속하시고, 그것이 영원한 언약이 될 것이라고 보증하셨다. 주님은 아브라함에게 그와 그의 집안에 속한 모든 남자들에게 할례를 행하라고 말씀하셨다. 하나님은 이 의식을 아브라함과 그의 후손이 하나님의 언약 백성이라는 명확한 표지로 삼으셨다.

하나님은 다시 아브라함과 사라에게 아들을 주겠다고 약속하셨다. 아브라함은 이 말이 너무 엉뚱하다고 생각하여 웃었다. 그의 나이가 이미 100살이고 사라는 90살이었기 때문이다. 하나님은 아브라함을 격려하시기 위해 그 아들의 이름을 이삭('그가 웃었다'라는 의미이다)이라 하라고 말씀하셨고, 1년 뒤에 아들이 태어날 것이라고 약속하셨다.

이후에 사람의 모습을 한 세 명의 천사가 아브라함의 장막을 방문하였다. 그때 사라는 그들이 1년 안에 사라가 아들을 얻을 것이라고 말하는 것을 듣고는 웃었다. 자신이 너무 늙어서 절대 임신을 할 수 없을 것이라고 생각했기 때문이다. 하나님께서는 아브라함에게 사라가 왜 웃느냐고 물으셨다. 사라는 너무 두려워서 자신이 주님의 약속을 조롱하였다는 것을 부인했다.

그 세 사람이 떠나려고 할 때, 하나님께서는 아브라함에게 소돔과 고모라를 완전히 멸망시키기로 하셨다는 주님의 뜻을 말씀해주셨다. 그곳이 너무 악해졌기 때문이었다. 아브라함은 롯과 그의 가족이 여전히 소돔에 살고 있었기 때문에 주님께 그곳에서 최소한 의인 10명을 찾으시면 멸망시키지 말아달라고 탄원하였다. 주님은 그의 말에 동의해주셨다.

롯은 소돔 성문에 도착한 두 방문객을 자기 집으로 초청하였다. 그런데 너무나 사악했던 그 도시의 남자들이 방문객이 있는 것을 확인하고는 롯의 집을 둘러쌌다. 그들은 롯에게 방문객들을 자기들에게 넘겨주어 성교를 맺게 하라고 요구했다. 롯은 무리를 진정시키며 방문객들 대신에 자기의 딸들을 주겠다고 제안했다.

자신들의 뜻대로 되지 않자 화가 난 무리들은 거칠게 행동하기 시작했다. 그들이 롯을 밀치고 문을 부수려는 찰나 천사들이 그들의 눈을 멀게 하였다. 그리고 롯에게 즉시 가족들을 데리고 그 도시를 떠나라고 했다. 그들이 그 지역 전체를 멸망시키려고 왔기 때문이었다. 롯이 떠나기를 주저하자 천사들은 그와 그의 아내와 두 딸들을 강제로 성 밖으로 옮겨놓았다. 천사들은 롯에게 뒤를 돌아보지 말고 도망치라고 말했다. 롯이 안전한 곳에 이르자 하나님께서는 유황과 불을 내리셔서 그 도시 전체를 완전히 멸망시키셨다. 소알이라는 마을에 이르렀을 때, 롯의 아내가 천사들의 명령에 불순종하여 뒤를 돌아다보았다. 그 결과 그녀는 소금 기둥으로 변하였다.

롯은 소알 사람들을 두려워하여 두 딸들과 함께 동굴에 숨었다. 그의 딸들은 그곳에서 자신들의 남편을 얻기 어렵다고 생각하여 아버지를 술에 취하게 해서 자녀를 낳기로 하였다. 큰 딸이 먼저 아버지 롯과 동침했고, 그 다음날에는 작은 딸이 아버지와 동침했다. 그들은 모두 임신을 하여 큰 딸은 모압 족속의 조상이 된 모압을 낳았고, 작은 딸은 암몬 족속의 조상이 된 암몬을 낳았다.

아브라함은 네게브 땅으로 옮겨 갔다. 그곳에서 그는 다시 거짓말을 했다. 그는 강력한 통치자 아비멜렉에게 사라가 자신의 누이라고 말했다('아비멜렉'은 한 개인의 이름이라기보다는 왕조의 이름일 가능성이 많은데, '나의 아버지, 왕'을 의미한다). 아비멜렉은 사라를 자신의 왕궁으로 데려갔지만, 다행히 그녀와 동침하기 전에 주님께서 꿈에 나타나셔서 사라가 결혼한 여자라는 것을 알려주셨다.

아브라함의 생각과 달리 아비멜렉은 생각이 바른 사람이었다. 아브라함이 거짓말을 했다는 것을 알게 되자 아비멜렉은 사라를 그에게 돌려보냈고, 심지어 자신의 실수에 대한 보상으로 은 천 개를 주었다. 아브라함은 아비멜렉과 그의 집안을 위해 기도하였다. 주님께서 아비멜렉이 사라를 그의 후궁으로 데려간 일로 인해서 모든 여인의 태를 닫으셨기 때문이다.

그때 하나님께서 아브라함과 사라에게 불가능한 일이 일어나게 하셨다. 놀랍게도 사라가 늙은 나이에 임신을 하여 아들을 낳은 것이다. 아브라함은 하나님이 명령하신 대로 그의 이름을 이삭이라 하였고, 8일 만에 그에게 할례를 행하였다. 사라는 기쁨에 넘쳐서 "하나님이 나에게 웃음을 주셨구나!" 하고 외쳤다.

이삭이 태어나자 이복형제였던 이스마엘이 그를 조롱하였다. 이것을 본 사라는 아브라함에게 하갈과 그녀의 아들을 내쫓으라고 요구했다. 아브라함은 하갈과 이스마엘에게 음식과 물을 주어 브엘세바 광야로 내보냈다. 그들은 사막의 열기에 거의 죽을 지경이 되었으나 하나님께서 자비를 베푸셔서 그들에게 물을 주시고 다시 한 번 이스마엘이 큰 민족의 조상이 되게 하시겠다고 약속하셨다. 이스마엘은 광야에서 성장하여 이집트 여인과 결혼하였다.

불모의 건조한 지역에서 아브라함은 물에 관한 권리 문제로 분쟁에 휘말렸다. 아브라함의 목자들이 브엘세바에 있는 우물을 놓고 블레셋 사람 아비멕렉의 목자들과 싸웠다. 아비멜렉은 아브라함이 하나님의 축복을 받은 사람이라는 것을 알았기 때문에 그와 평화 조약을 맺었다.

얼마 후, 하나님은 아브라함의 믿음을 시험하셨다. 주님은 아브라함에게 그의 사랑하는 아들 이삭을 제물로 바치라고 말씀하셨다. 아연실색할 명령이었음에도 불구하고 아브라함은 순종했다. 그는 모리아 땅에 있는 산으로 올라갔고, 거기서 제단을 쌓아 아들을 제물로 바칠 준비를 하였다. 그때 주님께서 이삭에게 손을 대지 말라고 하시며 미리 준비하신 양을 제물로 바치게 하셨다. 아브라함은 그곳의 이름을 '여호와 이레'('주님께서 준비하시다'라는 뜻)로 불렀다. 아브라함이 기꺼이 자기 아들을 제물로 드리려고 했기 때문에, 주님은 아브라함을 축복하시고 그가 여러 민족에게 복이 되게 하시겠다는 약속을 재확인해주셨다.

사라는 127살에 죽었다. 아브라함은 그녀를 장사하기 위해 하나님이 그에게 주시겠다고 약속하셨던 땅의 밭과 동굴을 샀다.

아브라함은 죽기 전에 이삭의 아내를 정해주었다. 그는 이삭이 가나안 여인과 결혼하기를 원치 않았기 때문에 그가 가장 신뢰하는 종을 하란 땅에 살고 있는 그의 동족들에게 보내어 그들 가운데서 이삭의 아내를 찾아오게 했다. 그 종은 한 우물가에 멈춰서 주님의 인도하심을 구하였고, 기도가 끝나자마자 리브가를 만났다. 리브가는 그 종의 기도대로 모든 것을 행하였고, 이를 통해 종은 그녀가 이삭을 위해 예비된 자임을 확신하였다. 그는 리브가의 오빠인 라반을 만나 상황을 설명하였다. 이야기를 들은 라반은 이 일이 하나님의 섭리임을 깨닫고, 리브가의 뜻이 어떠한지 물었다. 리브가는 아브라함의 종과 함께 가겠다고 말했다. 그들이 가나안에 도착했을 때, 이삭은 리브가를 바로 아내로 맞이했다.

사라가 죽은 후에 아브라함은 그두라와 결혼하여 여러 명의 아들과 손자를 얻었다. 아브라함은 죽기 전에 모든 아들들에게 필요한 것을 공급해주었지만, 자기 재산은 모두 이삭에게 물려주었다. 아브라함은 175세에 죽었고, 사라가 묻힌 막벨라의 굴에 장사되었다.

이스마엘은 열두 아들을 낳았고, 그들은 열두 종족의 조상이 되었다. 그들은 하윌라에서부터 (북중앙 아라비아에 있는) 술에 이르는 지역에 살았다. 이스마엘은 137살에 죽었다.

## 이삭 창세기 25장

리브가는 두 아들을 낳았다. 고대 관습과는 정반대로, 하나님은 리브가에게 큰 아들이 아닌 작은 아들을 더 위대하게 만드실 것이라고 말씀하셨다. 에서는 첫째 아들로 태어났다. 둘째 아들이 태어날 때 형 에서의 발뒤꿈치를 잡고 있었기 때문에 그의 이름을 야곱이라고 불렀다('야곱'이라는 이름은 히브리어 '발뒤꿈치'와 비슷하다).

쌍동이었음에도 불구하고 두 사람은 전혀 달랐다. 에서는 탁월한 사냥꾼이 되어 들에서 활동하기를 좋아했다. 그는 자기 열정을 따라 살았고, 장자로서의 특권을 가벼이 여겼다. 반면에 야곱은 집에 머물러 있기를 좋아하는 유형이었으나 야심이 있었고 교묘한 속임수를 쓰는 사람이었다. 아버지 이삭은 사냥에 능한 에서를 사랑했고, 리브가는 야곱을 사랑했다.

야곱은 매우 교활한 방법으로 에서의 상속권을 손에 넣었다. 어느 날 사냥에서 돌아온 에서는 배가 고파 죽을 지경이라면서 야곱에게 음식을 달라고 하였다. 그러자 야곱은 "먼저 형이 가진 장자의 권리를 나에게 파시오"라고 말했다. 에서는 너무 배가 고파서 그의 장자 상속권을 팥죽 한 그릇에 팔아버렸다.

(아브라함이 그랬던 것처럼) 심각한 흉년이 들자 이삭은 남쪽으로 이주하려 하였다. 그는 이집트로 가려고 생각하고 있었는데, 주님께서 "여기 머물러 있어라. 내가 너를 축복할 것이다. 너의 후손들이 별과 같이 많아질 것이며, 그들은 이 세상 모든 민족에게 축복이 될 것이다"라고 말씀하셨다. 이삭은 약속의 땅 남쪽에 머물기로 하였다.

이삭은 믿음의 사람이었지만, 완벽하지는 못했다. 리브가가 매력적이었기 때문에, 이삭은 그랄 사람들이 자기를 죽이고 리브가를 취할지도 모른다고 생각하여 아내를  누이라고 말했다. 블레셋 왕은 이삭이 리브가를 껴안은 것을 목격하고는 그녀가 그의 누이가 아니라는 것을 알았다. 그 왕은 리브가가 이삭의 아내이기 때문에 누구도 그녀를 범해서는 안 된다고 경고했다.

하나님께서 이삭을 축복하셔서 그는 부유하고 강력해졌다. 그가 너무 부유해지자 그 지역의 왕이 그에게 그곳을 떠나달라고 요구했다. 이삭은 이주를 했지만, 그의 짐승 떼가 너무 많아져서 그 지역의 목자들과 이삭의 목자들이 돌보는 짐승들이 모두 먹을 만큼 물이 충분하지 않았다. 이삭은 다시 이주하여 브엘세바로 갔다. 하나님은 거기서 이삭에게 "아무것도 두려워하지 말라"고 말씀하셨다. 이삭은 주님께 예배하고 브엘세바에 정착했다. 그 지역의 왕은 이삭과 평화 조약을 맺었고, 이삭의 종들은 브엘세바에서 판 우물에서 물을 얻었다.

## 야곱 창세기 25–36장

에서는 계속해서 하나님을 부인하는 반역적인 삶을 살았다. 그는 자기 동족 중에서 아내를 찾지 않고 이방인의 딸들인 유딧과 바스맛을 아내로 삼았다.

야곱은 관습에 따라 형에게 주어질 장자의 복을 얻기 위해 속임수에 의지했다. 이삭이 늙어 눈이 거의 보이지 않았기 때문에 리브가는 야곱을 변장시켜 이삭이 그를 에서라고 생각하게 만들었다. 이 계략은 효과가 있어서, 이삭은 결국 야곱을 축복했다.

이 사실을 알게 된 에서는 동생 야곱을 죽이겠다고 위협했다. 리브가는 야곱의 생명을 구하기 위해 그를 도피시키기로 했다. 야곱이 떠나기 전에 이삭은 그를 축복하고, 그에게 가나안 여인과 결혼하지 말라고 당부하였다. 야곱은 그의 외삼촌이 살고 있는 하란으로 갔다.

야곱은 외삼촌 라반과 함께 거하며 목자로 일을 했다. 라반에게는 레아와 라헬이라는 두 딸이 있었는데, 야곱은 동생인 라헬과 사랑에 빠졌다. 그는 라반에게 라헬과 결혼하게 해달라고 청하였고, 그 대가로 7년 동안 라반의 종으로 일하기로 하였다.

교묘히 속임수를 사용하는 데 능했던 야곱은 라반이라는 적수를 만났다. 약속한 7년이 지나 결혼식 날 밤, 라반은 야곱에게 라헬 대신 레아를 아내로 주었다. 다음날 자기가 속았다는 것을 알게 된 야곱은 라반에게 불만을 토로했다. 그러자 라반은 태연하게 그 지역에서는 큰 딸이 먼저 결혼하는 것이 관습이라고 대답했다. 어쩔 수 없이 야곱은 라헬과 결혼하기 위해 다시 7년을 더 일하게 되었다.

야곱의 아내들은 그의 사랑을 얻기 위해 치열하게 경쟁했다. 야곱은 라헬을 가장 사랑하였지만, 그녀는 임신을 하지 못했다. 하나님께서는 야곱의 사랑을 받지 못한 레아를 축복하셔서 네 명의 아들을 주셨다. 절망에 빠진 라헬은 야곱에게 그녀의 여종과 동침하여 아들을 낳게 하였다. 그러자 레아도 야곱에게 자기 여종과 동침하여 아들을 낳게 하였다. 시간이 흘러 마침내 하나님이 라헬의 기도에 응답하셔서 아들을 주셨는데, 그녀는 아이의 이름을 요셉이라고 하였다. 그 이름은 '더하다'라는 의미이다(이것은 주님이 또 다른 아들을 주시기를 바라는 라헬의 소망을 표현하는 것이었다). 라헬과 레아와 그들의 두 종은 모두 합해서 열두 명의 아들과 한 명의 딸을 낳았다(야곱의 열두 아들은 후에 이스라엘 열두 지파의 조상이 되었다).

요셉이 태어난 후, 야곱은 가나안 땅으로 돌아갈 계획을 세우기 시작했다. 그러나 라반은 그에게 계속 함께 지내자고 하였다. 야곱이 라반을 아주 큰 부자로 만들어주었기 때문이다. 라반은 야곱의 뜻이 분명하자 마지못해 그를 떠나보내기로 동의했지만, 그에게 적은 수의 양떼만을 주려고 하였다. 그러나 매우 능숙한 목자였던 야곱은 라반에게 자신의 몫을 요구하였다. 그는 자기가 돌보는 양떼들의 수와 질을 높여 재산을 불려나갔다.

시간이 지나자 라반의 아들들이 야곱의 성공에 불만을 품었다. 그리고 라반 또한 야곱을 이전과는 다르게 대하였다. 이에 야곱은 비밀리에 떠나기로 결심했다. 그는 아내들에게 자신의 결심을 전하고, 그녀들의 아버지인 라반에게는 말하지 말라고 하였다. 그렇게 야곱은 라반의 집을 떠났다. 3일 만에 야곱이 떠난 것을 알게 된 라반은 그들을 추적했다. 라반은 야곱을 따라잡았고, 두 남자는 논쟁을 벌이다가 결국은 평화롭게 해결하기로 합의했다. 야곱은 그 위치를 표시하기 위해 기념물을 세우고, 하나님께 희생 제사를 드렸다.

야곱에게는 고향으로 돌아가기 전에 해결해야 할 문제가 있었다. 그는 에서가 여전히 자기에게 화가 나 있는지 알아보기 위해 먼저 종들을 보냈다. 에서가 400명의 무장한 남자들을 거느리고 그를 만나러 오고 있다는 보고를 받은 야곱은 주님께 보호를 간구하고, 수백 마리의 짐승들을 에서에게 선물로 보냈다.

에서를 만나기 전날, 야곱은 가족들을 얍복 강 건너로 보내고 혼자 장막에 남았다. 밤에 야곱은 한 남자를 만나 새벽까지 씨름하였다(그 '사람'은 주님이 가시적이고 육체적인 모습으로 나타나신 것이었다). 그 사람은 야곱의 허벅지 관절을 탈구시켰지만, 야곱은 그를 끌어안고 자신을 축복할 때까지 놓아주지 않았다.

"너의 이름이 무엇이냐?" 그 사람이 물었다.

"야곱입니다." 그가 대답했다.

"이제 네 이름은 더 이상 야곱이 아니다!" 그 사람이 말했다. "이제 너는 하나님과 겨룬 사람이니, 이름을 이스라엘이라고 하여라." 그 사람은 야곱을 축복하였고, 야곱은 그곳을 브니엘('하나님의 얼굴'을 뜻한다)이라고 불렀다. 그가 하나님의 얼굴을 마주하여 보고도 죽지 않고 살아남았기 때문이었다. 야곱은 허벅지 관절을 심하게 맞아 다리를 절게 되었다.

이른 아침, 야곱은 에서와 그가 거느린 사람들이 다가오고 있는 것을 보았다. 야곱은 가족들 앞에 나아가 에서를 맞았다. 그는 공격을 하러 온 것이 아니었다. 에서는 달려와서 동생을 맞이했다. 두 남자는 서로 부둥켜안았고, 야곱은 에서에게 그의 가족을 소개했다. 에서는 야곱에게 세일에 있는 그의 집으로 안내하겠다고 제안하였지만, 야곱은 이를 사양했다. 대신 그는 세겜에 있는 땅을 사서 자신의 믿음에 대한 증거로 주님께 제단을 쌓았다.

하나님께서 아브라함과 그의 후손들에게 가나안 땅을 주겠다고 약속하시기는 했지만, 그곳은 야곱에게 안전한 곳이 아니었다. 어느 날 히위 족속인 세겜이 야곱의 딸 디나를 강간하였다. 세겜은 하몰의 왕인 자기 아버지에게 디나를 사랑한다고 말했다. 그래서 그 왕은 야곱에게 디나를 자기 아들의 아내로 삼게 해달라고 청했다.

이 사실을 알게된 야곱의 아들들은 복수를 모의했다. 그들은 세겜 남자들이 그들의 가족과 결혼하기 위해서는 할례를 받아야 한다고 말했다. 그러자 그들은 기꺼이 응하여 할례를 행하였다. 할례로 인해 세겜의 남자들이 앓고 있을 때, 야곱의 아들들은 디나를 구출하고 세겜의 모든 남자들을 죽이고 그 성을 약탈하였다. 야곱은 자기 아들들이 저지른 일에 충격을 받았고, 가나안 족속들이 그들을 멸망시킬까 두려웠다.

그때 하나님께서 야곱에게 벧엘로 올라가서 제단을 쌓으라고 하셨다. 이에 야곱은 가족들에게 모든 우상을 파괴하고 온전히 주님을 신뢰하라고 명령했다. 그들은 야곱이 처음 제단을 쌓았던 벧엘로 이주하였다. 그곳에서 주님은 야곱에게 아브라함의 약속을 재확인해주셨고, 야곱은 하나님께 또 다른 제단을 쌓았다.

그들은 에브랏(베들레헴이라고 불리던 곳)으로 가고자 하였다. 그런데 그 성에 도착하기 전에 라헬이 두 번째 아들 베냐민을 낳다가 죽었다.

이삭은 180살에 죽었다. 야곱과 에서는 아브라함이 살았던 마므레(헤브론)에 그를 안장하였다.

세 명의 가나안 여인과 결혼한 에서는 남쪽으로 가서 세일 산에 거주하였다. 에서와 야곱의 소유가 많아 두 사람이 함께 지낼 수 없었기 때문이다. 에서의 후손들은 에돔 족속으로 알려졌고, 그의 후손들이 정착했던 지역을 에돔이라고 불렀다.

## 요셉 창세기 37–50장

야곱은 가나안을 영구적인 정착지로 삼았다. 그에게는 열두 아들이 있었는데, 가족 내에 문제가 있었다. 요셉은 장남이 아니었지만, 야곱이 가장 사랑하여 그에게 아름다운 옷을 입혔다. 이는 그가 요셉에게 가족의 유산 대부분을 주려 한다는 것을 의미했다. 요셉의 형제들은 야곱이 요셉을 더 사랑하는 것을 보고 그를 미워하였다. 요셉은 두 번씩이나 그의 형제들과 부모가 자기에게 절하며 경의를 표하는 꿈을 꾸었다. 이 내용을 가족들에게 이야기하자 형제들과의 관계는 훨씬 더 악화되었다.

결국 형제들의 적개심이 폭발하였다. 야곱의 아들들이 외진 곳에서 양떼를 돌보고 있을 때, 야곱은 요셉을 보내어 그의 형제들이 어떻게 지내고 있는지 보고 오라고 했다. 형들을 찾아간 요셉을 본 야곱의 아들들은 그를 죽이고자 모의하였다. 그들은 요셉을 잡아 옷을 벗겼다. 원래는 요셉을 죽일 계획을 세웠지만, 르우벤이 만류하여 대신 그를 이집트로 가는 상인들에게 팔았다. 그리고 요셉의 옷에 숫염소의 피를 묻혀서 아버지 야곱에게 보여주며 요셉이 들짐승에게 죽임을 당했다고 말하였다.

이집트에서 요셉은 친위대장 보디발의 집에 노예로 팔려갔다. 그곳에서 요셉은 보디발로부터 인정을 받아 가정 총무가 되어 그 집의 모든 소유를 관리하였다. 젊고 성실하며 용모까지 빼어났던 요셉을 눈여겨보던 보디발의 아내는 여러 차례 요셉을 유혹하였다. 하지만, 요셉은 하나님 앞에 죄를 범하지 않기 위해 매번 단호히 거절하였다. 요셉을 향한 마음을 접지 못한 보디발의 아내는 집안에 아무도 없는 틈을 타 요셉의 옷을 붙잡고 "나하고 침실로 가요!" 하고 졸랐다. 요셉은 유혹으로부터 벗어나기 위해 보디발의 아내의 손에 자기 옷을 버려둔 채 달아났다. 그녀는 요셉이 자기를 강간하려 했다고 죄를 덮어씌우며 그가 두고 간 옷을 증거로 제시했다.

보디발은 요셉을 감옥에 가두었다. 비록 그가 감옥에 갇힌 신세가 되었지만, 하나님은 그를 버리지 않으셨다. 하나님께서 하는 일마다 형통하게 하셔서 요셉은 간수장의 인정을 받게 되었다.

요셉이 갇혔던 감옥에 어느 날 두 명의 죄수가 갇히게 되었다. 그들 중 하나는 왕에게 술잔을 올리는 시종장이었고, 다른 하나는 빵을 구워 올리는 시종장이었다. 하루는 그들이 동시에 꿈을 꾸었는데, 요셉이 그 꿈을 해석해주었다. 요셉은 술잔을 올리는 시종장은 이전의 지위로 복귀하게 될 것이고, 빵을 구워 올리는 시종장은 처형될 것이라고 말했다. 그는 술잔을 올리는 시종장에게 복직이 되거든 자기를 기억해달라고 부탁하였다. 그러나 복직하게 된 시종장은 요셉을 잊었다.

만 2년 후에 하나님께서는 그분의 섭리에 따라 요셉을 향한 목적을 성취하시기 위해 일하셨다. 바로(왕)가 꿈을 꾸었는데 그의 고문들은 그 꿈을 해석하지 못했다. 그러자 바로에게 술잔을 올리는 시종장이 자신의 꿈을 해석해주었던 요셉을 기억해냈다. 그는 바로에게 그 사실을 알려주었고, 왕은 요셉을 풀어주어 그에게 자신의 꿈을 해석하라고 하였다.

요셉은 왕에게 좋은 소식과 나쁜 소식을 전하였다. 그는 바로에게 그의 꿈이 미래 이집트의 경제적 상황을 예언하는 꿈이라고 말했다. 요셉은 앞으로 7년 동안 큰 풍년이 들고, 이후 7년 동안 극심한 흉년이 잇따를 것이라고 예언했다. 바로는 깊은 감명을 받아 요셉을 이집트의 총리로 삼았다.

요셉의 예언대로 이집트는 7년 동안 풍성한 수확을 거두었고, 그 후 7년 동안 끔찍한 흉년으로 고통을 당했다. 풍년 동안 요셉은 전략적으로 곡식을 저장했다. 이어서 흉년이 닥쳐왔을 때, 지주들은 살아남기 위해 바로에게 그들의 땅을 팔 수밖에 없었다. 그렇게 바로는 큰 부자가 되었고, 요셉의 입지는 더 강화되었다.

흉년은 매우 심각하고 광범위했다. 그것은 인근 가나안 땅에도 영향을 미쳐, 야곱의 아들들도 곡식을 사기 위해 이집트로 갔다. 그들은 이집트의 총리가 된 요셉을 알아보지 못하였으나 요셉은 그들을 알아보았다. 그는 형들이 자신에게 절할 것이라던 꿈을 기억했다.

요셉은 자신이 누구인지 밝히지 않고, 그들에게 이집트에 정탐하러 왔다는 죄를 씌워 감옥에 가뒀다. 3일 후에 요셉은 그들을 풀어주면서 그들 중 한 사람만 인질로 남고 고향으로 가서 막내 동생을 데려와 그들이 정탐꾼이 아니라는 것을 증명하라고 말했다. 그들은 시므온을 남겨두었다. 요셉은 그의 종들을 시켜서 그들에게 곡식을 주고, 곡식 자루에 그들이 낸 돈을 다시 숨겨놓으라고 명령했다.

가나안으로 돌아간 요셉의 형제들은 아버지 야곱에게 이집트의 통치자가 시므온을 인질로 잡고 막내 동생 베냐민을 데리고 다시 이집트로 돌아오라 했다고 말하였다. 야곱은 완강히 거부하였다. 그는 이미 두 아들 요셉과 시므온을 잃었는데, 라헬이 낳은 나머지 유일한 아들 베냐민까지 잃고 싶지 않았다.

흉년이 심각하여 야곱(이제 이스라엘이라 불리는)은 결국 그의 아들들을 다시 이집트로 보낼 수밖에 없었다. 그는 유다가 그를 보호하겠다는 약속을 한 이후에야 마지못해 베냐민을 데리고 가는 것을 허락하였다. 두 번째 여행에서 요셉의 형제들은 곤경을 겪으리라 예상하였지만, 귀한 대접을 받고는 깜짝 놀랐다.

요셉은 자신을 밝히기 전에 다시 한 번 그들을 시험하였다(그는 그들이 자기를 버렸던 것처럼 베냐민을 버릴 것인지 알고 싶었다). 그는 종에게 비밀리에 그의 은잔을 베냐민의 곡식 자루에 넣어두라고 지시하였다. 그리고 그들이 곡식을 사서 가나안을 향해 떠났을 때, 종에게 그들을 쫓게 하였다. 그는 그들이 도둑질을 했다며, 그 도둑은 요셉의 종이 될 것이라고 말했다. 그들은 범행을 부인했지만, 그들 가운데 누군가 은잔을 훔친 것이 발견된다면 그 사람이 요셉의 종이 되어야 한다는 데 동의했다.

베냐민의 자루에서 요셉의 잔이 발견되자 형제들은 깜짝 놀랐다. 유다는 요셉에게 자비를 베풀어달라고 탄원하였다. 요셉은 더 이상 자신의 감정을 주체할 수가 없었다. 그는 울며 형제들에게 말했다. "내가 요셉입니다!"

형제들은 놀람과 동시에 두려워했다. 하지만 요셉은 그들에게 아무것도 두려워할 것이 없다고 안심시켜 주었다. 요셉은 형들의 의도가 비록 악했지만, 하나님께서 그들의 생명을 구하기 위해 그를 이집트로 보내셔서 바로의 조언자이자 그 땅의 통치자가 되게 하셨다는 것을 깨달았다. 요셉은 그들에게 가나안으로 돌아가서 아버지와 가족들을 이집트로 데려오라고 말했다.

가나안으로 돌아간 그들은 아버지에게 요셉이 살아 있으며 강력한 지도자가 되었다고 말했다. 이스라엘은 그 말을 믿을 수가 없었다. 그들은 아버지에게 요셉이 한 말을 전해주고 그가 보낸 선물들을 보여주면서 간신히 확신을 갖게 해주었다.

결국 이스라엘은 이집트로 가는 데 동의했다. 그 여정 중에 하나님은 이 모든 일이 그분이 이스라엘을 큰 민족으로 만들기 위한 계획 가운데 있었던 일이었음을 확인해주셨다.

요셉은 바로에게 그의 가족들이 고센 땅에 정착하는 것을 허락해 달라고 구하면서 그들이 그곳에서 자급자족할 것이라고 말했다. 130살이 된 이스라엘이 이집트에 도착하자 요셉은 그를 바로에게 소개했고, 그는 왕을 축복하였다.

이집트 사람들은 흉년 동안 요셉의 통치 하에서 살아남을 수 있었지만, 그들의 땅을 먹을 것과 바꾸어 바로에게 넘겨주어야 했다. 결국 그들은 바로의 종이 되었고, 그는 그들을 돌볼 책임을 지게 되었다.

이스라엘은 요셉의 두 아들, 에브라임과 므낫세를 축복하였다. 그런데 므낫세가 큰 아들이었음에도 불구하고 둘째인 에브라임을 므낫세보다 더 높였다. 이스라엘은 또한 그의 아들들에게 앞으로 각기 어떤 일이 일어날 것인지 예언하였고, 자신을 아브라함에게 약속된 땅에 묻으라고 지시하였다.

이스라엘이 죽자, 요셉은 아버지의 요청대로 그를 가나안 땅에 장사지냈다. 요셉의 형제들은 이제 이스라엘이 죽었으니 요셉이 자기들에게 복수를 할 것이라고 생각하였다. 그러나 요셉은 그렇게 하지 않고, 대신에 놀랄만한 믿음의 선언을 하였다. 그는 "두려워하지 마십시오. 내가 하나님을 대신하기라도 하겠습니까? 형님들은 나를 해치려고 하였다. 그리고, 하나님은 오히려 그것을 선하게 바꾸셔서 오늘과 같이 많은 사람의 생명을 구원하셨습니다"라고 말하였다.

요셉은 110년을 살았다. 그는 죽기 전에 형제들에게 자신의 유골을 하나님이 아브라함과 이삭과 야곱에게 약속하신 땅으로 가지고 가달라고 당부하였다.

## 요약

하나님께서는 아브라함에게 그가 궁극적으로 모든 사람들에게 축복을 가져다주게 될 것이라는 언약을 맺으셨다. 주님은 아브라함에게 새로운 땅을 주시고 그의 후손들이 별처럼 많아지게 하시겠다고 약속하셨다. 아브라함은 하나님의 약속을 믿었고, 가나안 땅을 얻기 위해 그의 고향을 떠났다.

아브라함은 하나님께는 불가능한 것이 없다는 것을 알게 되었다. 그들이 너무 늙어서 아이를 가질 수 있다는 모든 희망을 포기했을 때, 사라가 이삭을 낳았던 것이다.

이삭이 태어난 후 하나님은 아브라함에게 아들을 희생 제물로 드리라고 말씀하시며 그의 믿음을 시험하셨다. 이에 아브라함은 순종하였다. 그는 제단을 쌓았지만, 하나님께서 이삭 대신 제물로 드릴 짐승을 제공해주셨다.

이삭과 리브가에게는 두 아들이 있었다. 야곱은 장자인 에서가 가지고 있던 상속권을 자기에게 팔게 만들었다. 이삭이 죽을 때가 다가왔을 때, 야곱은 아버지를 속여서 장자의 축복을 대신 가로챘다.

밤새도록 주님과 씨름하였던 날, 야곱은 인생의 전환점을 경험하였다. 이때 그의 이름이 이스라엘로 바뀌었다. 그는 열두 아들의 아버지가 되었고, 그들은 열두 지파의 조상이 되었다.

야곱이 가장 많이 사랑한 아들 요셉은 형들의 시기로 이집트에 팔려가 노예가 되었다. 강간범이라는 누명을 쓰기도 했지만, 그는 어려운 시절을 지나 마침내 이집트 왕을 돕는 최고의 경제 고문이 되었다. 요셉은 엄청난 번영의 시기와 심각한 흉년 중에 이집트를 지혜롭게 이끌었다. 형제들을 다시 만났을 때, 그는 복수를 하는 대신 그들의 필요를 공급해주고 모든 가족을 이집트로 데려왔다.

요셉은 자신을 망하게 하려는 형제들의 의도를 하나님이 그분의 섭리에 따라 사용하셔서 자신의 가족들을 보전하셨다는 사실을 깨달았다. 요셉은 죽기 전에 자기 유골을 하나님이 아브라함과 이삭과 야곱에게 약속하신 땅으로 가져가 달라고 부탁했다.

# 3
CHAPTER

# 모세와 출애굽

**주요 등장인물**

모세 | 바로(이집트 왕) | 이스라엘의 아들들(이스라엘 자손)

**배경**

이집트 | 홍해 | 시내 반도 | 시내 산

## 모세 출애굽기 1-6장

야곱이 죽고 난 후 이스라엘의 자손들은 이집트에서 번성하였다. 그들은 규모와 세력 면에서 폭발적으로 성장하였고, 그것은 이집트 사람들에게 경계심을 불러일으켰다. 요셉이 이집트를 위해 한 일을 알지 못하는 새로운 왕이 권좌에 앉게 되었을 때, 그는 이스라엘 자손들을 두려워하여 그들 전체를 노예로 삼았다. 그러나 그들의 수는 계속해서 증가했다.

바로는 너무 두려운 나머지 산파들에게 히브리(이스라엘 자손) 남자아이들이 태어나면 그들을 모두 죽이라고 명령하였다. 하지만 하나님을 두려워한 산파들은 이집트 왕의 살해 명령을 따르지 않았다.

모세는 하나님의 섭리에 따라 이스라엘의 지도자의 자리에 서게 되었다. 모세가 태어났을 때, 그의 어머니는 그가 특별한 아이라는 것을 알아보고 숨기려고 하였다. 더 이상 아이를 숨겨서 기를 수 없게 되었을 때, 모세의 어머니는 그를 갈대 바구니에 넣어 나일 강에 띄워놓았다. 마침 바로의 딸이 아기를 발견하고 그를 입양하였고, 모세의 어머니를 유모로 삼았다.

성장한 모세는 히브리 사람을 때리고 있던 이집트 사람을 죽였다. 그러나 그의 동족들은 그를 사신들의 지도자로 인정하는 대신 바로에게 고발하겠다고 위협했다. 모세는 미디안(남부 시내 반도)으로 도망을 갔다. 그곳에서 목자가 된 모세는 이드로의 딸인 십보라와 결혼하였다.

어느 날 양을 치고 있던 모세는 이상한 현상을 보게 되었다. 떨기나무에 불이 붙었는데, 그것이 타서 없어지지 않고 있었던 것이다. 그가 다가가자, 떨기나무 가운데서 주님이 모세에게 말씀하셨다. "나는 너의 조상, 아브라함과 이삭과 야곱의 하나님이다." 하나님은 그분의 백성들이 부르짖는 소리를 들으셨고, 모세가 이집트로 돌아가 그들을 구해내기를 원하셨다.

모세는 자신이 무가치한 존재이며, 그런 임무를 감당하기에 적합하지 않은 사람이라고 항변하였다. 그러나 하나님께서는 똑같은 명령을 두 번이나 되풀이하셨다. 그럼에도 모세는 다른 사람을 보내시라고 간청하였다. 하나님은 모세에게 그분의 이름을 말씀해주셨다. "나는 스스로 있는 자다." 그리고 주님은 모세에게 바로가 그분의 백성들을 놓아주지 않을 수 없도록 능력을 주시겠다고 약속하시며, 모세의 형인 아론이 그를 도와줄 것이라고 말씀하셨다. 모세는 결국 동의했다.

# 재앙과 출애굽 출애굽기 7-15장

모세는 이드로에게 그의 계획을 말하고, 하나님의 산(시내 산)에서 아론을 만나 이집트로 돌아갔다. 쉽지 않은 일이었지만, 모세는 아론의 도움으로 이스라엘 장로들에게 하나님께서 이집트로부터 그들을 구해내시기 위해 자신를 보내셨다고 설득할 수 있었다.

모세가 마주친 그 다음 도전은 더 어려운 것이었다. 그는 바로에게 그가 부리는 노예들(이스라엘 백성)을 해방시키라고 설득해야 했다. 모세는 이렇게 말했다. “주 이스라엘의 하나님이 말씀하시기를 ‘나의 백성을 보내라!’고 하셨습니다.” 바로는 코웃음을 치며 하나님을 조롱하였다. “너의 주가 누구냐? 왜 내가 그의 말을 들어야 하느냐? 나는 그를 알지 못하며, 이스라엘을 보내지도 않을 것이다!”

아론과 모세가 강하게 주장했지만, 바로는 완강했다. “이스라엘 자손이 게을러졌구나.” 바로는 이렇게 비난하며 그들의 노역을 더 힘들게 만들었다. 모세는 이제 또 다른 위기에 직면하였다. 이스라엘의 지도자들은 모세 때문에 자기들이 더 혹독한 처우를 받게 되었다고 원망하였다. 이 말을 들은 모세는 주님께 불평했다.

바로의 완고하고 잔혹한 대응은 하나님께서 이집트 사람들과 이스라엘 자손들에게 그분이 ‘엘 샤다이’ 즉 전능의 하나님이심을 보여줄 수 있는 기회가 되었다. 주님은 바로가 그분의 백성들을 풀어주지 않을 수 없도록 만드셔서 그들을 약속의 땅으로 데려가실 것이었다.

“어떻게 하시렵니까?” 모세가 말했다. “내 동족들도 내 말을 들으려

하지 않을 것입니다." 하나님께서는 모세를 아주 강력하게 하셔서 바로로 하여금 모세는 하나님이고, 아론은 그의 대언자로 생각하도록 만드실 것이라고 말씀하셨다.

모세와 아론은 두 번이나 바로와 맞섰다. 그들이 하나님의 보내심을 받은 사람들이라는 것을 입증하기 위해 아론은 그가 사용하던 목자의 지팡이를 던졌다. 그러자 그것은 뱀이 되었다. 바로는 이 일에 별 영향을 받지 않았다. 비록 아론의 지팡이가 마술사들의 지팡이를 삼켜버리기는 했지만, 바로의 두 마술사들도 이와 똑같은 일을 할 수 있었기 때문이다.

바로가 너무나 교만하고 완고했기 때문에 이스라엘 자손들을 해방시키기 위해서는 재앙이 불가피해졌다. 모세는 그 땅과 가축들과 이집트 사람들에게 열 가지 재앙을 일으켰다. 그 재앙은 온 이집트를 유린하였지만, 하나님께서 이스라엘 사람들을 보호하셨다.

모세는 재앙을 선포할 때마다 "주님께서 말씀하시기를 '나의 백성을 보내라'고 하셨다"고 말함으로써 바로에게 자신이 하나님의 대언자라는 것을 분명히 밝혔다. 바로의 마술사들은 처음 두 재앙, 즉 물을 피로 변하게 하는 재앙과 개구리 재앙은 흉내를 낼 수 있었지만, 세 번째 재앙 이후로는 "이것은 하나님의 손이 아니고서는 할 수 없는 일입니다"라고 선언하였다.

바로는 자신의 마술사들이 모세의 권능은 초자연적인 것이라고 인정하였음에도 불구하고 여전히 이스라엘 자손들을 놓아주려 하지 않았다. 그는 이스라엘 사람들이 이집트에서 하나님을 예배하는 것을 허락하거나 심지어는 보내주기는 하겠지만, 제한을 두는 형식으로 모세와 거래를 하려 하였다.

여덟 번째 재앙인 메뚜기 재앙 이후에 바로의 신하들은 그에게 이집트가 완전히 망하기 전에 어서 이스라엘 사람들을 놓아주라고 간청하였다. 그러나 바로의 마음이 너무 완악하여서 그들의 말을 듣지 않고 모세와 아론을 그의 궁궐에서 쫓아내버렸다. 그는 심지어 하나님을 거역하여 자신이 죄를 지었다고 고백하고도 이스라엘 자손을 놓아주는 것에 대해서는 마음을 바꾸지 않았다.

이집트 온 땅이 짙은 어둠에 뒤덮이게 되었을 때, 바로는 모세에게 항복하며 이스라엘 자손들이 여호와를 예배하도록 보내주겠다고 제안했다. 하지만 그는 가축들을 데리고 가는 것은 허용하지 않았다. 모세는 이 제안을 거부했다. 바로는 분노가 폭발해서 모세에게 다시는 자기 앞에 나타나지 말 것이며, 만약 그렇게 하면 죽여버리겠다고 경고했다.

열 번째 재앙은 가장 파괴적이었다. 이집트 땅의 처음 난 것들이 모두 죽었다. 하나님은 이스라엘 사람을 이 재앙으로부터 자동적으로 보호해주신 것이 아니라, 그들이 양이나 염소를 희생 제물로 삼아서 그 피를 집 문틀에 바른 집만 재앙을 면할 수 있다고 말씀하셨다. 주님이 그 피를 보시면 그 집은 지나가시겠지만, 이집트 땅에는 죽음의 재앙이 휘몰아칠 것이었다.

그들은 희생 제물의 고기와 함께 누룩을 넣지 않은 빵을 먹어야 했다. 모세는 이스라엘 장로들을 소집해서 그 희생 제사를 위한 지시를 내렸다. 백성들은 하나님이 명령하신 대로 정확히 행했으며, 그날 밤중에 이스라엘 가정에는 죽은 자가 하나도 없었다. 하지만, 이집트 전역에는 통곡 소리가 끊이지 않았다.

모세와 아론은 바로에게 갈 필요조차 없었다. 바로는 그들에게 "이집트 땅을 떠나라"고 명령했다. 모두 죽는 것은 아닐까 두려움에 빠진 이집트 사람들은 이스라엘 사람들에게 어서 떠나달라고 촉구하였다. 이스라엘 사람들은 음식과 옷과 이집트 사람들이 준 엄청난 양의 은과 금을 가지고서 430년 동안 살았던 이집트를 떠났다.

해마다 이때가 되면 그들은 자기들이 서둘러 이집트 땅을 떠났던 일을 상기하기 위해 희생 제물로 드려진 짐승의 고기뿐 아니라 누룩을 넣지 않은 빵을 먹었다. 하나님께서는 모세와 아론에게 매년 그 일을 기념하여 유월절로 지키고, 동물의 희생과 누룩 없는 빵을 먹었던 일을 기억하라고 말씀하셨다. 모세는 백성들에게 "당신들은 영원토록 이날을 기억해야 합니다. 당신들은 여호와께서 그분의 약속을 지키셨으며 그분의 강한 손으로 당신들을 이집트에서 건져내셨다는 것을 잊어서는 안 됩니다"라고 말했다.

이집트를 떠난 이스라엘 자손은 가나안으로 가는 가장 짧은 직선로를 택하지 않았다. 그 대신 주님은 낮에는 구름 기둥으로, 밤에는 불기둥으로 그들을 인도하셔서 남쪽 방향으로 이끄셨다. 그들이 홍해(히브리 본문에서는 '갈대 바다') 근처 광야의 끄트머리에 진을 치고 있을 때, 바로는 자신이 노예들을 풀어주는 어리석은 실수를 범했다는 것을 깨달았다. 그는 600명의 정예 병거부대 지휘관들에게 이스라엘 자손을 뒤쫓으라고 명령했다.

이집트 군대가 빠른 속도로 추격해오고 있는 것을 본 이스라엘 사람들은 공포에 사로잡혔다. 그들은 모세에게 자기들을 이집트에서 이끌어내서 광야에서 죽게 한다고 비난했다. "이집트 사람을 섬기는 것이 광야에서 죽는 것보다 낫겠습니다." 그러나 모세는 하나님께서 그들을 위해 싸우실 것이라고 안심시켰다.

구름 가운데서 그 백성을 인도하고 있었던 주님의 천사는 이스라엘 사람과 이집트 군대 사이로 옮겨갔다. 모세가 바다 위로 팔을 내밀자 바닷물이 갈라져 길이 열렸고, 이스라엘 사람들은 마른 땅을 걸어서 건넜다. 그들이 반대편으로 모두 안전하게 건너간 후 모세가 다시 팔을 내밀자 바닷물이 다시 쏟아져 내려 그들을 쫓아 바다로 들어섰던 바로의 군대를 덮쳤다.

이스라엘 사람들은 하나님께서 어떻게 이집트 사람들을 멸망시키셨는지를 보았고, 그 일을 통해 주님과 모세를 믿었으며, 승리의 노래로 하나님을 찬양했다. 아론의 누이 미리암은 춤추고 탬버린을 치며 여인들의 노래를 이끌었다.

주님을 찬송하여라.

그지없이 높으신 주님께서

말과 기병을 바다에 던져 넣으셨다(출 15:21).

## 요약

요셉이 이집트로 온 때로부터 출애굽까지 400년이 넘는 세월이 지났다. 이집트로 이주하는 일은 이스라엘의 아들들에게 하나의 모험이었다. 그곳에서 그들은 번성했다. 하지만 그들이 수나 세력 면에서 성장하자, 요셉이 어떻게 이집트를 구원하였는지 알지 못했던 새 바로는 경계심을 느꼈다. 그는 이스라엘 사람들을 무자비하게 억압했고, 그의 폭정은 극에 달하여 태어나는 모든 히브리 남자아이를 죽이라는 명령을 내렸다.

이런 상황 중에 태어난 모세는 하나님의 섭리로 바로의 궁전에서 성장하게 되었고, 바로의 딸은 그의 친어머니를 유모로 선택하였다. 어머니의 경건한 영향력 덕분에 모세는 자기가 이집트 사람이 아니라 히브리인이라는 것을 알고 있었다. 그러나 모세가 이스라엘 백성들을 도우려고 했을 때, 백성 중 한 사람이 그가 이집트 사람을 죽였다는 것을 바로에게 알리겠다고 위협했다.

그 일로 모세가 이집트를 떠나 광야에서 목자로 지내고 있을 때 하나님이 그에게 나타나셔서 자신을 여호와라고 밝히시고, 그의 백성들이 울부짖는 소리를 들으셨다고 말씀하셨다. 하나님은 모세에게 거룩한 능력을 주시며 그분의 백성을 억압적인 노예 상태에서 구원해내라는 사명을 주셨다.

모세는 이집트로 되돌아가 바로에게 이스라엘 백성들을 풀어주라는 경고로 온갖 재앙을 일으켰다. 그러나 바로는 매번 이스라엘 백성들에게 더 혹독한 요구를 했다. 하나님께서는 마지막으로 이집트 온 땅을 다니며 희생의 피를 바르지 않은 집들의 처음 난 것들을 모두 죽이심으로 바로가 이스라엘 사람들을 풀어주지 않을 수 없게 하셨다.

이스라엘 자손들은 이집트를 떠나기 전에 하나님께서 그들을 구원하신 날을 기념하기 위해 유월절 음식을 먹었다. 그들은 자기들의 처음 난 것들을 주님께 드렸다.

하나님께서는 이스라엘 백성들을 바다로 인도하셨고, 바로는 병거 부대를 보내어 그들을 추격하였다. 모세는 팔을 내밀어 바닷물을 갈랐고, 이스라엘 무리는 마른 땅을 건널 수 있었다. 이집트 군대는 추격을 시도하였지만, 주님께서 그분의 능력을 거두시자 바닷물이 다시 쏟아져 내려 그들은 모두 물에 빠져 죽었다.

# 4
CHAPTER

# 광야에서의 방황

**주요 등장인물**

모세 | 여호수아 | 갈렙 | 아론 | 이스라엘 백성

**배경**

시내 광야 | 시내 산

가데스 바네아(약속의 땅 남쪽 경계에 있는 오아시스)

모압 평야(요단 강 동쪽 지역)

## 하나님의 공급하심 출애굽기 15-18장

힘들게 이집트에서 나온 모세와 이스라엘 백성들은 또 다른 위협에 직면했다. '음식과 물이 없는 삭막한 사막에서 어떻게 생존할 것인가?' 이집트를 떠난 지 한 달 만에 그들에게 필요한 물품들이 고갈되기 시작했고, 그들이 겨우 찾은 물은 짠물이었다. 그들은 모세와 아론에게 불만을 토로했다. 모세는 그들에게 하나님이 그들을 죽게 하시려고 사막으로 데려오신 것이 아니었다는 사실을 상기시켜 주었다. 주님이 필요를 공급하실 것이었다.

하나님은 그들에게 저녁에는 메추라기를 주시고, 아침에는 잘 상하는 빵 같은 것을 주셨는데 사람들은 하루 먹기에 충분할 만큼만 모을 수 있었다. 이전에 그런 것을 본 적이 없었던 그들은 그것을 만나('manna', '이것이 무엇이지?' 라는 의미이다)라고 불렀다. 안식일(일곱째 날)에는 일하지 말아야 한다는 말씀을 어기지 않기 위해, 그들은 여섯째 날에 이틀분의 만나를 모아야 했다.

하나님의 은혜로운 공급하심을 기억하게 하기 위해, 그분은 모세에게 소량의 만나를 보존해두어 미래 세대가 주님이 광야에서 그들에게 무엇을 주셨는지 볼 수 있게 하라고 말씀하셨다. 이 만나는 후에 언약궤 안에 안치되었다. 이 기적적인 공급하심은 이스라엘 백성들이 약속의 땅에 들어갈 때까지 40년 내내 계속되었다.

물 문제는 사람들이 르비딤에 장막을 쳤을 때 해결되었다. 그곳에서 물을 찾을 수 없게 되자 그들은 또 다시 불평하였다. 모세는 그들이 너무나 화가 나서 자신을 돌로 칠지도 모른다고 생각하여 주님께 부르짖어 도움을 구하였다. 주님은 그에게 이스라엘 장로들을 불러 모아 큰 바위 옆에 세우고, 그의 지팡이로 그것을 치라고 말씀하셨다. 모세가 바위를 치자 물이 쏟아져 나왔다(그는 그곳을 '시험하다' 라는 의미의 '맛사' 혹은 '다툼'이라는 의미의 '므리바' 라고 불렀다. 백성들이 주님을 시험하고 모세와 다투었기 때문이다).

여기서 이스라엘은 예기치 않게 아말렉의 공격을 받았다. 모세는 여호수아(그의 이름은 '구원자'를 의미한다)에게 전쟁을 할 사람들을 뽑으라고 말했다. 그리고 그는 근처 산꼭대기에 올라가 지팡이를 머리 위로 들었다. 그가 지팡이를 높이 들고 있는 동안에는 이스라엘이 아말렉을 이기고, 그가 팔이 아파 내렸을 때에는 아말렉이 이겼다. 여호수아의 완벽한 승리를 위해 아론과 훌은 모세의 양 옆에 서서 그가 손을 들고 있을 수 있도록 도와주었다. 전쟁이 승리로 끝난 후에 주님은 모세에게 그곳을 '여호와는 나의 깃발'이라는 의미의 '여호와 닛시'라고 부르라고 말씀하셨다.

모세의 장인인 이드로가 소식을 듣고는 모세를 보러 왔다. 이드로는 이스라엘을 강력한 바로의 손에서 구원하신 주님을 찬양하고, 장로들과 함께 희생 제물을 먹었다.

그는 또한 모세에게 현명한 조언을 하였다. 모세는 이스라엘 백성들 사이의 갈등을 해결해주었는데, 어떤 날에는 아침부터 저녁까지 계속해서 사람들의 문제를 듣기도 하였다. 이드로는 모세에게 "계속 이렇게 할 수는 없는 일이네. 자네는 곧 지칠 거야! 자네는 오직 백성들이 어떻게 살아야 하는지에 대해 가르치고, 그들을 그룹으로 조직하고 그 안에 유능한 지도자들을 세워 소소한 문제들을 해결하게 하고 어려운 문제들만 자네에게 가져오게 하게"라고 말하였다.

## 시내 산 출애굽기 19-31장

이집트를 떠난 지 꼭 두 달이 지나서, 이스라엘 사람들은 시내 산에 도착하였다. 그곳에 장막을 친 후 모세는 하나님과 만나기 위해 산으로 올라갔다. 하나님은 산꼭대기 짙은 구름 가운데서 그에게 말씀하셨다. 하나님은 모세에게 이스라엘 백성들이 언약에 순종함으로써 그분을 그들의 '위대한 왕'으로 섬긴다면, 그들은 하나님께 소중한 사람, 곧 '제사장 나라요 거룩한 민족'이 될 것이라고 말씀하셨다.

모세가 하나님과 만났던 일을 장로들에게 이야기했을 때, 그들은 주님이 명령하신 모든 것을 행하겠다고 하였다. 모세는 다시 산에 올라가서 주님께 장로들이 주님을 신뢰하고 순종하겠다고 합의했다고 말씀드렸다. 모세는 사람들에게 돌아와서 셋째 날에 하나님을 만날 준비를 하라고 말했다.

하나님과 만나기 전에 사람들은 목욕을 하고 옷을 빨고 성관계를 멀리하여 자신들을 정결하게 해야 했다. 그들은 산 가까이까지는 갈 수 있었지만, 모세가 산기슭에 설정해 놓은 경계를 넘어갈 수는 없었다. 모세는 "누구든 이 경계를 넘어서거나 혹은 건드리기라도 하면 반드시 죽을 것이다"라고 경고하였다.

모세가 하나님을 다시 만났을 때, 주님은 모세에게 십계명을 주셨다. 이스라엘을 이집트에서 구해내신 주님은 그들에게 온전한 충성을 요구하셨다. 그분은 "너희는 나 이외에 다른 어떤 신도 섬겨서는 안 되고, 어떤 우상에게 절해서도 안 되며, 내 이름을 폄하해서 불러서도 안 된다"고 말씀하셨다. 하나님이 엿새 동안 만물을 창조하셨다는 것을 기억하기 위해 일곱째 날(안식일)은 거룩한 안식의 날이었다. 그분의 백성들은 부모를 공경해야 했다. 그들은 살인, 간음, 도둑질을 해서는 안 되고, 다른 사람에 대해 거짓 증거를 하거나 다른 사람에게 속한 것, 특히 그의 아내를 탐내지 말아야 했다.

이스라엘 백성들은 천둥소리를 듣고 번개를 보자 두려워 떨었다. 그들은 죽을까 두려워서 모세에게 그들을 대신하여 하나님께 나아가 말해달라고 간청했다. 모세는 그들에게 아무것도 두려워할 것이 없다고 말해주었다. 하나님이 그분의 놀라운 능력을 보여주신 것은 그들이 죄를 짓지 않게 하시기 위해서였다.

모세가 하나님께 다가가자 그의 모습이 짙은 구름 속에 가려졌다. 하나님은 모세에게 희생 제사와 기도와 제물에 관하여 자세히 지시하셨다. 시민법은 노예, 살인, 도둑, 빚, 거짓말 등의 주제를 포함하고 있었다. 이스라엘 백성들은 일차적으로 농경민족이 될 예정이었기 때문에, 주님은 그들에게 어떻게 곡식을 심고 수확할 것인지를 말씀해주셨다.

모세는 사람들에게 모든 지시사항을 전달하였고, 그들은 한 목소리로 "주님께서 명령하신 모든 것을 행할 것입니다"라고 말하였다. 그 언약을 비준하기 위해 모세는 제단을 만들고, 열두 지파 각각에 하나씩 열두 기둥을 세웠다. 모세는 몇 마리의 수소를 희생 제물로 드린 후에 그 피의 절반은 제단에 뿌리고, 나머지는 사람들에게 뿌렸다. 그는 언약의 책에 기록한 모든 것을 읽었고, 사람들은 다시 주님께 온전히 순종하겠다고 합의했다.

모세와 이스라엘 지도자들이 언약의 음식을 먹은 후, 주님께서 모세를 다시 산으로 불러올리셨다. 신비스런 구름에 일부가 가린 채 활활 타는 불길의 모습으로 주님의 영광이 내려오기는 하였지만, 모세는 주님이 그를 만나주시기까지 엿새를 더 기다려야 했다. 일곱째 날에 주님께서 불 기둥으로 임하셨고, 모세를 부르셔서 산을 덮은 구름 가운데서 그를 만나셨다.

모세는 성막(만남의 장막) 건설에 관한 지시를 받기 위해 40일간 머물렀다. 성막은 이스라엘이 광야에서 지내는 동안 사용할 임시 예배 처소였다. 그것을 만들기 위해서는 동물의 가죽, 나무, 금, 은과 동이 필요했다.

외부 구조에 덧붙여, 주님은 내부 기구들에 대한 정확한 지시를 내리셨다. 하나님은 모세에게 언약궤(두 돌판을 보관할 상자)를 만들라고 말씀하셨다. 그리고 그 꼭대기의 금으로 만든 두 천사 사이에서 그에게 말씀하시겠다고 하셨다. 거기에는 또한 희생 제물을 드릴 제단, 의례용 빵을 진열할 상, 순금 등잔대(촛대), 분향할 제단, 그리고 의례를 위해 수족을 씻기 위한 물동이가 있었다.

아론과 그의 아들들은 제사를 인도하고 주님께 가까이 갈 수 있는 제사장으로 섬기도록 선택되었다. 그들은 자기들을 구별되게 할 '거룩한 옷'을 입어야 했는데, 그 옷은 위엄을 부여하고 예배에 아름다움을 더하였다.

아론의 옷에서 무엇보다 눈에 띄는 것은 금과 색실로 수를 놓은 정교한 조끼 모양의 옷이었다. 거기에는 하나님의 뜻을 확인하는 데 사용되었던 두 개의 돌이 달려 있었다. 아론과 그의 아들들은 제사장 직분을 위임받기 위해 기름과 희생 동물의 피를 머리에 발랐다. 그들은 사람들을 위해 매일 아침과 저녁에 제사를 드려야 했다.

성막을 유지하기 위해서 20세 이상의 성인은 반 세겔(6그램 가량의 무게가 나가는 은)을 드려야 했다. 실제로 성막을 건축하고 여러 기구를 만들기 위해 주님은 솜씨가 좋은 사람들을 선택하여 그들로 하여금 하나님의 영으로 충만케 하시겠다고 말씀하셨다. 주님은 매 일곱째 날을 안식

일로 지켜야 하는 일의 중요성을 모세에게 다시 한 번 상기시키신 후에, 그분의 손가락으로 십계명을 새긴 두 돌판을 주셨다.

## 황금 우상 출애굽기 32장

모세가 오랫동안 자리를 비운 사이, 이스라엘 백성들은 우상숭배에 빠져버렸다. 그들은 금 장신구들을 모아 아론에게 그것으로 송아지 모양의 우상을 만들어달라고 하였다. 그 다음날 사람들은 금송아지 우상에게 희생 제물을 가져와 그들의 새로운 신에게 경배하며 경축하였다.

사람들이 반역했다는 것을 아신 주님은 모세에게 그 백성을 멸망시키시고, 그로 하여금 새로운 민족을 이루게 하여 약속의 땅으로 들어가게 하시겠다고 말씀하셨다. 모세는 하나님께 아브라함과 그의 후손들과 맺으신 언약을 기억해달라고 간구하며 주님의 자비를 구했다. 주님은 모세의 요구대로 심판을 보류하셨다.

모세는 두 돌판을 가지고 산을 내려왔다. 진에 가까이 갔을 때, 요란하게 싸우는 소리가 났다. 그러나 그것은 백성들이 노래하는 소리였다. 모세는 금송아지 앞에서 사람들이 춤추고 있는 것을 보고 분노가 폭발하여 두 돌판을 깨뜨렸다. 그는 금송아지를 불살라 부수어 가루로 만들어 물에 뿌려서 이스라엘 자손들에게 마시게 하였다.

모세가 아론에게 왜 그것을 만들었는지 묻자, 아론은 백성들에게 책임을 전가하였다. 그는 사람들이 우상을 원했고, 그래서 그가 금을 가져오라고 해서 그것을 불에 넣었더니 기적처럼 그 우상이 나왔다고 말했다. 모세는 진노했고 진 문에 서서 "누구든지 주님의 편에 설 사람은 나에게로 나아오십시오"라고 말했다. 그러자 레위 자손들이 나왔고, 모세는 그들에게 우상숭배를 한 사람들을 모두 죽이라고 명령했다. 그가 형제이든 친구이든 이웃이든, 예외는 없었다. 우상숭배자들은 모두 죽임을 당했다. 그늘은 약 3천 명을 처형했다.

모세는 그 사람들이 여호와를 대항하여 심각한 죄를 저질렀다는 것을 깨달았다. 그는 다시 시내 산으로 돌아가 하나님께 그들의 죄에 대해 자신을 벌해달라고 간청했다. 하나님은 모세를 용서하셨지만, 금송아지를 만들었던 사람들에게는 치명적인 재앙을 내리셨다.

이스라엘 백성들이 언약을 깨뜨렸음에도 불구하고, 하나님은 아브라함의 후손으로 큰 민족을 이루게 하시겠다는 약속에 신실하셨다. 주님은 모세에게 "내가 아브라함과 이삭과 야곱에게 맹세하고 그들의 자손에게 주겠다고 약속한 그 땅으로 올라가거라"고 말씀하셨다. 하지만 그 백성들이 완고하고 반역적이었기 때문에 하나님은 더 이상 자신이 직접 그들을 인도하지 않으시고, 대신 천사를 보내어 그들을 인도하고 그들을 위해 싸우게 하겠다고 말씀하셨다. 이에 더하여, 그들이 금송아지를 예배하면서 번쩍이는 장신구를 걸치고 화려한 옷을 입었기 때문에, 그들에게 다시는 그러한 옷을 입지 못하도록 금지하셨다.

# 모세와 하나님의 영광 출애굽기 33-34장

모세는 계속해서 하나님과 그 백성들 사이의 중보자로 활동했다. 여호와께 간구할 것이 있는 사람들은 회막 문 앞에서 모세와 만났고, 그러면 모세가 그들의 간구를 대신 전달했다. 사람들은 멀리 서서 모세가 회막에 들어가는 것을 지켜보았고, 자기들의 장막 앞에서 꿇어 절하였다.

어느 날 하나님을 만난 모세는 그분께 대담한 요청을 하였다. 모세는 여호와께서 그분의 백성을 약속의 땅으로 이끌어가지 않으실까 염려했다. 하나님의 이름을 알았고 그분을 직접 만나는 특권을 누렸지만, 그는 여호와를, 그분의 성품과 그분이 행동하시는 동기를 더 친밀하게 알기를 원했다.

하나님은 모세에게 그분이 이스라엘에게 하신 약속을 지키실 것을 믿어도 좋다고 확신시켜 주셨지만, 모세는 여전히 만족할 수가 없었다. 그는 "저에게 주님의 영광을 보여주십시오" 하고 요청하였다. 주님은 모세에게 그분의 영광을 얼핏 일견할 수는 있지만, 그분의 얼굴을 볼 수는 없다고 말씀하셨다. 왜냐하면 하나님의 영광을 직접 보고도 살 수 있는 사람은 아무도 없기 때문이었다. 모세는 바위 틈 사이에 숨었고, 하나님이 그곳을 지나가신 후에 그분의 영광의 그림자를 보았다.

하나님은 모세에게 그가 이미 깨뜨려버린 증거판을 대체하기 위해 새로이 두 돌판을 가지고 다시 산으로 올라오라고 말씀하셨다. 그는 새 돌판을 깎아서 이른 아침에 산을 올랐고, 하나님은 구름 가운데 내려오셔서 모세에게 선언하셨다. "나는 여호와, 주이다! 나는 자비롭고 은혜로운 하나님이다! 내 사랑은 끊어지지 아니하고, 내 백성의 반역과 죄를 용서하는 하나님이다." 모세는 땅에 얼굴을 대고 엎드려 주님을 경배하였고, 하나님께 그분의 선택받은 백성과의 언약을 새롭게 갱신해달라고 간구하였다.

하나님은 다시 한 번 모세를 지도자로 인정하시고 이스라엘 백성을 약속의 땅으로 인도하시겠다고 약속하셨지만, 순종의 중요성을 재자 강조하셨다. 그 땅의 거주민들이 우상을 숭배하고 있었기 때문에, 하나님은 이스라엘 백성들에게 그들과 협정을 맺어서는 안 된다고 강조하셨다. 우상을 섬기는 사람들과 협정을 맺으면 그들이 영향을 미쳐서 다른 신들을 섬기게 될 수도 있었기 때문이다.

더 나아가서 하나님은 젊은 남자들은 이방 여인들과 결혼을 해서는 안 된다고 금지하셨다. 그들이 남자들을 유혹하여 우상을 섬기도록 할 수 있기 때문이었다. 그들이 계속해서 주님께 온전히 헌신하기 위해서, 이스라엘 백성들은 매년 절기를 지키고 주님께 특별한 희생 제사를 드려야 했다.

모세가 하나님과 함께 40일을 지낸 후에, 주님은 새로운 돌판에 십계명을 적어주셨다. 모세가 사람들에게로 돌아왔을 때, 그의 얼굴은 하나님의 영광으로 빛났다. 사람들은 그에게 가까이 가기를 두려워했다. 모세는 사람들과 말할 때에는 수건으로 얼굴을 가렸고, 하나님과 대면하여 말할 때에는 수건을 벗었다. 모세가 주님과 만날 때마다 그의 얼굴은 새로운 광채로 빛났다.

## 성막 출애굽기 35-40장

모세는 백성들을 불러 모아 안식일을 안식과 예배의 날로 지키라는 명령을 강조하였다. 성막을 짓기 위해 모세는 백성들에게 자원하여 주님께 드릴 예물을 가져오라고 하였다. 하나님이 사람들의 마음을 감동시키셔서 그들은 성막을 짓기 위해 필요한 금, 베, 가죽, 기름을 비롯한 온갖 물건들을 많이 가져왔다.

성막 건설을 돕고자 하는 사람들의 마음이 너무 간절해서 작업이 시작된 이후에도 계속해서 물건들을 가지고 왔다. 물건이 성막을 건설하기에 충분하고도 넘쳤기 때문에, 마침내 모세는 그들에게 이제 물건을 그만 가져오라고 말해야 했다. 모세는 브살렐과 오홀리압이라는 두 장인에게 성막을 짓는 일을 맡겼다.

장인들은 성막뿐만 아니라 여러 기구들과 제사장들을 위한 옷을 만들었다. 일을 마친 후에 모세는 그 모든 것을 점검하고, 일꾼들이 모든 것을 주님께서 지시하신 그대로 만든 것에 대해 칭찬하였다.

이스라엘 사람들의 새해 첫날(3월 혹은 4월 중)에 그들은 성막을 세웠다. 그것은 지성소, 성소, 그리고 바깥 뜰로 구성되었고, 가장 안쪽에 자리 잡은 지성소는 커다란 휘장으로 둘러막았다. 거룩한 등잔대와 향단은 성소에 두었는데, 그곳은 또 다른 큰 휘장으로 분리시켰다. 가장 넓은 영역인 바깥 뜰 역시 휘장으로 둘러쳤다. 의식을 위해 씻을 물을 담은 물두멍과 희생 제사를 위한 제단은 하나뿐인 성막 문 앞에 두었다. 기구들을 모두 지정된 자리에 배치한 후 거기에 기름을 발라 윤을 내서 하나님께 바쳤다.

모세는 아론과 그의 아들들을 회막 문으로 모아서 그들에게 제사장의 겉옷을 입히고 기름을 부어 대대로 하나님을 섬기는 제사장으로 지명하였다. 이 일의 절정은 십계명을 언약궤 안에 넣는 것이었다. 제사장들은 언약궤를 막대에 꿰어서 지성소로 가져갔다. 모세는 주님께서 명령하신 대로 휘장을 늘어뜨려 언약궤를 볼 수 없게 가렸다. 모세는 등산대에 불을 켜고 성소에 있는 세난에서 향을 피웠으며, 바깥 뜰에 있는 물두멍에 물을 채웠다.

모세가 그 일을 끝낸 바로 그 순간 구름이 성막을 덮었고, 여호와의 영광이 지성소에 가득하였다. 이스라엘 백성들이 약속의 땅을 향한 여정을 계속하기 위해 그들은 구름이 움직일 때면 언제나 그것을 따라가야 했고, 반대로 구름이 한 장소에 머물면 그곳에 멈췄다. 밤에는 구름 가운데 밝은 불이 타서 어두움 속에서도 사람들이 여호와의 임재를 볼 수 있었다.

## 요약

출애굽한 이스라엘은 광야에서 생존하기 위해 하나님의 도우심이 필요했다. 하나님은 그들에게 물과 음식을 공급해주셨고 그들을 보호하셨다. 그들이 공격을 당했을 때, 모세, 여호수아, 훌은 이스라엘 최고의 전사들과 함께 승리를 거두었다.

이드로가 그들을 방문하여 현명한 조언을 하였다. 모세는 너무 많은 책임에 눌려 있었는데, 이드로는 그에게 소소한 결정들은 조력자들에게 맡기라고 조언하였다.

시내 산에서 하나님은 모세에게 이스라엘을 특별한 민족, 즉 여호와를 섬기는 민족으로 만들기 위한 가르침을 주셨다. 하나님은 돌판에 십계명을 새기시고 하나님을 예배하기 위한 지침들과 판례법들을 주셨다.

모세는 사람들에게 그 명령을 읽어주었고, 그들은 거기에 순종하기로 동의하여 언약을 비준하였다.

모세는 명령을 받은 대로 아론을 대제사장으로, 그의 아들들을 제사장으로 임명하였다. 하나님은 성막(그 백성이 하나님과 만나게 될 곳)과 거기에 둘 거룩한 기구들을 만들기 위해 재능 있는 사람들을 지목하셨다.

사람들이 우상숭배에 빠졌을 때, 모세는 하나님께 자비를 구했다. 하나님이 이스라엘을 멸하시고, 모세로 하여금 새로운 민족을 이루게 하시겠다고 말씀하셨기 때문이다. 주님은 마음을 돌이키셨지만, 죽음에 이르게 하는 재앙을 보내셔서 금송아지를 숭배하였던 사람들을 벌하셨다.

모세는 주님을 더 친밀하게 알기를 원하여 주님의 영광을 볼 수 있었다. 하지만, 그분의 얼굴을 직접 볼 수는 없었다.

성막 건설이 시작되었을 때, 하나님께서는 사람들의 마음을 움직이셔서 그들이 이집트에서 가지고 나온 물건들을 드리게 하셨다. 두 명의 장인이 성막과 기구와 제사장의 의복을 만드는 작업을 감독하였다.

성막이 완성되고 봉헌된 이후, 하나님은 지성소를 그분의 영광으로 가득 채우셨다. 그분의 영광은 낮에는 구름으로, 밤에는 구름 속에서 타오르는 불로 가시적으로 나타났다. 약속의 땅을 향한 남은 여정 동안 이스라엘은 구름이 움직이면 그것을 따라가고, 구름이 멈추면 그곳에 머물렀다.

5
CHAPTER

# 광야와 모세의 죽음

**주요 등장인물**

모세 | 여호수아와 갈렙 | 이스라엘 백성 | 발락 | 발람

**배경**

시내 산 | 광야 | 가데스 바네아 | 모압 평야

## 시내 산에서 가데스까지 민수기 1-11장

시내 산에서 모압 평야에 이르는 이스라엘 백성들의 여정은 인간의 실패와 하나님의 신실하심을 보여주는 드라마틱한 이야기다. 이스라엘 백성들은 반복해서 하나님의 인내심을 시험하였고, 하나님은 반역한 사람들을 심판하셨다. 그로 인해 한 세대 전체가 거친 광야에서 죽음을 맞이하는 한편 약속의 땅을 유업으로 받을 새로운 세대가 준비되었다.

군사력을 확인하기 위해 모세는 20세 이상 싸움에 나갈 수 있는 남자들의 숫자를 헤아렸다. 성막과 제사를 담당하는 아론과 그의 아들들과 레위 족속을 제외하고 징병 연령에 해당하는 남자들의 수는 모두 60만 3,550명이었다.

각 족속의 행군 순서가 정해지고, 성막 주변으로 진을 칠 위치가 배정되었다. 성막 앞 가까운 지역은 모세, 아론, 그의 아들들과 레위 족속의 자리로 배정되었다. 다른 이들은 성막에 가까이 갈 수 없었다.

이스라엘 백성들은 여정을 준비하면서 아주 작은 부분까지 구체적으로 신경을 썼다. 무지해서 죄를 짓는 사람이나 부당하게 죄의 혐의를 받는 사람이 없도록 하기 위해 모세는 의식법과 도덕적 정결에 관한 법을 설명해주었다. 레위 족속이 아닌 사람은 일시적으로 나실인 서약을 함으로써 성별될 수 있었다. 나실인 서약에는 포도로 만들어진 것은 어떤 것도 마시지 않기, 머리털을 자르지 않기, 죽은 것을 만지지 않기로 하는 제약을 포함하고 있었다. 그 서약이 끝날 때에는 여호와께 희생제사를 드렸다.

이스라엘 백성들은 시내 산을 떠나기 전에 두 번째 유월절을 기념하였다. 정한 기일에 기념할 수 없는 사람들을 위해, 모세는 그들에게 한 달 뒤에 유월절을 지킬 수 있다고 말했다.

무리의 규모가 매우 컸기 때문에 모세는 행진하는 동안 사람들과 소통할 방법이 필요했다. 하나님께서는 그에게 두 개의 은 나팔을 만들어서 이스라엘 자손들에게 신호를 보내고, 적의 위협을 받을 때에 경고하는 데 사용하라고 말씀하셨다.

이제 이스라엘은 여정을 떠날 준비가 되었다. 성막에서 구름이 떠오르고 사람들이 이동을 시작한 것은 기념비적인 사건이었다. 모세는 그의 처남에게 안내를 부탁했다. 미디안 사람인 그가 모세보다 그 지역을 훨씬 더 잘 알고 있었기 때문이다.

이스라엘 백성들이 시내 산을 떠나 길을 갈 때에 언약궤가 행렬의 선두에 섰다. 그들이 이동을 시작할 때마다 모세는 "주님, 일어나십시오. 주님의 원수들을 흩으십시오. 주님을 미워하는 자들을 주님 앞에서 쫓으십시오"라고 외쳤다. 그리고 그들이 멈출 때는 "주님, 당신의 백성들에게로 돌아오십시오"라고 외쳤다.

## 불평의 영 민수기 11-12장

이스라엘의 여정은 놀라운 경험으로 시작되었다. 그러나 그들이 시내 산을 떠나자 사람들은 황량한 광야에서의 고난에 직면하게 되었고, 곧 불평을 늘어놓기 시작하였다. 이것은 그들이 약속의 땅으로 가는 길에서 수없이 거듭하였던 불평의 시작에 불과했다. 그들이 불평을 하면 하나님께서 그들을 벌하셨지만, 완전히 버리지는 않으셨다.

처음에 하나님은 맹렬한 불로 불평하는 자들을 멸하셨다. 그들은 모세에게 도움을 간청하였고, 그가 기도하자 불길이 멈췄다. 그 일을 계기로 그곳을 디베라('불타는 곳'이라는 의미)라고 불렀다.

불로 심판을 받은 이후에도 이스라엘 백성들은 계속해서 불평하였다. 이스라엘 백성들과 함께 이집트를 떠난 일부 이집트 사람들이 덤덤한 맛의 만나에 대해 불평을 늘어놓자 이스라엘 백성들까지 불평하였다. 모세는 절망한 나머지 죽기를 원했다.

이때 하나님께서 개입하셔서 모세에게 70명의 사람들을 뽑아서 그를 돕게 하라고 말씀하셨다. 주님께서는 의사결정을 하는 데 필요한 지혜를 주시기 위해 그들에게 하나님의 영을 임하게 하셨다. 하나님은 반역자들에 대한 징벌로 진영에 메추라기 떼를 보내셔서 고통을 받게 하셨다.

이스라엘 백성들이 하세롯에 이르렀을 때, 미리암과 아론은 모세가 이스라엘 백성이 아닌 여자를 아내로 삼은 것을 비난하였다. 그들은 또한 자신들에게도 모세와 마찬가지로 이스라엘을 이끌 자격이 있다고 주장하였다.

그 일로 인해 하나님께서는 그들을 꾸짖으시고, 미리암에게 문둥병이 들게 하셨다. 이것을 본 아론은 모세에게 용서를 구하였다. 이에 모세가 미리암을 위해 기도하자 주님께서 그녀를 치유해주셨다.

## 반란 민수기 13–14장

가데스 바네아는 약속의 땅 남쪽 경계에 위치한 오아시스로서 매우 전략적인 곳이었다. 모세는 각 지파에서 한 명씩, 모두 열두 명을 보내어 가나안을 정탐하게 하였다. 정탐꾼들은 매우 건조한 네게브 지역을 지나 북쪽으로 르홉(다마스쿠스의 북쪽, 총 거리는 320킬로미터가 넘었다)까지 여행하였다.

정탐을 하고 돌아온 그들은 큰 포도송이를 가지고 왔다. 그들은 그곳이 비옥한 땅이긴 하지만 한 가지 심각한 문제가 있다고 보고했다. 그 땅 거주민들이 강하고 성읍이 매우 견고하여 자신들이 정복할 수 없다고 단정지었던 것이다. 정탐꾼들의 보고 내용이 삽시간에 진영 전체로 퍼져나가 이스라엘 백성은 두려움에 휩싸였다. 그들은 모세를 거부하고 새로운 지도자를 뽑아 이집트로 돌아가려고 하였다.

이에 맞서서 여호수아와 갈렙은 하나님을 신뢰하고 그 땅으로 들어가야 한다고 역설하였다. 하지만, 백성들은 이를 거부하였고, 심지어 여호수아와 갈렙을 돌로 치려고 하였다.

그들의 믿음 없음과 불순종 때문에, 하나님은 그 민족 전체를 멸하시겠다고 말씀하셨다. 이전에도 그랬던 것처럼, 이번에도 모세가 중재하였다. 하나님은 결국 그들을 용서하셨지만, 믿음 없는 그들을 심판하셔서 그들이 40년 동안 황량한 시내 광야에서 방황하게 하셨다.

자신들이 심각한 잘못을 범하였다는 것을 깨달은 이스라엘 백성들은 하나님의 도우심도 받지 않고 언약궤도 앞세우지 않은 채 그 땅으로 들어가기로 하였다. 그들은 남쪽 산꼭대기까지 진격하였으나 아말렉 사람과 가나안 사람들에게 격추되어 가데스까지 쫓겨왔다.

## 영적 패배와 군사적 승리 민수기 14–21장

가데스에서의 실패 이후, 수천 명의 사람들이 광야에서 죽어 약속의 땅에 들어가지 못하였다. 어떤 이들은 자연사하였지만, 대부분은 하나님의 심판으로 죽음을 맞이했다. 고라가 모세에 맞서 반란을 선동하였을 때에는 땅바닥이 갈라져 그를 따르는 자들이 모두 불구덩이에 떨어졌다.

하나님께서는 죽음에 이르는 재앙을 통해 수천 명의 사람들을 심판하셨다. 재앙을 멈추게 하기 위해 모세는 아론에게 향로를 가지고 죽은 자와 산 자 사이에 서서 여호와 앞에서 그것을 흔들라고 하였다. 재앙은 그쳤지만 이미 1만 4,700명이 죽은 뒤였다.

고라의 반란 이후 하나님께서는 모세에게 아론의 리더십 문제를 해결하기 위해 한 가지 시험을 하라고 지시하셨다. 그는 이스라엘 자손의 지도자들에게 그들의 지팡이를 성막으로 가져오라고 말했다. 그리고 그들의 지팡이를 아론의 지팡이와 함께 언약궤 앞에 두었다. 다음날이 되자 아론의 지팡이에 꽃이 피고 살구 열매가 맺혔다. 모세는 앞으로 일어날 수도 있는 반란에 대한 영구적인 경고로서 아론의 지팡이를 언약궤 앞에 두었다. 그 광경을 본 사람들은 두려워하며 다 죽게 되었다고 생각했다.

너무 많은 사람들이 광야에서 죽었기 때문에, 시신을 처리하느라 부정하게 된 사람을 정결케 하는 것은 매우 중요한 문제였다. 하나님께서는 모세에게 붉은 암송아지를 불사른 재를 가져다가 부정을 씻어내는 물을 준비하라고 지시하셨다. 그들은 옷을 빨고 몸을 씻을 뿐만 아니라, 백향목과 우슬초와 홍색 털실을 던져 넣어 태운 붉은 암송아지의 재를 섞은 물을 뿌렸다.

이스라엘 백성들이 가데스에 진을 치고 있을 때, 그들이 사용할 물이 말라버렸다. 사람들은 다시 모세와 아론을 비난하였다. 하나님께서는 모세에게 백성들을 소집하고 반석에게 명하여 물을 내게 하라고 말씀하셨다. 그러나 모세는 반석에게 명하는 대신 지팡이로 반석을 두 번 쳤다. 모세와 아론이 하나님의 지시를 정확히 따르지 않았기 때문에 그들은 약속의 땅에 들어가는 것을 허락받지 못하였다.

약속의 땅이 가까워지면서, 이스라엘 백성들은 가나안 인근 지역을 점령하고 있던 사람들로부터 저항을 받게 되었다. 에돔 왕은 대규모 수비대를 동원하여 이스라엘이 그의 영토를 지나가지 못하도록 하였다. 그는 "우리 땅에서 나가시오. 당신들은 절대로 이 땅을 지나가지 못하오!"라고 경고하였다.

이스라엘이 호르 산에 이르렀을 때 아론이 죽었다. 그때부터 그의 직분은 그의 아들 엘르아살에게 넘겨졌다.

이스라엘 백성들이 호르 산에 진을 치고 있을 때, 그 지역을 지배하고 있던 가나안 왕이 공격해서 포로를 잡아갔다. 이스라엘은 만일 주님께서 포로들을 구하도록 도와주신다면, 그 지역의 온 마을들을 전멸하겠다고 맹세하였다. 하나님께서 그들의 기도에 응답하셔서 그들은 대적을 완전히 전멸시켰다. 그때부터 그곳은 호르마('완전히 멸함'이라는 의미)라고 불렀다.

중요한 군사적 승리를 거두었음에도 불구하고, 사람들은 여전히 불평의 영에 사로잡혀 있었다. 에돔을 우회하여 더 먼 길로 가게 되었을 때, 사람들은 하나님과 모세를 비난하였다. "어찌하여 우리를 이집트에서 데리고 나왔습니까? 이 광야에서 우리를 죽이려고 합니까? 먹을 것도 없습니다. 마실 것도 없습니다. 이 보잘것없는 음식은 이제 진저리가 납니다."

이번에 주님은 그들의 진영으로 독뱀을 보내셨다. 많은 사람이 독뱀에 물려 죽자 백성들은 자신들의 잘못을 깨닫고 모세에게 기도해달라고 하였다. 모세가 기도하자 하나님께서는 진영의 중심에 구리로 뱀을 만들어 세우라고 하시며 독뱀에 물린 사람이 그 뱀을 쳐다보면 살 것이라고 하셨다. 그렇게 해서 죽어가던 많은 사람들이 목숨을 건졌다.

이스라엘은 광활한 시내 광야를 벗어나 북쪽으로 움직이면서 두 아모리 왕의 영토를 점령하였다. 이 두 번의 승리 이후에 이스라엘은 모압 평야(요단 강 동쪽이며 사해의 북동쪽)에 진을 쳤다.

## 발람 민수기 22–25장

모압 왕 발락은 큰 무리의 이방인들이 자신의 영토에 들어왔다는 보고를 받고는 매우 불안해했다. 그는 발람이라는 이름의 이방 예언자로부터 도움을 얻기로 하였다. 발람은 모압 북동쪽 유프라테스 강 근처 브돌에 살고 있었다.

처음 발락의 사신들이 왔을 때, 발람은 그들과 함께 가기를 거절하였다. 대신 발람은 그들에게 하룻밤 유숙하고 가라고 청하였다. 그 밤에 그는 하나님으로부터 오는 말씀을 구하였다. 하나님은 그에게 "너는 그 사신들과 함께 가지 말라. 그 백성은 복을 받은 백성이니 저주하지도 말라"고 말씀하셨다.

그들이 돌아가서 발락에게 발람이 그의 제안을 거절했다고 보고했지만, 왕은 포기하지 않았다. 그는 몇 명의 모압 귀족들을 발람에게 보내어 그가 이스라엘 백성을 저주한다면 원하는 것은 무엇이든 줄 것이라고 약속하였다. 이번에 하나님은 발람이 가는 것을 허락하셨지만, 주님이 명령하시는 것만을 정확하게 말해야 한다고 말씀하셨다.

다음날 아침 발람은 나귀를 타고 모압을 향해 떠났다. 하지만 하나님은 발람에게 진노하셔서 천사를 보내어 그의 길을 막으셨다.

발람을 태운 나귀는 길을 막고 있는 천사를 볼 수 있었지만, 발람은 볼 수 없었다. 나귀는 계속해서 발람을 치려는 천사를 피해 길을 벗어났고, 발람은 나귀가 엉뚱한 곳으로 간다며 채찍질을 하였다. 이런 일이 두 번 있고 난 뒤, 세 번째 여호와의 천사를 본 나귀는 주저앉아 버렸다.

몹시 화가 난 발람은 나귀를 거칠게 때렸다. 그러자 나귀는 입을 열어 발람에게 이렇게 말하였다. "제가 맞을 만한 짓을 한 것이 무엇입니까?"

발람은 나귀가 자신의 말을 듣지 않았다고 불평하였다.

나귀는 다시 입을 열어 "당신은 일생 동안 저를 탔습니다. 제가 언제 이렇게 한 적이 있었습니까?"라고 물었다.

발람은 "없었다"고 대답할 수밖에 없었다.

이때 하나님께서 발람의 눈을 여셔서 천사가 칼을 빼어 들고 그 길을 막고 선 것을 보게 하셨다. 천사는 발람이 악한 길을 가고 있음을 꾸짖었다.

놀란 발람은 집으로 돌아가겠다고 했다. 그러나 천사는 그에게 모압으로 가라고 말하면서, 다시 한 번 그가 오직 여호와께서 명령하시는 말만 할 수 있다고 분명히 못을 박았다.

발락을 만난 발람은 자신은 아무것도 할 능력이 없으며, 오직 하나님의 말씀만을 전할 것이라고 말했다.

발람은 7개의 제단을 쌓고 수송아지 7마리와 숫양 7마리를 희생 제물로 준비하였다. 두 동물을 제단에 드린 후 발람은 이스라엘이 하나님이 선택하신 특별한 백성이라고 선언했다.

발락은 당황하여 해명을 요구했다. "지금 무엇을 하셨습니까? 대적들을 저주해 달라고 당신을 데려왔는데, 당신은 그들에게 복을 빌어 주었습니다."

그는 장소를 바꾸면 달라질 것이라고 생각하고 발람을 다른 장소로 데려갔다. 그러나 장소는 문제가 아니었다. 그가 일곱 제단을 더 쌓았음에도 불구하고, 여호와께서는 오직 발람이 이스라엘을 축복하는 것만 허락하셨다. 완전히 좌절한 발락은 발람을 비난하였다. "그들에게 저주도 하지 말고, 복도 빌지 마시오!"

한 번 더 시도를 해보고 싶었던 발락은 발람을 브올 산으로 데려갔다. 발람은 제사를 드리기 위해 일곱 제단을 쌓았다. 그러나 그는 이전처럼 점을 치는 대신에 하나님으로부터 오는 메시지를 구하였다. 여호와의 영이 그 예언자를 감동하여서 세 번째 메시지를 선포하게 하였다. 이번에 발람은 이스라엘을 축복하였을 뿐만 아니라 그들이 모든 대적들을 전멸시킬 것이라고 예언했다.

발락은 진노하여 고함을 쳤다. "내가 당신을 부른 것은 나의 대적을 저주하기 위해서였소. 그런데 당신은 그들을 축복하였소. 나는 당신에게 후하게 보답하겠다고 말하였지만, 당신은 아무것도 얻지 못할 것이오. 여기서 나가 그대의 집으로 돌아가시오."

발람은 떠나기 전에 앞으로 어떤 일이 일어날지를 발락에게 말하였다. 그는 이스라엘의 원수들이 패할 것이며 먼 미래에 강력한 왕이 출현할 것이라고 예언하였다. "한 별이 야곱에게서 나올 것이다. 한 통치 지팡이가 이스라엘에서 일어설 것이다"(그리스도인들은 이 예언이 주 예수 그리스도를 언급한 것이라고 믿는다).

브올로 돌아가기 전에 발람은 발락에게 어떻게 하면 이스라엘을 패망케 할 수 있는지 말해주었다. 그는 발락에게 모압의 여인들이 이스라엘의 남자들을 유혹하여 성적인 죄악과 우상숭배에 빠지도록 한다면 하나님이 친히 그들을 심판하실 것이라고 조언하였다.

그 계획은 효과가 있었다. 모압의 여인들이 이스라엘의 남자들을 유혹하여 모압의 신들을 섬기게 하였고, 이 일로 인해 하나님의 분노가 이스라엘을 향하여 불타올랐다. 그분은 모세에게 주모자들을 공개적으로 처형하라고 명령하셨다. 그리고 다른 범죄자들은 치명적인 재앙으로 벌하셨다.

하나님의 심판으로 이스라엘 백성이 울고 있을 때, 한 남자가 모든 회중이 보는 앞에서 미디안 여인 하나를 자기 장막으로 데려갔다. 그것을 본 제사장 비느하스가 창을 들고 따라가 성교를 하고 있는 그들 두 사람을 꿰뚫었다. 그의 열심이 하나님의 맹렬한 진노를 가라앉혔고, 드디어 재앙이 멈췄다. 하나님은 비느하스와 그의 후손들에게 영원한 제사장 직분을 약속하심으로써 그를 명예롭게 하셨다.

## 두 번째 인구조사 민수기 26-36장

재앙 이후에 모세는 두 번째 인구조사를 시행하여, 종족별로 이스라엘의 군사력을 계수하였다. 그 사이 규모가 더 커진 종족도 있고, 더 작아진 종족도 있었다. 전체 인구는 그들이 시내 산을 떠날 때보다 줄어들어 총 60만 1,730명이었다.

인구조사에 근거하여, 모세는 각 종족의 규모에 따라 제비를 뽑아 땅을 배분하였다. 여기에 레위인은 포함되지 않았는데, 그들은 땅을 배당받지 않았기 때문이다.

인구조사 결과는 충격적이었다. 여호수아와 갈렙을 빼고는 이집트에서 나온 1세대 전체가 광야에서 죽었다는 사실이 드러났다.

그 후 모세는 가나안을 침공하기 위한 마지막 준비를 하였다. 이스라엘 백성들이 가나안에 들어가면 그들의 땅을 실제로 소유하게 될 것이었기 때문에, 모세는 재산 상속에 관한 문제를 해결해야 할 필요가 있었다. 가족의 땅을 유지하기 위해 모세는 한 남자가 죽었는데 그에게 아들이 없다면 그 재산을 그의 딸이나 다른 친척에게 주어야 한다고 규정하였다.

모세는 하나님이 명령하신 대로 반석에게 명령하는 대신 지팡이로 쳐서 물을 냄으로써 불순종하여 약속의 땅에 들어갈 수 없게 되었다. 대신 그 땅을 보는 것은 허락 받았다. 그래서 이스라엘에게는 새로운 지도자가 필요했다. 하나님께서는 여호수아에게 그분의 영을 부으시고,

그를 모세의 후계자로 임명하도록 지시하셨다. 대제사장 엘르아살은 공적인 의식을 통해 모세의 결정을 추인했다.

가나안에 정착한 후에 그들은 매일, 매주, 매달 하나님을 만나고 그 분을 기념하기 위한 절기를 지켜야 했다. 모세는 유월절, 칠칠절, 나팔절과 장막절 등의 절기를 정하여 지키게 하였고, 경솔하고 분별없이 서원을 하고 지키지 않는 것에 대해 경고하였다.

미디안 여인들이 모압 사람들과 협력하여 이스라엘을 유혹하였기 때문에, 하나님은 모세에게 미디안 족속을 멸망시키라고 명령하셨다. 모세는 미디안을 공격하기 위해 열두 종족에서 각각 천 명씩 12,000명의 군대를 모았다.

이스라엘은 미디안을 공격하여 5명의 왕과 발람을 포함하여 모든 남자들을 죽였다. 발람은 어떻게 하면 이스라엘을 유혹하여 방종과 우상숭배에 빠지게 할 수 있는지를 조언하였던 사람이다. 군사들은 미디안의 모든 마을들을 불태웠다. 그러나 여자들과 아이들은 죽이지 않았다.

모세는 그들이 여자와 아이들을 죽이지 않았다는 것을 알고는 진노하였고, 그 일에 관여된 사람들을 모두 죽이라고 명령하였다. 다만 처녀인 젊은 여자들은 살려두었다.

그 공격에 참여하였던 군사들과 사로잡힌 처녀들은 그들의 옷과 불태우지 않은 탈취물들을 포함해서 자신을 정결케 해야 했다. 그래서 그들은 7일 동안 진 밖에 머물렀다. 탈취물의 절반은 군사들에게 주었고, 나머지 절반은 나머지 사람들에게 주었다. 단 한 명의 이스라엘 군사도 공격 중에 죽지 않았기 때문에, 지휘관들은 여호와께 감사 제물로 금을 드렸다.

이스라엘이 요단 강 서쪽 땅을 차지하기 위해 요단 강을 건너기 전, 르우벤 지파와 갓 지파와 므낫세 지파의 절반이 의외의 요청을 하였다. 그들은 다른 종족들보다 매우 많은 가축들을 가지고 있었는데, 요단 강 북쪽과 동쪽의 풀이 무성한 지역에 정착해도 되는지 물어보았다(그 땅은 아모리 족속과 바산 왕으로부터 획득한 것이었다).

그 말을 들은 모세는 충격을 받았다. 그는 "당신들의 형제들이 목숨을 걸고 그 땅을 차지하는 동안 당신들은 안전하게 여기 머물러 있겠다는 말이오?"라고 물었다. 모세는 그들이 가나안을 정복하라고 하신 하나님의 말씀에 불순종의 죄를 범하여 연합에 위협이 된다고 생각하였다.

그러나 르우벤 지파와  갓 지파는 모세에게 그것이 오해라고 하였다. 그들은 단지 그들의 가족이 안전하게 살 수 있도록 그곳에 견고한 성읍을 건설하기를 원했다. 그들은 모세에게 "우리 형제들이 안전하게 그 땅 전부를 차지할 때까지 그들과 함께 싸우겠습니다"라고 약속하였다.

그들의 말을 들은 모세는 그들과 므낫세 반쪽 지파에게 요단 강 동쪽에 정착하는 것을 허락해주었다.

이스라엘이 모압 평야(가나안 건너편, 요단 강 동쪽)에 도착했을 때, 하나님은 이스라엘 백성에게 모든 가나안 족속들을 몰아내고 그들이 가지고 있던 우상들을 모두 파괴하라고 명령하셨다. 예외는 없었다. 왜냐하면 누구든 그 땅에 남아 있도록 허락하면 그들이 이스라엘에게 군사적 위협이 되고, 그들의 신들을 숭배하도록 유혹할 수 있었기 때문이다.

가나안을 점령할 것을 대비하여 모세는 하나님이 이스라엘에게 약속하셨던 그 땅 전체의 경계를 확인한 후, 엘르아살과 여호수아에게 그 땅을 나머지 부족에게 배분할 책임을 부여하였다.

레위 지파는 땅을 받지 못하였다. 대신 그들은 각 지파의 경계 안에 있는 48개의 성읍들을 배당받았다. 이 성읍들은 또한 우연히 다른 사람을 죽인 사람을 보호할 도피처였다. 피해자의 가족들은 그 사람의 죽음이 우연한 것인지 의도적인 것인지를 확인할 때까지 도피성으로 도망간 사람에게 복수할 수 없었다. 그 죽음이 우연한 것이라면, 그 사람은 대제사장이 죽을 때까지 도피성에서 살아야 했다. 반면 그 죽음이 증인들의 증언에 기초해 볼 때 의도된 살인으로 판결이 난다면, 그 범죄자는 그 땅이 희생자의 피로 더럽혀지지 않도록 처형을 당해야 했다.

## 모세의 마지막 메시지 신명기 1–33장

모세는 이스라엘의 가장 위대한 첫 번째 지도자였다. 그는 자신의 생명이 다해간다는 것을 알고는 모압 평야에서 앞으로 가나안을 정복해 나갈 이스라엘 백성에게 마지막 연설을 하였다. 모세는 시내 광야에서 방황하던 40년 동안 보여주신 하나님의 신실하심을 회고한 후에, 하나님은 이스라엘이 다른 족속들보다 더 낫기 때문이 아니라 그분의 위대하신 사랑 때문에 그들을 선택하셨다고 강조하였다.

하나님은 이스라엘을 사랑하셨고, 그분의 사람들이 '온 마음과 뜻과 영으로' 그분을 사랑하기를 원하셨다. 하나님은 그들을 '거룩한 민족'으로 축복하셨지만, 나아가 이스라엘이 세상에 대하여 그분의 증인이 되기를 원하셨다. 이것은 하나님의 명령에 대한 전적인 순종과 더불어 우상숭배와 죄로부터 완전히 분리될 것을 요구하는 일이었다.

그 땅을 차지하고 있던 사람들의 심각한 죄악 때문에, 이스라엘은 그 일곱 민족들을 멸망시키거나 몰아내야 했다. 이스라엘이 이렇게 한다면, 하나님은 그들에게 승리를 주시고, 대적으로부터 보호하시며, 그분이 약속했던 대로 위대한 민족으로 만들어주실 것이었다.

그러나 모세는 또한 그들이 언약에 따르는 의무를 완수하지 못하면 재앙이 임할 것이라고 경고하였다. 하나님은 그들을 그 땅에서 쫓아내실 것이고, 세상에 흩어버리실 것이다. 하지만, 그러한 이후에라도 이스라엘이 회개하고 하나님께로 돌아온다면, 주님은 그들을 용서하시고 약속의 땅으로 그들을 회복시키실 것이다.

모세는 이스라엘에게 '생명과 죽음, 축복과 저주' 사이에서 선택하라고 말하였다. 그들은 신실하게 그들의 하나님 여호와를 사랑하고, 그분께 전적으로 순종하기로 하였다.

## 모세의 죽음 신명기 34장

마지막 연설을 한 후에 모세는 홀로 느보 산(모압 평야 남쪽, 아라비아 산맥에 있는 높은 꼭대기)으로 올라갔다. 이곳에서 모세는 하나님이 아브라함과 이삭과 야곱에게 약속하셨던 땅, 가나안을 볼 수 있었다.

그 땅을 본 후 모세는 죽어 벳브올에 장사되었다. 사람들은 모세의 죽음을 애도하며 30일을 애곡하였다. 그 후 여호수아가 모세의 뒤를 이어 이스라엘의 지도자로 세워졌다. 그는 즉시 지혜의 영을 가진 사람으로 인정을 받았다.

모세의 사망 기사에서 그는 이스라엘의 가장 위대한 선지자로 인정되었다. 일찍이 그 어떤 사람도 하나님이 모세와 '얼굴과 얼굴을 맞대고' 말씀하셨던 것처럼 그렇게 주님과 친밀한 관계를 맺지 못했다. 또한 일찍이 그 어떤 사람도 모세가 이스라엘을 이집트에서 구원하였을 때처럼 그런 놀라운 표적과 기적을 행하지 못하였다.

## 요약

인구조사 후에 이스라엘 백성들은 성막에서 구름이 떠오르자 시내 산을 떠나 이동을 시작하였다. 그들은 광야에서 고난을 겪으면서 불평하기 시작했다. 그럴 때마다 하나님은 그들을 벌하셨지만, 완전히 멸망시키지는 않으셨다.

가데스 바네아에서 모세는 12명을 보내어 가나안을 정탐하게 했다. 그들은 그 땅이 살기에 이상적인 장소라고 보고했지만, 거기 살고 있는 사람들로 인해 두려움을 느껴 그 땅을 정복할 수는 없다고 단정하였다.

여호수아와 갈렙이 백성들에게 하나님을 신뢰하라고 촉구하였음에도 불구하고, 그들은 그 말을 거부하였다. 이에 하나님은 그들이 40년 동안 시내 광야에서 방황하도록 만드셨고, 그들은 모두 약속의 땅에 들어가지 못하였다.

모세는 하나님이 명령하신 대로 사람들에게 물을 공급해주기 위해 바위에게 명하는 대신 그것을 두 번 쳤다. 이 일 때문에 모세와 아론은 가나안에 들어가는 것을 허락받지 못하였다.

이스라엘 사람들이 모압을 향해 이동을 시작했을 때 그들은 저항을 만났지만, 하나님의 도우심으로 승리를 얻었다.

모압 왕 발락은 발람을 고용하여 이스라엘을 저주하려 하였다. 그러나 발람은 이스라엘을 축복할 수밖에 없었다. 그들이 하나님께 선택된 백성이었기 때문이다. 하지만 발람의 계략으로 모압 여인들이 이스라엘을 유혹하여 그들의 신을 경배하게 한 일로 하나님은 치명적인 재앙을 내려 이스라엘 백성을 벌하셨다.

두 번째 인구조사는 가나안에 들어가기 전에 시행되었다.

모세는 느보 산에서 약속의 땅을 본 후 죽어 벳브올에 장사되었다.

# 6
CHAPTER

# 약속의 땅

### 주요 등장인물

여호수아 | 열두 지파 | 라합 | 아간

### 배경

가나안

## 정복 여호수아 1–22장

광야에서 40년을 방황하고 난 후, 이스라엘은 약속의 땅 정복을 앞두고 있었다. 모세는 죽었고, 여호수아가 새로운 지도자가 되었다.

하나님의 백성들을 이끌고 정복 전쟁을 한다는 것은 어렵고 위험한 일이었기 때문에, 여호수아는 주님께서 모세에게 약속하신 대로 자기를 도우실 것인지에 대한 확신이 필요했다.

성공의 열쇠는 간단했다. 하나님께서는 세 번이나 여호수아에게 용기를 가지고 모세에게 주신 모든 지침들에 순종하라고 말씀하셨다. "이 율법책의 말씀을 늘 읽고 밤낮으로 그것을 공부하여 이 율법책에 쓰인 대로 모든 것을 성심껏 실천하여라. 그리하면 네가 성공할 것이다." 하나님은 이스라엘이 주님을 신뢰하고 그분의 말씀에 순종한다면, 그들이 모든 대적들과 싸워 승리할 것이라고 보증하셨다.

전쟁을 위해 여호수아는 지휘관들을 소집하여 사흘 안에 침공할 수 있도록 준비하라고 명령했다. 모든 지파들이 여호수아를 그들의 새로운 지도자로 받아들였고, 모세에게 순종했던 것처럼 그의 명령에 순종하겠다고 약속했다.

여호수아는 두 명의 정탐꾼을 보내어 가나안의 전략적 도시인 여리고를 엿보게 했다. 성 안으로 들어간 정탐꾼들은 기생 라합의 집으로 갔다. 그녀는 그들을 도와 결정적인 정보를 주었고, 여리고의 왕이 그 성읍에 들어온 두 이방인을 찾으러 왔을 때 그들을 숨겨주었다. 라합은 이스라엘이 놀라운 방법으로 이집트를 나왔다는 소문을 듣고 여호와가 참 하나님이시라는 확신이 들었기 때문에 그들을 도와준 것이다.

여리고의 파수꾼들이 라합의 집에 왔을 때, 그녀는 거짓말로 정탐꾼들이 이미 떠났다고 말했다. 라합은 그들을 도와준 대가로 이스라엘이 그 성읍을 파괴할 때 자신을 비롯하여 가족들을 살려 달라고 정탐꾼들에게 요청하였다. 그들은 그녀의 집 창문에 홍색 줄을 늘어뜨려 놓으면 군사들이 그녀가 그들을 도와주었던 사람임을 알게 될 것이라고 말했다. 정탐꾼들은 그곳을 빠져나와 여호수아에게 그 땅의 주민들이 두려움에 떨고 있다고 보고하였다.

가나안의 동쪽 경계는 만만찮은 천연 장애물, 즉 요단 강으로 막혀 있었다. 게다가 여리고는 높은 돌담으로 둘러싸여 있었다. 이스라엘은 강을 건너기 위한 장비도, 견고한 성을 무너뜨리기 위한 도구도 가지고 있지 않았다.

요단 강을 건너는 문제는 하나님의 말씀에 순종함으로 해결되었다. 하나님께서는 여호수아에게 제사장들이 언약궤를 가지고 강 중심으로 들어가면, 백성들이 마른 땅을 건널 수 있도록 물의 흐름을 막아주겠다고 말씀하셨다. 물의 양이 많아 둑에 넘쳐흐르고 있었지만, 제사장들이 요단 가운데 이르자 흐르던 강물이 멈춰서고, 온 백성이 건널 수 있었다.

이 기적을 기념하기 위해 사람들은 두 개의 기념물을 세웠다. 그들은 요단 강 중앙에서 열두 개의 돌을 가져다가 길갈에 세웠다. 그리고 강 중심에 두 번째 기념물을 만들었다(이것은 강 수위가 낮아졌을 때 볼 수 있었을 것이다). 이스라엘은 길갈에서 그 땅에서의 첫 밤을 보냈다.

남부 가나안의 왕들은 이스라엘이 요단 강을 건넜다는 소식을 듣고 두려움에 떨었다. 이스라엘은 심리적인 면에서 상당히 유리했다.

약속의 땅으로 들어온 여호수아는 광야를 방황하던 40년 동안 태어난 모든 남자들에게 할례를 받으라고 지시하였다. 그리고 길갈에 진을 치고 있는 동안, 그들은 가나안에서의 첫 번째 유월절을 기념하였다. 다음날 만나가 멈췄고, 이스라엘 백성들은 그 땅에서 난 소산을 먹을 수 있었다.

여호수아는 여전히 여리고 성의 견고함과 마주하고 있었다. 하나님은 이스라엘 백성들에게 언약궤를 따라서 여리고 주변을 엿새 동안 행군하라고 하셨다. 일곱째 날, 그들은 성을 일곱 바퀴를 돌고, 일곱 번째에는 나팔을 불고 소리를 질러야 했다. 그러면 주님이 성벽을 무너뜨리실 것이었다.

이스라엘 군대는 여리고를 공격하기 위해 하나님께서 그들에게 명령하신 그대로 엿새 동안 행하였다. 그리고 주님의 약속대로 일곱째 날 성벽이 무너졌다. 이스라엘 백성들은 단 한 사람의 사상자도 없이 성을 정복하였고, 라합과 그녀의 가족을 제외하고는 그 땅의 모든 주민들과 성읍을 완전히 파괴하였다. 여호수아는 여리고를 저주하면서, 누구든 그곳을 재건하려고 시도하는 사람이 있으면 그의 맏아들과 막내 아들이 죽게 될 것이라고 경고하였다.

여리고 성을 정복하던 날, 유다 지파에 속한 아간이 모든 것을 파괴하라는 하나님의 명령을 어기고 몰래 전리품을 취하였다. 그 일로 인해 이스라엘 백성들이 여리고에 비해 훨씬 작고 무너뜨리기 쉬워 보였던 성읍 아이를 정복하는 데 실패하였다. 그들은 예상치 않게 격퇴되었고, 36명의 군사들이 죽었다.

이스라엘 백성은 크게 낙심하였다. 그들은 그 패배로 인해 용기를 얻은 가나안 족속들이 그들을 공격하여 멸망케 할까봐 두려웠다. 여호수아는 "하나님, 왜 우리를 인도하여 요단 강을 건너게 하셔서 가나안 사람들의 손에 죽게 하십니까?" 하고 울부짖었다. 주님은 즉시 이스라엘이 불순종하였다는 것을 보여주셨다. 누군가가 주님께 드려 멸해야 할 물건을 도둑질한 것이다. 주님은 불순종을 묵인하지 않으실 것이며, 그들이 스스로 깨끗하게 하고 범죄자를 벌하지 않는다면 절대로 원수를 쳐부수지 못할 것이다.

다음날 아침, 여호수아는 모든 지파들을 소집하여 조사하였다. 그 결과 아간이 외투 한 벌과 은전들과 금덩이 하나를 도둑질하였다는 것을 알게 되었다. 사람들은 아간과 그의 가족들을 돌로 쳐서 묻었다. 그들의 몸은 돌무더기 아래 묻혔는데, 그곳은 아골('괴로움'을 의미한다) 골짜기라고 불렸다.

이스라엘은 아이 성 공격을 위해 더 많은 군대를 소집하여, 하나님의 지시에 따라 일부 군사들을 매복시켰다. 여호수아는 성읍의 서쪽에 적은 수의 군대를 매복시키고, 주력 부대로는 전면을 공격하였다. 아이 성 사람들이 밖으로 나오자 여호수아는 후퇴하는 척하였다. 모든 남자들이 유인되어 나왔을 때, 매복하고 있던 군사들이 무방비 상태의 성을 점령하여 불을 놓은 후 후면에서 공격하였다. 동시에 여호수아와 나머지 군대는 아이 사람들에게로 돌아섰다. 그들은 덫에 걸려 전멸되었고, 이스라엘은 아이를 불태우고 그 왕을 처형하였다.

승리를 거둔 후에 여호수아는 에발 산에 다듬지 않은 돌로 제단을 세우고 여호와께 제사를 드렸다. 여호수아는 그 돌 위에 모세가 주었던 가르침들을 기록하였고, 이스라엘 모든 사람들에게 율법책에 기록된 축복과 저주를 읽어주었다.

여리고 성과 아이 성의 패망에 대해 들은 요단 서쪽의 왕들은 이스라엘과 대항하여 싸우기 위해 연합하였다. 하지만 기브온 사람들은 다른 전략을 사용하기로 하였다. 그들은 평화 협정을 맺기 위해 여호수아에게 사신을 보냈다.

평화 협정을 맺기 위해 그들은 이스라엘에게 자신들이 가나안이 아닌 먼 나라에서 왔다고 믿게 할 필요가 있었다. 왜냐하면 하나님께서 가나안 거민은 모두 남김 없이 멸하라고 하셨기 때문이다. 따라서 사신들은 아주 먼 곳에서 여행을 온 것처럼 보이기 위해 낡고 먼지투성이인 옷을 입고 마르고 곰팡이가 난 빵을 준비했다.

여호수아는 처음에는 의심했지만, 그 책략은 효과가 있었다. 여호수아가 어디에서 왔느냐고 물었을 때, 그들은 "우리는 아주 먼 나라에서 왔고, 당신들의 주 하나님이 어떻게 당신들을 이집트에서 구원했는지 들었습니다. 우리는 당신들의 종입니다. 부디 우리와 조약을 맺어주십시오"라고 말하였다.

그때 이스라엘은 주님과 상의하지 않았다. 그리고는 경솔하게 기브온 족속과 평화 조약을 맺고, 다시 돌이킬 수 없는 서약으로 보증하였다.

3일 후에 이스라엘은 그들이 계략을 썼다는 것을 알게 되었다. 그러나 그들이 주님의 이름으로 맹세하였기 때문에 조약을 파기할 수 없었다. 대신 그들은 기브온 족속을 그들의 종으로 삼았다.

예루살렘의 가나안 왕은 이스라엘이 아이 성과 여리고 성을 어떻게 전멸시켰는지와 기브온 족속이 그들과 평화 협정을 맺었다는 것에 대한 소식을 들었다. 그래서 그는 기브온에게 응수하기 위해 네 명의 왕들과 연합군을 만들었다. 이에 두려움을 느낀 기브온 족속은 여호수아에게 도움을 요청하였다. 여호수아는 조약을 맺은 기브온을 보호하기 위해 재빨리 움직였다.

이스라엘 군대는 밤새도록 행군하여 동이 틀 무렵 기습적으로 연합군을 공격하였다. 연합군은 공포에 사로잡혀 완전히 참패하였다. 그들이 후퇴할 때, 하나님은 큰 우박을 내리셔서 이스라엘 군대가 죽인 사람보다 더 많은 적군을 죽게 하셨다. 여호수아는 하나님께 그들이 적군을 추격하여 전멸시킬 때까지 태양을 멈춰달라고 기도하였다. 기적적인 하나님의 도우심으로 승리를 거둔 후 여호수아와 군대는 길갈로 돌아갔다.

여호수아는 다섯 왕들이 도망하여 한 굴에 숨었다는 것을 알고는 그들을 사로잡아 말뚝에 꿰어 매달라고 지시하였다. 그리고 그들의 시체를 굴에 던져 넣어 장사하였다.

이어서 여호수아는 남부 가나안 정복을 완수하기 위해 신속히 움직였다. 하나님의 도우심으로 이스라엘은 남부 주요 성읍들 전부를 차지하거나 불태웠다.

북부에서의 승리도 남부 정복만큼이나 신속하고 단호했다. 하솔 왕은 침략자들을 격퇴하기 위해 왕들을 규합하였다. 그러나 여호수아는 기습 공격을 하였고, 대적들이 더 많은 병거를 가졌음에도 불구하고 연합 군대를 격파하였다. 여호수아는 북부 왕국들의 중심지였던 하솔 요새를 불태웠다.

하나님께서 모세에게 명령하셨던 대로, 여호수아는 가나안 족속들을 멸망시켰다. 그러나 이스라엘 자손은 자신들을 위하여 전리품의 일부와 가축들을 남겨두었으며, 모든 성읍들을 불태우지는 않았다.

일부 지역이 정복되지 않은 채 남아 있기는 했지만, 정복은 광범위하게 이루어져 모세가 명한 대로 열두 지파에게 땅을 나누어주기에 충분했다. 세 지파를 제외하고 모든 지파가 요단 강 서쪽의 땅을 받았다. 므낫세와 르우벤과 갓 지파는 그들이 합의했던 대로 요단 강 동쪽에 정착하였다.

하나님께 대한 흔들리지 않는 믿음을 가진 갈렙과 여호수아 두 사람은 개인적인 땅을 배분받았다. 갈렙의 믿음은 놀라웠다. 85세의 그는 "나는 40년 전 이 여정을 시작할 때와 같이 지금도 여전히 강건합니다"라고 말하였다.

여호수아는 도피성을 세웠고, 레위 지파가 다른 지파들의 경계 안에 있는 성읍들에 살도록 하였다. 정복 전쟁은 놀라운 성공을 거두었다. 하나님께서 이스라엘 백성에게 약속하신 모든 선한 말씀이 하나도 어긋남 없이 그대로 다 이루어졌다.

가나안 정복을 완수한 후 여호수아는 르우벤과 갓과 므낫세 반쪽 지파를 요단 동쪽으로 돌려보냈다. 분배받은 땅에 도착한 그들은 요단 강 서쪽에 큰 단을 쌓았다. 그것을 본 나머지 지파들은 그것이 다른 신을 위한 것이며, 그들이 여호와를 버렸다고 생각하고 매우 분노하였다. 그러나 그것은 잘못된 판단이었다. 그 세 부족은 앞으로 오는 세대가 요단 강 동쪽에서도 여호와를 섬길 권한을 가지고 있다는 것을 알게 하기 위해 단을 쌓은 것이었다. "그것은 우리가 여호와 하나님을 진정으로 섬기는 사람들이라는 것을 온 이스라엘에게 증명하는 증거입니다."

## 다시 주님께 헌신함 여호수아 23-24장

여호수아는 그의 생명이 다해 가자, 한 무리의 남자들을 소집하여 이스라엘을 이끌어가게 하였다. 그는 어떻게 주님이 그들을 도우셔서 원수들을 물리치게 하셨는지를 회고하며, 그들에게 모세의 율법에 순종하고 주 여호와를 사랑하고 섬기라고 촉구하였다. 그는 가나안 신들을 섬길 때 엄청난 재앙이 따를 것이라고 경고하였다. 그들이 우상을 섬기면 하나님의 진노가 그들을 향해 불타오를 것이고, 그 땅에서 쫓아내버리실 것이었다.

여호수아는 또한 모든 사람들을 세겜으로 소집하여 언약을 갱신하였다. 그는 백성들에게 주님과의 특별한 관계를 상기시켰다. 하나님은 아브라함과 그의 후손들에게 본향을 약속하셨고, 그들을 이집트의 노예 상태에서 구원하셨으며, 가나안의 거주민들과 싸워 승리하게 하셨다.

여호수아는 이스라엘 백성에게 누구를 따를 것인지 결정하라고 도전하며 "나와 나의 집안은 주님을 섬길 것이다"라고 결단하였다.

사람들은 여호수아의 도전을 받아들여서 "주님을 저버리고 다른 신들을 섬기는 일은 우리가 절대로 하지 않겠습니다"라고 말하였다.

여호수아는 그들에게 우상들을 모두 제거하라고 하였고, 그들은 거듭해서 "우리는 주님만을 섬기겠습니다"라고 답하였다. 여호수아는 백성들과 언약을 맺고, 그들의 약속을 기억하게 하기 위한 기념물로 한 나무 아래 큰 돌을 세웠다. 기념식 후 여호수아는 사람들을 각기 유산으로 받은 땅으로 돌려보냈다.

세 명의 중요한 인물들이 이스라엘이 소유하게 된 땅에 묻혔다. 여호수아는 110세의 나이에 생을 마감하여 에브라임 지역에 장사되었다. 이집트를 떠날 때 가지고 나온 요셉의 유해는 세겜에 묻혔다. 그리고 아론의 아들, 대제사장 엘르아살 역시 죽어서 에브라임 영토에 묻혔다.

## 요약

모세가 죽은 후 이스라엘은 약속의 땅을 정복할 준비를 하였다. 하나님께서는 새로운 지도자로 세워진 여호수아에게 용기를 북돋우시고, 완전한 승리를 확언하시며, 온전히 하나님께 순종한다면 그가 밟는 땅을 하나도 남김없이 소유하게 될 것이라고 약속하셨다.

여호수아는 은밀히 여리고로 정탐꾼을 보냈다. 이스라엘에 대한 소문을 들어 알고 있었던 라합은 정탐꾼을 숨겨주는 대신 자신의 생명을 지켜달라고 부탁하였다. 여호수아에게 돌아온 정탐꾼들은 그 땅의 모든 사람들이 두려움에 떨고 있다고 보고하였다.

요단 강이 깊기는 했지만, 하나님께서 물의 흐름을 멈추게 하셔서 이스라엘 백성들은 마른 땅을 건넜다. 더 많은 기적들이 가나안 사람들을 공포에 떨게 했고, 주님이 여호수아를 선택하셔서 약속의 땅을 정복하는 일을 이끌게 하셨음을 확인해주었다.

길갈에서 이스라엘은 유월절을 기념했고, 그들의 양식이었던 만나가 그쳤다.

이스라엘이 주님을 신뢰했기 때문에 견고한 여리고 성과 그 주민들을 성공적으로 멸절시킬 수 있었다. 오직 라합과 그녀의 가족만이 살아남았다. 여리고 성 정복 이후 아간의 불순종으로 이스라엘은 작은 성읍 아이를 공격하다가 패배하였다. 그러나 아간을 심판한 후에 다시 아이 성을 공격하여 점령하였다.

기브온 사람들은 속임수를 써서 이스라엘과 평화 조약을 맺었다. 그들이 주님의 조언을 구하지 않았기 때문에 그 속임수에 넘어갔다.

남부 가나안 왕들이 연합군을 형성하였을 때에도, 이스라엘의 군대는 그들을 패주시켰다. 이스라엘 사람들은 남쪽의 모든 주요 성읍들을 파괴하였고, 생존자를 남겨두지 않았다.

북쪽의 정복 전쟁 역시 단호하였다. 가나안 사람들은 하나님의 저주 아래 놓였고, 하나님이 모세에게 명령하셨던 대로 정복되었다.

비록 그들이 온 땅을 점령하지는 못했지만, 하나님은 여호수아에게 지파에 따라 땅을 나누어주라고 말씀하시며 남은 가나안 사람들을 몰아내도록 도우시겠다고 약속하셨다. 이스라엘 사람들은 이제 평화롭게 살아갈 본향을 갖게 되었다.

여호수아는 죽기 전에 이스라엘에게 여호와를 사랑하고 섬길 것을 강조하였다. 그들이 하나님을 저버린다면, 하나님은 그들을 가나안 사람들과 똑같이 그곳에서 쫓아내실 것이었다. 여호수아는 마지막으로 이스라엘 모든 지파들로 하여금 하나님 앞에 헌신을 다짐하도록 하였다.

7

CHAPTER

# 사사 시대

**주요 등장인물**

이스라엘 백성들
가나안 사람들과 여호수아가 그 땅에서 몰아내지 못한 주민들
옷니엘 | 드보라 | 기드온 | 입다 | 삼손 | 룻

**배경**

가나안(열두 지파의 영토) | 모압 | 베들레헴

# 이스라엘의 실패와 하나님의 신실하심 사사기 1–2장

이집트로부터 이스라엘을 구원하시고 약속의 땅으로 인도하신 하나님의 기적적인 능력을 목격한 여호수아 세대와 그 다음 세대는 하나님을 잘 섬겼다. 그러나 그 이후의 세대는 하나님 앞에 악을 행하였다. 그들은 바알과 아세라와 그 땅에서 몰아내지 못한 사람들이 섬기던 우상들을 섬겼다.

이스라엘의 변절은 하나님을 진노하게 만들었고, 주님께서는 그들의 원수를 도와 그들을 치게 하셨다. 이스라엘이 압제자를 대항하여 싸울 때마다 주님은 이전에 그분이 맹세하셨던 것처럼 그들을 패배케

하시기 위해 자기 백성들을 대항해 싸우셨다. 상황은 몹시 나빴다.

그러나 하나님은 여전히 이스라엘을 불쌍히 여기셨고, 그들을 압제자들로부터 구해내시기 위해 사사들을 일으키셨다. 하나님을 두려워할 줄 아는 사사가 살아있는 동안에는 주님께서 그들을 도우셨다. 하지만, 사사가 죽자마자 이스라엘 사람들은 완고하고 악해져 또다시 다른 신들을 섬기는 죄악에 빠졌다.

이것은 하나님을 진노하게 만들었다. 이스라엘 백성들이 주님과 맺은 언약을 깨뜨렸기 때문에, 하나님은 여호수아가 정복하지 못한 민족들을 그 땅에 그대로 두셨다.

이스라엘의 실패는 기회이기도 했다. 하나님은 "나는 이 이방 민족들을 사용하여 그들이 나를 따르는지 아닌지 시험하여 보겠다"라고 말씀하셨다. 그 땅에 우상숭배자들이 있었기 때문에 이스라엘 백성들은 하나님과 가나안의 신들 가운데 누구를 섬길지 선택하지 않을 수 없었다.

하나님이 경고하신 대로 이스라엘 백성들은 그 땅에 남아 있던 사람들과 통혼하였고, 이로 인해 이스라엘 백성들은 하나님을 버리고 그 땅의 신을 섬기게 되었다.

## 초기 지도자들 사사기 3-5장

이스라엘 역사 중 이 시기는 반복되는 배교와 이방 민족의 잔혹한 억압, 그리고 하나님의 자비로운 구원이라는 주제로 규정할 수 있다. 이스라엘 백성들의 관점에서 보았을 때, 그들에게 필요한 것은 왕이었다. 그들이 반복해서 왕을 요구하였음에도 불구하고, 하나님은 그들에게 왕을 주지 않으셨다. 대신 하나님은 군사적 지도자(사사)를 일으키셔서 그들을 압제자들로부터 구해내셨다.

하나님의 자비하심에도 불구하고, 이스라엘 백성들은 곧바로 그분을 저버렸다. 하나님은 이스라엘의 대적이 그들을 노예로 삼도록 허락하셨고, 그들이 다시 울부짖어 도움을 구하면 또 다른 사사를 일으키셔서 응답하셨다. 이렇게 나선을 그리며 하강하는 영적·군사적 실패와 그에 뒤이은 구원이라는 패턴이 계속해서 반복되었다.

이스라엘 사람들이 바알과 아세라를 섬겼기 때문에, 하나님은 그들을 아람 왕의 손에 넘기셨다. 8년간 아람의 지배를 받던 이스라엘이 하나님께 부르짖자 주님의 영이 옷니엘에게 임하여 아람을 무찔렀다. 해방된 그들은 이후 40년 동안 평화를 누렸다.

이스라엘이 다시 죄를 범하였을 때, 요단 강 동쪽의 세 나라가 이스라엘을 침입하여 에브라임과 베냐민의 산간 지역을 점령하였다. 이때 하나님은 왼손잡이 사사 에훗을 보내셔서 구원을 간청하는 이스라엘의 탄원에 응답하셨다.

에훗은 모압 왕 에글론에게 조공을 바치러 가면서 양쪽에 날이 선 검을 가지고 갔다. 그는 조공을 드린 후 왕에게 은밀히 전할 말이 있다고 하여 다락방에서 비밀리에 에훗을 만나기로 하였다.

둘만 남게 되었을 때, 에훗은 왼손으로 오른쪽 허벅지에서 칼을 뽑아 왕의 배를 찔렀다. 이때 칼자루까지 칼날을 따라 들어가 칼 끝이 등

뒤로 나왔다.

에훗은 도망하여 군대를 소집하는 나팔을 불었고, 베냐민 지파가 전쟁에 동원되었다. 에훗은 이스라엘 백성들에게 "나를 따르라! 주님께서 너희 원수 모압을 너희 손에 넘겨주셨다"고 외쳤다. 그날 이스라엘 사람들이 모압을 크게 이겼고, 이후 80년 동안 평화를 누렸다.

삼갈이라는 사사에 대해서는 알려진 바가 거의 없지만, 그는 소를 모는 금속 막대기 하나로 블레셋 사람 600명을 죽였다.

에훗이 죽자 이스라엘은 다시 죄를 범하였다. 주님은 그들을 가나안 왕 야빈의 손에 넘기셨다. 야빈 군대의 지휘관 시스라는 900명의 철병거 부대를 지휘하였다. 가나안 사람들은 압도적인 군사적 우위를 이용하여 20년 동안 이스라엘을 잔인하게 압제하였다. 이번에 하나님은 여자를 사용하셔서 그들을 구원하셨다.

드보라는 이스라엘의 선지자요 판관이었다. 그녀는 바락을 불러 하나님이 그에게 승리를 주실 것이라고 약속하였다. 그러나 바락은 드보라가 함께 가지 않으면 군대를 이끌지 않겠다고 하였다. 드보라는 함께 가겠다고 승낙했지만, 바락이 승리의 영광을 얻지는 못할 것이라고 말하였다.

바락은 그의 종족인 납달리 지파와 스불론 지파 중에서 만 명의 군사를 모았다. 바락이 시스라를 공격할 때, 하나님께서는 기손 강을 범람케 하셔서 이스라엘을 도와주셨다. 철병거가 진창에 빠져 움직이지 않자, 가나안 사람들은 두려움에 사로잡혔다. 바락은 시스라의 군대를 추격하였고, 시스라 외에는 아무도 도망치지 못하였다.

홀로 도주한 시스라는 야엘의 장막으로 숨어들었다. 그녀는 호의를 베푸는 척하여 그를 안심시켰다. 시스라는 야엘이 준 따뜻한 우유를 마신 후 긴장이 풀려 깊은 잠에 빠져들었다. 야엘은 때를 놓치지 않고 장막 말뚝과 망치를 들고 시스라의 관자놀이에 말뚝을 박았다.

## 기드온 사사기 6–8장

이스라엘은 미디안 사람들이 약탈할 때까지 40년 동안 평화를 누렸다. 그러나 이스라엘이 다시 하나님 앞에 악을 행하자 하나님은 그들을 미디안의 손에 넘기셨다. 미디안 사람들은 이스라엘 사람들이 곡식을 심을 때까지 기다렸다가 급습하여 가축들을 훔쳐가고, 낙타를 몰고 와서 풍년이 든 들판을 짓밟아 놓았다. 이스라엘이 황폐해져 주님께 울부짖을 때까지 이런 공격이 주기적으로 계속되었다.

미디안에게 시달리던 이스라엘 백성이 하나님께 간구하자 주님은 그들을 불쌍히 여기셔서 기드온에게 주님의 천사를 보내셨다. 기드온은 버려진 포도주 틀에서 밀 이삭을 타작하고 있었다. 주님의 천사는 기드온에게 "힘센 장사야, 주님께서 너와 함께 계신다"라고 말하였다.

어리둥절한 기드온이 물었다. "주님께서 우리와 함께 계신다면, 어째서 우리가 이 모든 어려움을 겪습니까? 왜 우리는 기적을 보지 못하나요? 우리를 이집트에서 끌어내신 주님은 어디에 계십니까?"

천사는 기드온에게 하나님께서 그를 도와주실 것이라고 말하였다.

그러나 기드온은 여전히 주님께 항변하였다. “내가 어떻게 이스라엘을 구할 수 있습니까? 나는 가장 약한 지파에서도 가장 작은 가문의 무기력한 사람에 불과합니다.”

하나님께서는 두 번째로 그분이 그를 도우셔서 미디안을 멸망케 하실 것이라고 약속하셨다. 약속을 받은 기드온은 주님이 자신의 편이시라는 증거를 요구하였다. 그는 제물을 가지고 돌아올 때까지 기다려달라고 천사에게 말하였다. 기드온은 부리나케 집으로 가서 고기와 빵을 가져왔다.

주님의 천사가 손에 든 지팡이를 기드온의 제물에 대자 불이 나와 고기와 빵을 살라 버렸다. 동시에 주님이 나타나실 때와 마찬가지로 갑자기 사라졌다. 기드온은 자신이 주권자 하나님과 대화를 나누었다는 것을 깨닫고는 두려워 떨었다.

하나님은 기드온에게 그가 죽지 않을 것이라고 안심시키셨다. 기드온은 제단을 쌓고 그 이름을 ‘여호와 샬롬’이라고 불렀다. 그것은 ‘주님은 평화’라는 의미이다. 그 밤에 주님은 기드온에게 그 성읍의 바알 제단에서 찍어낸 나무를 연료로 사용하여 두 번째 제사를 드리라고 지시하셨다.

기드온은 그의 종 10명을 데리고 함께 제사를 드렸다. 다음날 아침 그 성읍의 백성들은 기드온이 바알의 제단을 파괴하였다는 것을 알게 되었다. 그들은 그를 처형할 계획을 세웠지만, 기드온의 아버지가 아들을 변호하였다. 그는 “바알이 참 신이라면 그가 직접 자기를 위해 싸우게 하라”고 말하면서 조롱하였다. 이 용기 있고 대담한 행동 때문에 기드온은 여룹바알이라는 이름을 얻었는데, 그것은 '바알이 직접 그와 싸우게 하라'는 의미였다.

미디안과 아말렉과 동방 사람들이 갈릴리 서편 이스라엘 남부에 있는 이스르엘 평지를 점령하였을 때, 기드온이 군대를 소집하였다. 수천 명이 모였지만, 기드온은 여전히 의심을 품고 있었다. 그는 하나님께 정말로 적군을 물리치도록 도와주실 것인지 증명해달라고 요구하였다.

기드온은 밤에 타작마당에 양털뭉치를 놓아두고는, 이슬이 내려 양털뭉치만 젖고 그 주변 땅은 말라 있게 해달라고 주님께 요청하였다. 다음날 아침 기드온이 양털을 쥐어짜 보니 양털뭉치는 흠뻑 젖어 있었고 땅은 말라 있었다. 하지만 기드온은 아직도 충분하지 않았다. 그는 하나님께 다음날 밤에는 그 반대로 해달라고 요청하였고, 하나님은 그렇게 해주셨다.

기드온이 32,000명의 군사들을 모집했을 때, 주님은 그에게 군사가 너무 많다고 말씀하셨다. "네가 이렇게 많은 군사들로 미디안을 이긴다면, 이스라엘 백성들이 스스로 자신을 구한 줄로 알고 자만할 것이다." 하나님은 기드온에게 두려워서 떠는 사람은 모두 집으로 돌려보내라고 명령하셨다. 그리하여 22,000명이 떠났다. 그리고 그는 한 번 더 군대의 수를 줄였고, 결국 단 300명만이 기드온과 함께 남았다.

전투를 앞두고 기드온과 부하 한 명이 밤에 적진으로 숨어들었다. 그들은 적군들이 기드온의 군대에 패할 것이라는 꿈을 꾸었다고 이야기하는 것을 들었다. 기드온은 이것으로 충분했다. 기드온과 그의 군대는 나팔을 불고 소리를 치면서 공격을 감행하였다. "주님의 칼이다! 기드온의 칼이다!"

미디안 사람들은 지독한 혼란에 빠져 어둠 속에서 자기들끼리 공격하였고, 이스라엘 병사들은 미디안의 두 우두머리를 추격하여 죽였다.

병사들은 모두 지쳐 있었지만, 기드온은 다른 생존자들을 추격하는 일에 가담하였다. 그는 나머지 적군들과 두 명의 미디안 왕을 사로잡았다. 전쟁에서 돌아온 기드온은 숙곳의 장로들을 벌하고 브누엘 사람들을 처형하였다. 이 두 도시가 기드온 군대가 미디안 사람들을 추격할 때 그들에게 음식을 주지 않았기 때문이다.

기드온은 자신의 장남에게 미디안 왕들을 죽이라고 명령하였다. 그러나 그가 거절하여 자신이 직접 그를 죽이고 왕가의 목걸이들을 취하였다.

기드온의 승리로 한껏 고무된 이스라엘 사람들은 그를 왕으로 삼고자 하였다. 기드온은 이 제안을 거절하기는 했으나 장로들에게 그들이 얻은 전리품 가운데 귀고리 하나씩을 달라고 요구하였다. 기드온은 그 금을 가지고 우상을 만들었고, 자신의 고향에 그것을 위한 제단을 만들었다. 그때부터 백성들은 그 우상을 숭배하였고, 심지어 기드온과 그의 가족들도 유혹에 빠져 그것을 숭배하였다.

기드온의 승리 이후 이스라엘은 40년 동안 평화롭게 살았다. 기드온은 여러 아내에게서 70명의 아들을 얻었다. 그가 죽은 후 이스라엘 사람들은 기드온이 거두었던 놀라운 승리와 그가 했던 모든 선행들을 잊어버렸고, 하나님을 떠나 바알을 숭배하였다.

# 중기 지도자들사사기 9–12장

기드온의 아들 중 하나인 아비멜렉('내 아버지가 왕이다'라는 의미이다)은 세겜의 지도자들과 공모하여 왕이 되고자 하였다. 그는 불량배들을 고용하여 기드온의 다른 아들들을 죽였는데, 기드온의 막내 아들 요담만 살아남아 피하였다. 요담은 아비멜렉을 공공연히 비난하고 그에게 저주를 퍼부었다.

아비멜렉이 이스라엘을 다스린 지 3년이 지나자 세겜이 그를 배반하였다. 외부 사람이었던 가알이 먼저 아비멜렉을 몰아내자고 제안하였고, 세겜 사람들은 가알에게 군대를 통솔할 권한을 주었다. 그런데 성읍의 통치자가 아비멜렉에게 그 음모를 누설하였다. 아비멜렉은 가알과 그의 군대를 치기 위해 매복하여 음모자들 대부분을 죽였다. 아비멜렉은 세겜 망대로 도망갔던 남녀 천 명을 포함하여 세겜 사람들을 대량 학살하였다.

승리로 의기양양해진 아비멜렉은 가까운 데베스 성읍을 공격하였다. 그러나 그는 한 여자가 그의 머리 위로 던진 맷돌에 맞아 두개골이 부서졌다. 치명적인 부상을 입은 아비멜렉은 그의 병사 중 한 명에게 여자의 손에 죽었다는 치욕을 당하지 않도록 자신을 죽이라고 명령하였다. 이로써 요담의 저주가 이루어졌고, 세겜 사람들은 자신들이 저지른 악행에 대한 벌을 받았다.

아비멜렉이 죽은 후에 이스라엘은 영적으로나 종교적으로 더 심한 혼돈 상태에 빠져들었다. 한동안 돌라와 야일이 사사로 섬겼으나, 그들의 지도력 하에서는 평화가 없었다.

이스라엘은 다시금 이방신들을 섬겼다. 그러나 이번에 그들의 배교는 지금까지와는 좀 달랐다. 그들은 철저히 주님을 저버렸다. 이로 인해 하나님의 분노가 무섭게 타올라 이스라엘은 15년 동안 블레셋과 암몬 사람들의 압제를 받았다.

마침내 그들은 절망에 빠져 도움을 구하였다. 하지만 하나님께서는 "너희가 선택한 신들에게나 가서 부르짖어라. 너희가 괴로울 때에 그들에게 가서 구원해 달라고 하라"고 말씀하셨다. 이스라엘은 자기들이 죄를 지었다는 것을 고백하고 간절하게 도움을 청하였다. 암몬 자손들이 길르앗의 영토를 침범하자 이스라엘 자손들은 앞서 나가 싸울 용기를 가진 사람을 따르겠다고 말하였다.

입다는 위대한 용사였지만, 창녀에게서 태어난 사생아였다. 이런 이유로 길르앗의 아내가 낳은 다른 아들들은 입다를 경멸하고 그를 내어 쫓았다. 그는 집을 떠나 건달패들의 우두머리가 되었다. 그런데 암몬이 쳐들어오자 길르앗의 장로들이 용사인 입다에게 그들의 지도자가 되어 달라고 간청하였다. 입다는 그들이 자신을 쫓아냈던 것 때문에 이 제안을 거절하였지만, 후에 더 나은 제안을 내놓으며 협상하였다. 그는 그들이 자신을 군사적인 지휘관이 아니라 '통치자'로 삼는다면 돕겠다고 하였다. 다급했던 장로들은 이에 동의했다.

입다는 먼저 암몬 왕과 협상하고자 하였다. 그러나 암몬 왕은 입다가 보낸 메시지를 무시했다. 하나님께서는 입다에게 암몬 족속을 공격할 용기를 주셨다. 그런데 이때 입다는 충동적으로 어리석은 서원을 하였다. “내가 암몬 자손을 이기고 무사히 돌아올 때, 누구든지 내 집 문에서 먼저 나를 맞으러 나오는 그 사람을 주님께 바칠 것입니다.”

입다는 암몬을 무찔렀다. 그가 승리를 거두고 돌아왔을 때, 그의 딸이 노래를 부르고 춤을 추며 그를 맞이하였다. 그것을 본 입다는 이성을 잃었다. 그는 “네가 나에게 재앙이 되었구나! 내가 주님께 제물을 약속하였으니 그 서원을 지켜야 한다”고 울부짖었다.

그의 딸은 “주님께서 아버지에게 암몬 자손과 싸워 승리하게 하셨으니 아버지의 서원을 지키십시오”라고 말하였다. 그녀는 친구들과 함께 두 달을 지낸 뒤 입다의 서원대로 주님께 바쳐졌다. 이로 인해 이스라엘에는 입다의 딸이 주님을 신뢰하여 기꺼이 헌신한 날을 기념하는 전통이 생겼다.

이스라엘이 암몬과 싸워 승리하였지만, 평화는 오지 않았다. 에브라임 지파 사람들이 길르앗 사람들을 조롱하자, 입다는 그들을 공격하여 42,000명이나 죽였다.

입다 이후에 세 명의 사사가 이스라엘을 통치하였으나 그들 중 누구도 평화를 가져오지 못하였다. 이스라엘은 계속해서 죄와 압제라는 하향 곡선을 그렸다.

## 삼손 사사기 13–16장

블레셋이 40년간 이스라엘을 압제하던 때, 주님의 천사가 마노아의 아내에게 나타났다. 그 부부에게는 아이가 없었는데, 천사는 그녀에게 임신을 하여 아들을 낳게 될 것이라고 말하였다. 또한 그 아이를 나실인으로 바치라고 지시했다. 나실인이 된다는 것은 포도주를 마시지 않고, 머리카락을 자르지 않고, 부정한 것은 어떤 것도 만지지 않는 구별된 자가 된다는 것을 의미했다. 또한 주님은 그에게 이스라엘을 블레셋으로부터 건져낼 힘을 주시겠다고 약속하셨다.

아내의 이야기를 들은 마노아는 그 말을 믿을 수가 없었다. 그 약속은 너무 놀라워서 이루어질 수 없을 것 같았다. 그는 하나님께 자신에게 직접 말씀해주실 것을 구했고, 주님의 천사가 다시 나타나서 나실인에 대한 명령을 반복하여 전하였다. 마노아는 주님께 제사를 드릴 준비를 하였다. 그가 제단에 제물을 놓자 불길이 하늘로 치솟고 천사는 불길 속에서 하늘로 올라갔다. 마노아와 그의 아내는 경외감에 사로잡혀 얼굴을 땅에 대고 엎드렸다. 그들은 자신들이 하나님을 보았다는 것을 깨달았다.

때가 되어 마노아의 아내가 아들을 낳았고, 그의 이름을 삼손이라고 하였다. 하나님께서는 삼손에게 힘을 주셨고, 그분의 영을 충만하게 내리셨다. 주님은 삼손이 명예를 지키며 하나님의 사람으로 섬기기를 원하셨지만, 삼손은 하나님의 뜻에 무관심하였다. 그는 자신의 이기적인 욕망을 만족시키는 데 힘을 사용하고, 블레셋 사람들을 무자비하게 이용하였다.

딤나를 방문한 삼손은 매력적인 블레셋 처녀에게 반하였다. 그는 즉시 부모에게 그녀와 결혼하게 해달라고 말하였다. 그는 부모가 마지못해 승낙할 때까지 막무가내로 졸랐다.

어느 날 딤나로 가던 삼손이 길에서 사자의 공격을 받았는데, 하나님의 영이 임하여 맨손으로 사자를 찢어 죽였다. 얼마 뒤 그 처녀와 결혼을 하기 위해 다시 그 길을 지나던 삼손은 사자의 주검에 벌떼가 있는 것을 보고는 거기서 꿀을 떠냈다. 그는 자신이 죽은 동물을 만져서 나실인의 서원을 어겼다는 것을 부모에게 말하지 않았다.

삼손은 딤나에서 잔치를 베풀었는데, 블레셋 사람들을 욕보이기 위해 자기가 내는 수수께끼를 풀지 못하면 비싼 옷 서른 벌을 내놓기로 하는 내기를 제안했다. 그는 "먹는 자에게서 먹는 것이 나오고, 강한 자에게서 단 것이 나왔다"고 말했다.

블레셋 사람들은 삼손의 아내에게 접근하여 수수께끼의 답을 알아내지 못하면 그녀의 가족들을 죽이겠다고 위협했다. 결국 그들은 그녀를 통해 답을 알아내어 내기에서 이겼는데, 어떤 의미에서는 진 것이나 마찬가지였다. 삼손이 30명의 블레셋 사람들을 죽이고 그들의 옷을 빼앗아 수수께끼를 푼 사람들에게 주었기 때문이다.

결혼을 하기는 했지만, 삼손은 아내와 떨어져 지냈다. 어느 날 삼손이 아내를 찾아가 만나려 하자 그녀의 아버지가 허락하지 않고, 대신 그녀의 여동생과 결혼하라고 하였다. 그 말에 화가 난 삼손은 300마리의 여우를 잡아 그 꼬리를 매서 두 꼬리 사이에 홰를 하나씩 매달았다. 그리고 그 홰에 불을 붙여 여우들을 곡식밭에 풀어놓았다. 그 일로 블레셋 사람들의 곡식이 모두 타버리고 말았다.

이 일을 알게 된 블레셋 사람들은 삼손의 아내와 그녀의 아버지를 살해하였다. 그 소식을 들은 삼손은 불같이 화가 나서 살인자들의 사지를 찢어 도륙하였다. 이것은 더한 폭력을 불러왔다. 블레셋 사람들은 이 일을 빌미로 유다를 공격하였다. 유다 사람들은 그들의 압제자들에 맞서 싸우기보다는 삼손을 찾아가 그를 블레셋 사람들에게 넘기겠다고 하였다. 이에 삼손이 순순히 응하여 밧줄에 묶여 블레셋 사람들에게 넘겨졌다. 그런데 그들의 손에 넘겨지자마자 삼손은 손쉽게 밧줄을 끊고 당나귀 턱뼈 하나로 천 명이나 되는 블레셋 사람들을 죽였다.

삼손은 가사로 갔고, 거기서 창녀와 관계를 맺었다. 그 성읍 사람들은 삼손이 왔다는 말을 듣고, 매복하여 새벽에 그를 죽이려고 계획하였다. 그러나 삼손은 밤중에 일어나 성문을 뜯어내서는 그것을 가지고 헤브론 근처(약 65킬로미터 정도 거리) 산꼭대기로 올라갔다.

오래지 않아 삼손은 들릴라라는 이름의 블레셋 여자와 사랑에 빠졌다. 블레셋 사람들은 이것이 삼손을 무너뜨릴 아주 좋은 기회라고 생각했다. 그래서 그들은 들릴라에게 뇌물을 주며 삼손의 힘의 비밀이 무엇인지 알아내게 하였다. 삼손은 그의 힘이 어디서 나오는지를 묻는 들릴라에게 계속 거짓말을 하였지만, 결국 네 번 만에 사실을 말하고 말았다. "내 머리털을 깎으면, 나는 힘을 잃고 약해져서 여느 사람처럼 될 것이오."

그렇게 삼손의 비밀을 알아낸 들릴라는 삼손이 자신의 무릎에서 잠든 사이 그의 머리카락을 잘랐다. 잠에서 깨어난 삼손은 주님께서 자기를 떠나셨다는 것을 깨닫지 못했고, 결국 블레셋 사람들에게 사로잡혔다. 그들은 삼손의 두 눈을 뽑고, 가사로 끌고 가 놋줄로 맨 후 짐승처럼 맷돌을 돌리게 하였다.

블레셋 사람들은 삼손을 사로잡은 것을 경축하고, 승리를 준 다곤 신을 찬양하기 위해 축제를 베풀었다. 술에 취해 흥이 난 그들은 삼손을 신전으로 끌어내어 조롱하였다. 삼손은 눈이 멀었기 때문에 그의 손을 잡아 주는 종에게 신전을 버티고 있는 기둥에 세워달라고 부탁하였다.

삼손은 주님께 힘을 다시 회복시켜 달라고 간구했다. 그리고 힘써 기둥을 밀면서 이렇게 기도했다. "블레셋 사람들과 함께 죽게 하여 주십시오!" 삼손이 힘을 쓰자 신전이 무너져 내려 수천 명의 블레셋 사람들과 삼손이 죽었다. 그의 형제들이 그의 주검을 가지고 돌아가서 가족의 무덤에 장사지냈다.

## 혼돈의 시기 사사기 17–21장

삼손이 죽고 난 뒤, 이스라엘에는 국가적 지도력을 가진 자가 없었다. 지파들은 영적으로나 사회적으로 혼돈 상태에 빠져들었다.

에브라임 출신 미가는 어머니의 은전을 훔쳤다. 은전을 잃은 그의 어머니가 도둑을 저주하자, 그는 자신이 그 돈을 훔쳤다고 고백했다. 그의 어머니는 아들을 훈육하는 대신 그가 훔쳐간 것을 인정한 것에 대해 아들을 칭찬하고, 그 은전으로 우상을 만들었다. 미가는 그 우상을 위하여 제단을 만들고, 레위 사람을 고용하여 제사장으로 삼았다.

아직도 정착할 땅을 찾고 있던 단 지파의 정찰병들은 라이스의 사람들이 평화롭고 안전하게 살고 있는 것을 발견하였다. 그들은 또한 미가의 신당에 대해서도 알게 되었다. 단 지파의 600명의 군대는 라이스로 가는 도중 미가의 집을 지나면서 그의 신전의 물건들을 약탈하였고, 미가의 제사장에게 단 지파의 제사장으로 섬길 것을 요구하였다. 그들은 기습공격을 하여 라이스를 불태워 버리고, 허물어진 성을 재건하여 그 이름을 단이라고 하였다. 그들은 자기들이 섬길 신상을 세우고, 모세의 자손을 그들의 제사장으로 임명하여 미가의 우상을 섬겼다.

한 레위 사람이 베들레헴에서 한 여자를 첩(두 번째 아내)으로 데려왔다. 그러나 그녀는 행음을 한 후 남편을 떠나 다시 베들레헴으로 돌아갔다.

네 달이 지나 그 레위 사람은 여자의 마음을 달래서 집으로 데려오기로 하였다. 그는 그녀의 집에 찾아가 다시 자신의 집으로 가자고 설득했다. 그렇게 두 사람이 집으로 가던 중 해질 녘에 베냐민 지파의 땅인 기브아에 도착했다.

그들을 집으로 초대하는 사람이 없어 성읍 광장에 앉아 있는데, 한 노인이 그들에게 자기 집에서 유하라고 청하였다. 그들이 저녁을 먹고 있을 때, 한 무리의 불량한 젊은 남자들이 노인에게 그 방문객을 내어주어 그와 관계를 맺을 수 있게 하라고 요구하였다. 노인은 이를 거절하면서 대신 자신의 딸들을 내어주겠다고 하였다.

그들이 그의 말을 듣지 않고 험악하게 협박을 하자 레위 사람은 자신의 첩을 그들에게 내보냈다. 그들은 밤새도록 그 여자를 윤간한 뒤에 놓아주었고, 그녀는 그 집으로 돌아와 문 앞에 쓰러졌다. 아침이 되어 레위 사람이 그녀를 발견했을 때, 그녀는 이미 숨이 끊어진 상태였다. 그는 그녀의 주검을 집으로 싣고 와서 열두 조각으로 토막을 내어 이스라엘의 각 지파에게 한 조각씩 보냈다.

그것을 보는 사람들마다 매우 놀랐다. 이 일로 인해 각 지파의 지도자들이 40만 명의 병사들을 이끌고 미스바에 모였다. 레위 사람이 그들에게 무슨 일이 일어났는지를 설명하자, 그들은 이구동성으로 그 범죄자들을 처형해야 한다고 합의했다.

그러나 기브아가 속해 있던 베냐민 지파는 범죄자들을 그들의 손에 넘겨주기를 거절하였다. 이것은 전쟁을 선포한 것이나 마찬가지였다. 베냐민 사람들은 고도로 훈련된 병사들이었지만, 수적으로는 나머지 지파에 비해 열세였다. 그럼에도 불구하고 두 번이나 엄청난 사상자를 남기며 다른 지파들을 무너뜨렸다.

두 번의 패배로 나머지 지파들은 포기할 지경에 이르렀지만, 하나님께서 그들에게 세 번째 공격을 감행할 용기를 주셨다. 그들은 전면 공격을 하면서 베냐민 병사들을 매복한 군사들이 있는 곳으로 유인하였다. 이 작전은 효과가 있었고, 베냐민 사람들은 도망을 쳤다. 이때 이스라엘은 패잔병들을 추격하여 600명의 남자들을 제외하고 전부 죽였다. 그들은 베냐민 지파의 모든 성읍에서 사람과 가축을 학살하였다.

나아가 이스라엘 백성들은 그들의 딸들을 베냐민 사람과는 절대 결혼시키지 않기로 맹세하였다. 그러나 그들은 뒤늦게 베냐민 지파를 거의 전멸시켜 버린 것에 대해 후회하며 슬퍼하였다. 그들은 그 전쟁에 가담하지 않았던 길르앗의 야베스 주민들을 벌함으로써 그 문제를 해결하려 하였다.

이스라엘 백성들은 길르앗의 야베스를 공격하여 처녀 400명을 제외하고 모든 사람들을 죽였다. 그리고 그 처녀들을 남아 있는 베냐민 사람들에게 아내로 주었다. 그래도 생존한 병사들 가운데 200명이 아내를 얻지 못하자 이스라엘 백성들은 그들에게 실로에서 열리는 포도 축제에 참석한 처녀들을 붙들어 가도록 허락해주었다.

그때에 이스라엘에 왕이 없었으므로, 모든 사람들이 자기가 보기에 옳은 대로 행하였다.

## 룻 룻기

파멸을 향해 달려가던 이스라엘의 죄와 압제라는 순환 고리에 모든 사람이 걸려 있었던 것은 아니었다. 그때에 룻이라는 한 이방 여인이 다윗의 증조할머니가 되어 예수 그리스도의 조상이 되었다.

흉년이 들어 엘리멜렉과 그의 가족들은 베들레헴을 떠나 모압(사해 남동쪽의 나라)으로 가게 되었다. 그의 두 아들은 모압 여인들과 결혼하였고, 그 후 예기치 않게 엘리멜렉과 그의 아들들이 모두 죽었다.

엘리멜렉의 아내 나오미는 다시 양식이 생겼다는 소식을 듣고 이스라엘로 돌아가기로 결심하였다. 모압 여인이었던 며느리들에게는 그곳에 머물러도 좋다고 허락해주었다. 하지만 놀랍게도 룻은 시어머니와 하나님을 따르기로 하였다. "어머님이 가시는 곳에 나도 가겠습니다. 어머님의 나라가 내 나라이고, 어머님의 하나님이 내 하나님입니다."

베들레헴으로 돌아온 두 여인은 살기 위해 고군분투하였다. 룻은 이제 막 추수가 시작된 보아스의 밭으로 가서 이삭을 주웠다. 보아스는 매력적인 젊은 여자가 있는 것을 보고는 일꾼들에게 그녀를 보살펴주고, 충분히 먹을 만큼의 이삭을 줍게 해주라고 하였다.

나오미는 룻에게 누구의 밭에서 이삭을 주웠느냐고 물었다. 룻이 보아스의 밭이라고 하자 나오미는 매우 기뻐했다. 그가 나오미의 가까운 친척이었기 때문이다. 나오미는 룻에게 보아스의 타작마당으로 가서 조용히 그녀가 그와 결혼하는 것이 가능하다는 사실을 알리라고 하였다. 당시 보아스는 그의 곡식을 지키기 위해 타작마당에서 지내고 있었다.

룻이 자기와 결혼하기를 원한다는 말을 들은 보아스는 믿을 수가 없었다. 보아스는 룻에게 두 여인에게 필요한 모든 것을 공급해주겠다고 약속하였다.

보아스는 룻과 결혼하기를 원했지만, 그보다 더 가까운 친척 한 명에게 우선권이 있다는 것을 알고 있었다. 보아스는 그를 찾아가 상황을 설명하였다. 그런데 그 남자는 룻과 결혼할 생각이 없었다. 자신의 유산이 줄어들지도 모를 위험을 감수할 생각이 없었던 것이다. 보아스는 나오미의 가장 가까운 친척이 룻과 결혼할 권리를 포기했다는 것을 확인하고 바로 룻을 아내로 삼았다.

그들은 아들을 낳아 오벳이라고 이름을 지어 주었다. 오벳은 이새라는 아들을 두었고, 이새는 다윗이라는 아들을 두었다. 이렇듯 놀라운 사건을 통해 모압 땅에서 온 이름 없는 여인 룻은 이스라엘의 가장 위대한 왕 다윗의 증조모가 되었다.

## 요약

여호수아 이후 세 번째 세대부터 이스라엘은 죄, 압제, 그리고 구원이라는 악한 순환 고리에 빠져들었다. 이스라엘 백성들은 반복해서 하나님의 뜻을 완전히 무시하고 자기들 힘으로 살아가려 하였다. 이것은 잇단 재앙을 가져왔다.

하나님은 여호수아가 그 땅에서 몰아내지 않은 민족들을 사용하셔서 하나님을 떠난 그분의 백성들을 노예로 삼게 하셨다. 가혹한 압제를 당한 이스라엘은 하나님께 울부짖었고, 하나님은 그들의 압제자를 무너뜨리기 위해 사사들을 일으키셨다.

이스라엘은 하나님께 매달려 간신히 평화로운 시기를 만나면 다시 죄에 빠져들곤 하였는데, 대개의 경우 이전보다 상황이 더 나빠졌다. 그러면 하나님은 다시금 그들의 원수들로 하여금 그들을 압제하도록 허락하셨다. 이런 순환이 두 세기 동안 계속해서 되풀이 되었다. 이스라엘에는 민족적·군사적인 지도자가 없었다. 그들에게는 왕이 필요했다.

모압 출신의 한 여인에 관한 멋진 러브스토리는 비어 있던 민족의 지도자의 자리가 어떻게 채워졌는지를 설명해준다. 보아스와 결혼한 룻은 나중에 다윗 왕의 할아버지가 될 아들을 낳았다.

# 8
CHAPTER

# 통일 왕국

**주요 등장인물**

엘리 | 사무엘 | 사울 | 다윗 | 요나단

**배경**

이스라엘

## 사무엘 사무엘상 1–8장

엘가나라는 이름의 한 레위 사람에게 두 아내가 있었다. 브닌나는 그에게 아들 둘을 낳아주었지만, 한나는 아기를 낳지 못했다. 매년 드리는 제사를 위해 실로에 갔을 때, 한나는 주님께 아이를 낳게 해주시면 그 아이를 하나님께 드리겠다고 서원하였다. 하나님께서 그녀의 기도를 들으셔서 한나는 사무엘을 낳았다. 그 이름은 '하나님이 들으셨다'는 의미이다. 사무엘은 하나님이 주신 선물이었다.

한나는 자신의 약속을 지켰다. 그녀는 사무엘이 젖을 뗀 후 아이를 데리고 실로의 성전으로 가서 그곳에서 대제사장 엘리를 모시고 주님을 섬기도록 하였다. 하나님 앞에서 사무엘은 육체적으로나 영적으로 성장하였다.

주님을 영화롭게 섬겼던 사무엘과는 반대로, 대제사장 엘리의 아들들은 믿음이 없고 방종하였다. 그들은 제사를 드리러 온 사람들로부터 제물을 강탈했고, 회막 문에서 수종 드는 여인들과 동침하였다. 엘리는 아들들이 악하다는 것을 알고 있었지만, 그들을 훈육하려는 의지는 약했다. 그러자 하나님께서는 그에게 아들들의 죄에 대한 책임을 물으시며, 하나님의 사람을 보내셔서 심판을 선언하셨다.

당시 엘리나 그의 아들들은 하나님의 음성을 듣지 못했다. 그래서 주님께서 처음으로 사무엘에게 말씀하셨을 때, 엘리마저도 그것이 하나님의 음성이라는 것을 깨닫지 못하였다. 하나님의 음성을 듣게 된 사무엘은 오로지 한 지파하고만 소통한 것이 아니라, 북쪽 끝 단에서부터 남쪽으로 브엘세바에 이르기까지 온 이스라엘에게 하나님의 메시지를 전달하였다. 하나님은 판관이자 선지자인 사무엘을 통하여 이스라엘 지파들을 하나의 나라로 모으기 시작하셨다.

엘리와 그의 아들들에 대한 심판은 이스라엘이 블레셋과의 전쟁에 언약궤를 가지고 가던 날 이루어졌다. 그들은 언약궤가 승리를 가져다 줄 것이라고 생각했으나 이스라엘은 큰 패배를 당하여 엘리의 아들들을 포함해서 3만 명이 죽임을 당했다. 싸움에서 살아남은 한 병사가 엘리에게 이 소식을 전했다. 언약궤가 빼앗겼다는 소식에 큰 충격을 받은 엘리는 뒤로 넘어짐과 동시에 목이 부러져 죽었다.

언약궤를 빼앗은 블레셋 사람들은 이스라엘의 신상을 가져왔다고 생각하고 좋아했다. 그러나, 곧 자기들이 사람의 손으로 만든 우상들보다 훨씬 더 강한 신을 상대하고 있다는 것을 깨달았다. 그들이 언약궤를 자기들의 신전에 두었을 때, 다곤 신상이 떨어져 머리와 두 팔목이 부러졌다. 이 일이 반복되자 그들은 언약궤를 다른 성읍으로 옮기기로 결정했다. 하지만, 그것을 옮길 때마다 사람들이 악성 종양에 걸려 죽는 일이 벌어졌다. 그 궤의 주인인 하나님은 분명 블레셋의 신들보다 훨씬 더 강했다. 결국 블레셋 사람들은 그 궤를 이스라엘로 돌려보냈다(이스라엘로 돌아온 언약궤는 기럇여아림에 머물렀고, 레위 사람들에게 맡겨졌다).

사무엘은 모든 이스라엘 백성들을 미스바에 모아서 나라의 영적 동력을 회복시켰다. 그는 이스라엘 백성들에게 그들의 우상을 제거하고 여호와 하나님께 재헌신하라고 도전하였다. 그들은 금식하고 기도하면서 하나님께서 그들을 블레셋으로부터 구해주시기를 구하였다.

블레셋이 공격해왔을 때, 하나님께서는 폭풍우를 사용하셔서 그들을 혼란에 빠뜨리셨다. 그들은 엄청난 패배를 맛보았다. 이날의 승리 후 사무엘은 큰 돌 하나를 가져다가 기념비로 세우고 그것을 에벤에셀, 즉 '도움의 돌'이라고 불렀다. 블레셋은 사무엘이 생존해 있는 동안에는 이스라엘에 위협을 가하지 않았다.

## 사울 사무엘상 9-15장

### 왕으로 세움 받다

사무엘은 신실한 하나님의 사람이었지만, 그의 두 아들은 믿음이 없었다. 사무엘이 늙어 그의 아들들을 사사로 임명하였으나 이스라엘 백성들은 이의를 제기하였다. 장로들은 다른 나라들과 같이 왕을 달라고 요구하였다.

그 요구는 사무엘에 대한 모욕이었다. 그는 거절감을 느꼈고, 주님께 자신이 어떻게 해야 하느냐고 물었다. 하나님께서는 사무엘에게 백성들이 원하는 것을 주라고 응답하셨다. "너는 그들의 말을 받아들여서 그들에게 왕을 세워주어라."

사무엘은 백성들에게 그들이 왕을 갖게 되면 세금을 내고 군대에서 복무하게 될 것이라고 경고하였다. 그러나 그의 경고는 소귀에 경 읽기나 마찬가지였다. 주님은 다시 사무엘에게 왕을 세워주라고 말씀하셨다. 사무엘은 이를 받아들이고 백성들을 돌려보냈다.

기스의 아들 사울은 부유한 가문 출신에 체격과 외모가 준수한 사람이었다. 하지만, 그는 자신이 왕이 되리라고는 생각조차 해보지 않았다. 사무엘이 처음 사울을 보았을 때, 그는 종들과 함께 잃어버린 나귀들을 찾고 있었다. 사무엘은 그들에게 자신의 집에서 묵으라고 초청하였다. 다음날 그들이 떠나기 전, 사무엘은 사울의 머리에 올리브 기름 한 병을 붓고 이렇게 말하였다. "하나님께서 그대의 머리에 기름을 부으시어 주님의 소유이신 이 백성을 다스릴 영도자로 세우셨습니다."

그리고 그는 사울에게 나귀들은 이미 찾았으며, 집으로 돌아가는 길에 선지자들의 무리를 만나게 될 것이라고 말하였다. 사울이 선지자들을 만났을 때, 하나님의 영이 그에게 임하여 그도 선지자들과 같이 예언을 하였다. 사울은 사무엘이 한 말을 아무에게도, 심지어는 자기 아버지에게도 말하지 않았다.

비밀스럽게 사울을 왕으로 지명한 사무엘은 이제 공식적으로 그가 왕임을 선포할 준비를 하였다. 사무엘은 백성들을 소집하여 사울을 이스라엘의 첫 번째 왕으로 선정하였는데, 사람들은 사울이 어디 있는지 찾을 수가 없었다. 그는 짐짝 뒤에 숨어 있었다. 백성들이 그를 발견하고는 환호성을 질렀다. 대부분의 사람들이 이제 그들도 다른 나라들처럼 왕을 갖게 되었다고 흥분하였으나 몇몇 완고한 사람들은 그를 왕으로 받아들이기를 거부하였다.

머지않아 사울의 군사적 지도력을 증명할 기회가 찾아왔다. 암몬 사람들이 길르앗 야베스를 공격하여 포위하자 모두 항복하기로 하였다. 그런데 암몬 왕은 그 성읍 사람들의 오른쪽 눈을 빼는 조건으로 그들의 목숨을 보존해주겠다고 하였다.

길르앗 야베스는 긴급히 사울에게 도움을 요청했다. 이에 사울은 신속하고 단호하게 응했다. 사울은 이스라엘 전체에서 군대를 소집하여 기습 공격으로 암몬 족속을 쳤다. 큰 승리를 거둔 후 몇몇 사람들이 사울을 왕으로 받아들이려 하지 않았던 사람들을 처형하려고 하였다. 그러나 사울이 그들을 막으며 대신 이스라엘에게 위대한 승리를 주신 주님께 감사드리자고 하였다.

사무엘은 길갈에서 이스라엘 백성들에게 고별사를 전하였다. 그는 사울이 이스라엘의 왕임을 재확인하고, 하나님은 여전히 그들이 그분을 주님으로 섬기기를 기대하신다고 상기시켜 주었다. 사무엘은 이스라엘이 왕을 요구함으로써 죄를 지었지만, 하나님은 그들이 주님을 저버리고 우상을 섬기지 않는다면 변함없이 그들을 보호해주실 것이라고 하였다. 이스라엘의 사사로서 그의 통치는 끝이 났지만, 사무엘은 이스라엘을 위해 기도할 것을 약속하였다.

### 두 번의 불순종

불행히도 사울은 어리석었고 하나님께 불순종했으며, 잇달아 잘못된 결정을 내리면서 급속히 하나님의 백성을 다스릴 권리를 상실해버렸다.

처음으로 맞게 된 블레셋과의 전투에서 사울의 군대는 사무엘이 오기까지 기다리는 동안 두려움에 사로잡혔다. 사울은 군사들이 흩어지자 사무엘을 기다리지 않고 (제사장 외에는 드릴 수 없음에도 불구하고) 자신이 직접 제사를 드렸다.

제사를 마치기 전에 도착한 사무엘이 사울에게 물었다. "어찌하여 이런 일을 하셨습니까?"

사울은 군사들은 흩어지고 블레셋 사람들은 언제 공격해올지 몰라서 주님의 도움을 구하기 위해 제사를 드리지 않을 수 없었다고 하였다.

사무엘은 "해서는 안 될 일을 하셨습니다"라고 소리치며 사울에게 심판을 선언했다. "주 하나님이 명하신 것을 왕이 지키지 않으셨습니다. 명령을 어기지 않으셨더라면, 왕과 왕의 자손이 언제까지나 이스라엘을 다스리도록 주님께서 굳게 세워주셨을 것입니다." 그는 "주님은 왕을 거부하셨고, 그분의 마음에 맞는 새로운 사람을 찾으실 것입니다"라고 말하였다. 사울이 소집했던 3천 명의 군사 대부분이 집으로 돌아가고, 단 600명만 남았다(당시 블레셋은 수적으로 우세하였을 뿐 아니라, 철 병기를 만들 수 있는 기술을 가지고 있었다는 점에서도 우월했다. 이스라엘 백성들은 심지어 블레셋 사람들로부터 농기구를 구입하였다).

사울의 아들 요나단은 자기의 무기를 든 병사와 함께 블레셋의 전초부대를 공격하여 자신이 용맹스럽고 유능한 군사임을 증명하였다. 그들은 약 20명을 죽였는데, 블레셋 군대는 그들이 더 큰 병력의 공격을 받고 있다고 생각하고는 도망쳐버렸다. 사울의 병사들은 블레셋이 혼란에 빠져 도망치는 것을 보고는 그들을 공격하였다. 나중에 사울의 병사들은 그들이 블레셋을 격파한 것이 요나단의 용기 때문이었다고 사울에게 상기시켜 주었다.

사울은 이스라엘의 대적들과 싸워 승리를 거두었지만, 블레셋을 완전히 물리치지는 못하였다. 사울은 계속해서 그들과 전쟁 중에 있었기 때문에 힘이 세고 용감한 이스라엘 남자들을 모았다.

사울은 아말렉과의 전투에서 또 한 번의 결정적인 실수를 저질렀다. 사무엘은 사울에게 이스라엘이 이집트에서 나올 때에 아말렉이 그들을 적대하였으므로 그들을 완전히 진멸해야 한다고 지시하였다. 사울과 그의 군대는 아말렉에게 승리를 거두었으나 약탈품들을 모두 없애는 대신 값나가는 짐승과 물건들은 남겨두고 쓸모없는 것들만 골라서 진멸하였다.

하나님께서는 사무엘에게 사울이 불순종하였다는 것을 알려주셨다. 사무엘이 사울을 찾아가 왜 아말렉을 진멸시키지 않았느냐고 묻자 사울은 주님께 제사를 드리기 위해 짐승들을 남겨두었다고 거짓말을 하였다. 사무엘은 "순종이 제사보다 더 낫습니다. 왕께서 주님께 불순종하였기 때문에, 주님께서도 왕을 버리셨습니다"라고 응수했다.

사울은 용서를 구하였으나 사무엘은 영광의 주님께서 마음을 바꾸지 않으실 것이라고 하였다. 사무엘은 "주님께서 그 마음이 온전히 주님께 드려진 자에게 이 왕국을 주실 것입니다"라고 하였다.

## 사울과 다윗사무엘상 16-31장

### 기름부음 받은 다윗

하나님께서는 사무엘에게 베들레헴으로 가서 이새의 아들 가운데 한 명을 이스라엘의 왕이 될 자로 기름 부어 세우라고 말씀하셨다. 주님은 "사람의 외모를 보고 판단하지 말아라. 나를 향한 마음이 있는 사람을 찾으라"고 말씀하셨다. 사무엘은 이새에게 가서 그와 그의 아들들을 제사에 청하였다. 이새는 사무엘에게 그의 아들 일곱 명을 보여주었는데, 하나님은 사무엘에게 그들 중 아무에게도 기름 부어 세우라고 말씀하지 않으셨다.

그때에 이새의 막내아들 다윗은 양떼를 돌보러 나가고 없었다. 사무엘이 아들이 더 없냐고 묻자 이새는 사람을 보내어 들에 나간 다윗을 데려왔다. 하나님께서는 사무엘에게 "바로 이 사람이다. 어서 그에게 기름을 부어라"고 말씀하셨다. 그날 주님의 영이 다윗에게 강하게 임하셨다.

사무엘이 다윗에게 기름 부어 세운 후 주님의 영이 사울을 떠났고, 그는 악령에 시달렸다. 이 고통에서 벗어나기 위해 사울은 음악을 연주해줄 사람을 찾았다. 신하들은 용맹하고 준수하며 탁월한 연주자라고 소문이 난 다윗을 데려왔다. 다윗은 사울이 정서적으로 동요를 일으킬 때면 수금을 연주하여 그를 진정시켜 주었다. 사울은 다윗에게 깊은 인상을 받아서 그를 자신의 무기를 들고 다니는 사람으로 삼았다.

### 골리앗을 쓰러뜨리다

이스라엘과 블레셋의 군대가 골짜기를 사이에 두고 진을 치고 있었다. 블레셋의 장수 골리앗은 280센티미터가 넘는 키에 45킬로그램이 넘는 갑옷을 입고 있었다. 그의 창날은 무게가 7킬로그램이나 되었다. 그는 날마다 이스라엘 사람들을 조롱하였다. "내가 너희에게 도전한다. 너희 장수를 내보내 나와 싸우게 하여라." 그러나 이스라엘 진영에는 골리앗과 싸울 용기가 있는 사람이 아무도 없었다. 골리앗의 조롱은 40일 동안 밤낮으로 계속되었다.

이새는 다윗을 보내어 싸움터에 나가 있던 세 형들에게 먹을 것을 가져다주게 했다. 싸움터에 도착한 다윗은 골리앗이 사울의 병사들을 조롱하는 말을 들었고, 그들이 두려움에 움츠러드는 것을 지켜보았다. 그들은 골리앗을 죽인 사람은 사울의 딸 중 한 명과 결혼하고 세금을 면제받는 보상을 받게 될 것이라고 말했다.

다윗은 여러 병사들과 이야기를 나누었고, 이것을 알게 된 사울이 다윗을 불렀다. 다윗은 사울에게 "제가 그와 싸우러 가겠습니다"라고 말했다. 사울은 다윗이 너무 어리기 때문에 골리앗을 상대할 수 없다고 생각하였다. 그러나 다윗이 아버지의 양떼를 지키면서 어떻게 사자와 곰을 죽였는지를 이야기하자, 사울은 그를 인정하고 그에게 자신의 갑옷을 주었다.

사울의 갑옷은 다윗에게 너무 크고 거북했다. 다윗은 결국 그것을 벗어두고 시냇가에서 주운 돌 다섯 개와 목동의 지팡이를 집어 들고 골리앗에게 갔다.

다윗을 본 골리앗은 그가 아직 어린 소년에 지나지 않다는 것을 보고는 우습게 여기며 저주했다. 그러나 다윗은 그의 협박에 굴복하지 않았다. 그는 그 거인을 향해 달려가며 소리쳤다. "나는 네가 모욕하는 이스라엘 군대의 하나님 곧 만군의 주님의 이름을 의지하고 너에게로 나왔다!" 다윗은 돌 하나를 물매로 던져서 골리앗의 이마를 맞혔고, 골리앗은 바로 기절하여 바닥에 쓰러졌다. 다윗은 앞으로 달려가서 그 거인의 칼을 빼서 그것으로 그를 죽이고 그의 머리를 베었다. 블레셋 군대는 그들의 장수가 죽은 것을 보고는 모두 도망쳤고, 이스라엘 군대는 그들을 맹렬히 추격하였다. 그날의 전투로 수 킬로미터나 되는 길에 사상자들이 즐비하였다.

## 도망자의 삶

전투에서의 승리를 계기로 다윗과 사울 왕의 아들 요나단은 평생의 우정을 맺게 되었다. 두 사람은 만나자마자 곧바로 서로에게 마음이 끌렸다.

군대가 흩어지고 나서, 승리를 거둔 병사들에게 경의를 표하기 위해 이스라엘 전역에서 여자들이 모였다. 그들은 춤을 추며 이렇게 노래를 불렀다. "사울은 수천 명을 죽이고, 다윗은 수만 명을 죽였다." 사울은 다윗이 승리의 영예를 자신의 갑절이나 받는 것을 보고 그때부터 그를 주목하였다. 사울은 다윗을 천 명의 지휘관(천부장)으로 삼았다. 하나님께서 다윗과 함께하심으로 그가 매사에 지혜롭게 행하였기 때문에 시간이 지날수록 사울은 다윗을 의식하고 두려워하게 되었다.

사울은 약속대로 다윗에게 자신의 딸을 주는 대신, 블레셋과의 전투에서 더 많은 승리를 거두면 그의 장녀와 결혼할 수 있을 것이라고 하였다. 다윗이 싸우다가 죽기를 바랐던 것이다. 그러나 다윗은 이번에도 큰 승리를 거두었고, 결국 사울의 장녀와 결혼을 할 수 있게 되었다. 하지만, 정작 때가 되자 사울은 자신의 딸을 다른 사람과 결혼시키고 말았다. 그런데 사울의 또 다른 딸인 미갈이 다윗을 사랑하였다. 이 소식은 즉시 사울에게 전해졌다.

오로지 다윗을 제거하는 데 마음이 사로잡혀 있던 사울은 이것이 다윗을 죽게 할 또 한 번의 기회라고 생각하였다. 사울은 다윗에게 블레셋 사람 100명을 죽인다면 미갈과 결혼할 수 있다고 하였다. 이번에도 다윗은 목숨을 잃기는커녕, 부하들과 함께 200명의 블레셋 사람들을 죽였다. 사울은 미갈을 다윗의 아내로 주었다.

다윗은 연이은 블레셋과의 전쟁을 통해 그가 능력 있는 지도자임을 증명하였다. 그러나 그의 승리는 사울로 하여금 다윗이 그의 왕권에 위협적인 존재라는 것을 더욱 확신하게 만들었다.

거듭되는 속임수와 살해 위협으로 인해 다윗은 사울로부터 도망칠 수밖에 없었다. 사울은 부하들과 요나단을 시켜 다윗을 죽이려고 하였지만, 뜻대로 되지는 않았다. 다윗과 절친한 친구였던 요나단은 그를 죽이기는커녕, 다윗에게 아버지의 계획을 미리 알려주었다. 요나단의 설득으로 사울은 다윗을 죽이지 않겠노라고 맹세하곤 했지만, 금세 그 약속을 깨고 다시 다윗에게 창을 던졌다.

이것으로 충분했다. 다윗은 그의 생명이 위험에 처해 있다는 것을 확실히 알게 되었다. 한번은 미갈이 자기 아버지를 속이고 다윗을 도와 라마로 피신하게 해주었다. 사울이 병사들을 보내어 다윗을 잡으려 하였으나, 주님의 영이 그들을 막아 잡지 못하게 하셨다. 사울이 직접 갔을 때에도 주님의 영이 그를 다스리셔서, 그는 벌거벗은 채 예언하였다. 백성들은 사울도 선지자가 되었느냐고 의아해하였다.

상황이 급박해지자 다윗과 요나단은 비밀리에 만났다. 그들은 다윗의 생명이 위험에 처했음을 알려줄 비밀스런 신호를 정하였다. 그리고 변치 않을 우정의 인약을 맺었다.

매월 초 다윗이 사울과 함께 식사를 하는 날임에도 보이지 않자 사울은 요나단에게 그의 근황을 물었다. 요나단은 다윗이 베들레헴 고향에 가기를 청하여 보내주었다고 하였다. 그 말을 들은 사울은 불같이 화를 내며 요나단을 저주하고, 심지어 그에게 창을 겨누기까지 하였다. 요나단은 아버지를 설득하는 것이 아무 소용이 없다는 것을 깨달았다. 그는 다윗에게 미리 정한 대로 화살을 쏘아서 아버지 사울이 다윗을 죽이기로 결심했다는 것을 알려주었다. 그때부터 다윗은 도망자가 되었다.

다윗은 놉으로 가서 제사장 아히멜렉을 만났다. 다윗은 무기를 얻을 수 있을지 물어보았는데, 아히멜렉이 가지고 있던 것은 골리앗의 칼뿐이었다. 다윗은 그 칼을 가지고 그곳을 떠났다. 그날 사울의 목자 가운데 우두머리였던 도엑이 다윗이 아히멜렉을 만나는 것을 보았다.

사울 왕에게 쫓기는 신세가 된 다윗은 위험한 결정을 내렸다. 그는 블레셋의 성읍이며 골리앗의 고향이기도 한 가드로 도망을 갔다. 그런데 블레셋 사람들이 그가 골리앗을 죽였던 자라는 것을 알아보았다. 생명의 위협을 느낀 다윗은 일부러 미친 척하며, 문에 몸을 긁적거리고 수염에 침을 질질 흘렸다. 다윗에게 호의를 보였던 가드 왕은 갑작스런 다윗의 행동에 신하들에게 미치광이를 데리고 왔다고 나무랐다.

이후에 다윗은 남쪽으로 이동하여 아둘람 굴로 갔다. 그곳으로 그의 형들과 친척, 도망자들이 모여들었다. 그렇게 하여 다윗은 약 400명이나 되는 사람들을 거느리게 되었다. 그들은 더 남쪽으로 내려가 모압으로 갔고, 다윗은 모압 왕에게 자신이 광야의 산성에 숨어있는 동안 자기 부모가 그곳에 머물도록 허락해달라고 부탁하였다.

그런데 선지자 갓이 다윗을 찾아가 유다 땅으로 돌아가라고 조언하였다. 이 소식을 들은 사울은 다윗이 왕이 되려는 음모를 꾸미고 있다고 확신하였다. 그때 도엑이 사울에게 아히멜렉이 다윗의 부하들에게 음식과 무기를 제공해주었다고 알려주었다. 이 말을 듣고 놀란 사울은 아히멜렉을 소환하여 신하들에게 그를 죽이라고 명령했다.

신하들은 아히멜렉이 제사장이었기 때문에 그를 죽이는 것을 꺼렸다. 그러자 도엑이 나서서 그를 비롯하여 85명의 제사장들을 죽였다. 그들은 놉에 살고 있던 모든 제사장들과 그 가족들을 전부 죽였는데, 아히멜렉의 아들인 아비아달만 피하여 다윗에게로 도망쳤다. 다윗은 그를 보호해주겠다고 약속하였다. 다윗은 비록 사울을 피해 도망 다니는 신세였지만, 블레셋이 습격해오면 이스라엘 백성들을 지켜주어 대중적인 지지를 얻게 되었다.

사울은 계속해서 다윗을 추격하였고, 몇 번은 거의 잡을 뻔하였다. 그러나 매번 주님께서 다윗을 도우셔서 피하게 하셨다. 사울은 다윗이 그일라에 있다는 것을 알게 되었다. 그때 주님은 다윗에게 그 사실을 경고해주셨고, 다윗과 그의 부하들은 광야로 피신하였다. 사울의 부하들은 날마다 그들을 찾으러 다녔지만, 황량하고 건조하고 광활한 유대 광야가 다윗의 보호막이 되어주었다.

그러던 중 요나단이 다윗을 찾아왔고, 다시금 친구에게 우정과 지원을 맹세하였다. 그는 다윗에게 자기 아버지가 절대로 그를 잡을 수 없을 것이며, 언젠기 다윗이 이스라엘의 왕이 될 것이라고 하였다. 요나단은 집으로 돌아갔고, 그날 이후로 다시는 다윗을 보지 못했다.

### 사울을 살려주다

몇 차례 기회가 있었으나 다윗은 주님께서 기름 부어 세우신 사울을 죽이지 않았다. 하루는 사울과 3천 명의 정예 부대가 엔게디(사해 서쪽의 바위가 많고 거친 지역)에 왔을 때, 사울은 다윗과 그의 부하들이 동굴 깊은 곳에 숨어 있다는 것을 알지 못한 채 용변을 보러 동굴로 들어갔다.

사울과 매우 가까운 거리에 있었던 다윗은 그가 알아채지 못하게 그의 옷자락을 잘랐다. 다윗의 부하들은 사울을 죽이자고 부추겼지만, 다윗은 그렇게 하지 않았다. "주님께서 내가 그런 일을 하지 못하도록 나를 막아 주시기를 바란다. 왕이 주님께서 기름 부어 세우신 분이기 때문이다." 사울이 동굴을 나간 후 다윗은 그가 안전한 거리까지 가기를 기다렸다가 그를 불렀다. "왕은 어찌하여 다윗이 왕을 해치려 한다고 주장하는 사람들의 말만 들으십니까? 지금 제가 들고 있는 왕의 겉옷자락을 보십시오. 제가 원한다면 오늘 왕을 죽일 수도 있었습니다. 주님께서 나와 당신 사이에서 판단하실 것입니다."

사울은 다윗이 자신보다 훌륭한 사람이라는 것과 그가 왕이 될 자격이 있다는 것을 인정할 수밖에 없었다. 결국 다윗이 왕이 될 것을 알았던 사울은 그가 보좌에 앉게 되면 자신의 가족들의 목숨을 살려 주고, 자손들을 멸절시키지 말아달라고 부탁하였다.

사무엘이 죽은 후, 다윗은 남쪽으로 이동하여 광야로 들어갔다. 먹을 것이 떨어지자 다윗은 부하들을 부유한 목장주였던 나발(그의 이름은 '어리석음'을 의미한다)에게 보냈다.

어리석고 비열한 나발은 자신을 찾아온 다윗의 부하들을 조롱하고 그들을 무법자 취급하였다. 다윗은 나발이 한 말을 듣고는 400명의 장정들을 데리고 나발을 죽이러 갔다.

이 사실을 나발의 일꾼들이 그의 아내에게 알렸다. 아비가일은 재빨리 충분한 음식을 준비하여 일꾼들과 함께 그것을 다윗에게로 가져갔다. 다윗을 만난 아비가일은 그에게 경의를 표하고, 자기 남편을 죽이는 것은 잘못된 일이라고 다윗을 실득했다.

그 말에 감동한 다윗은 "평안히 집으로 돌아가시오. 내가 당신의 남편을 죽이지 않기로 약속하오"라고 말했다. 아비가일이 집에 도착했을 때, 나발은 잔치를 베풀고 취할 대로 취해 있었다. 다음날 아침 아비가일이 나발에게 다윗을 만난 일을 이야기하자, 그는 갑자기 몸이 굳어 열흘 후에 죽었다. 다윗은 나발이 죽었다는 소식을 듣고 아비가일에게 결혼하자는 뜻을 전하였다. 그녀는 이를 받아들여 다윗의 아내가 되었다.

다윗은 아히노암과도 결혼하였다. 사울은 다윗의 아내 미갈을 발디라는 남자에게 주었다.

사울이 3천 명의 정예 부대를 데리고 다윗을 찾고 있을 때, 다윗은 사울을 죽일 수 있는 두 번째 기회를 얻었다. 다윗과 아비새는 밤에 사울의 진영으로 몰래 숨어들어가 수비대의 내부까지 침투했다. 당시 사울의 부대는 모두 깊은 잠에 빠져 있었다. 이전처럼 아비새는 사울을 죽이고 싶어 했지만, 다윗은 이를 허락하지 않았다. 대신 그들은 사울의 머리맡에 있던 창과 물병을 가지고 살그머니 진영을 빠져나왔다.

다윗은 가까운 산꼭대기로 올라가 사울의 장군 아브넬을 조롱하였다. "너는 사내 대장부가 아니냐? 그런데 네가 어째서 너의 상전인 왕을 잘 보호하여 드리지 않았느냐?" 다윗은 그에게 창과 물병을 보여주었다. 이쯤해서 사울이 다윗의 목소리를 알아들었다. 다윗은 다시금 사울에게 자신이 그를 죽일 수 있었지만 그렇게 하지 않았다고 하였다. 사울은 잘못한 사람은 자신이며, 다윗은 명예롭고 영웅적으로 행동했다는 것을 인정하였다. 사울과 다윗이 만난 것은 이것이 마지막이었다.

다윗은 사울이 추적을 멈추지 않을 것을 알았다. 그래서 위험하지만 블레셋 사람들 사이에 숨어 지내기로 하였다. 사울은 다윗이 블레셋 사람들과 함께 있다는 것을 듣고는 수색을 멈췄다.

### 블레셋에서의 여정

블레셋 왕 아기스는 다윗이 시글락 성읍에서 살도록 허락해주었다. 다윗은 1년 반 동안 그곳에서 지내면서 가나안 성읍들을 습격하여 약탈하고 아기스에게는 유다 지역을 약탈하였다고 거짓말을 하였다. 아기스는 다윗을 믿었고 '그의 백성들이 얼마나 그를 미워할까!' 라고 생각하였다. 아기스는 다윗이 그의 편이라고 확신하고는 블레셋이 이스라엘과 전쟁을 준비할 때 다윗을 그의 경호대장으로 삼았다.

당시 이스라엘에서 마술을 사용하는 것은 엄격히 금지되어 있었다. 그런데 사울은 블레셋 군대의 규모를 보고는 두려움에 사로잡혔다. 이미 사무엘이 죽었기 때문에, 사울은 그에게 조언을 구할 수 없었다. 그래서 그는 신하들에게 신접한 여인을 찾아오라고 명령하였다. 사울은 변장을 하고 가서, 엔돌의 신접한 여인에게 이미 죽은 자의 망령을 불러올리라고 하였다.

그녀는 처음에는 이 요청을 거절하면서 자신을 죽게 할 작정이냐고 힐난하였다. 사울이 죽은 자와 접촉하는 것을 모두 금지시켰기 때문이었다. 그녀는 누구를 불러올려 주기를 원하느냐고 물었다. 사울이 사무엘이라고 말하자, 그녀는 크게 소리를 질렀다. "사울 왕이 몸소 오셨으면서도 왜 저를 속이셨습니까?"

사울은 그녀에게 이 일로 아무런 해를 받지 않을 것이라고 하였다. 곧 사무엘이 나타났지만, 그는 이미 사울이 알고 있는 것을 말해주었다. 주님은 그를 버리셨고, 그 전쟁에서 사울을 도와주지 않으실 것이었다. 사무엘은 사울과 그의 아들이 죽을 것이고, 이스라엘 군대는 패하게 될 것이라고 예언하였다. 사울은 너무나 두렵고 굶주림으로 힘이 빠져 그 자리에 쓰러졌다. 그는 하루 종일 아무것도 먹지 못한 상태였다. 사울의 부하들은 사울에게 기운을 차리기 위해서는 먹어야 한다고 설득했다. 여인이 식사를 준비하여 사울과 그의 신하들은 음식을 먹고 떠났다.

블레셋 군대가 전쟁을 위해 모였을 때, 다윗과 그의 부하들은 편대의 후미에서 아기스와 함께 있었다. 블레셋 지휘관들은 다윗의 무리가 행렬에 끼어 있는 것을 발견하고는 분노하였다. 그들은 다윗이 어떻게 골리앗을 죽였는지 기억하고 있었기 때문에 그를 믿을 수가 없었다. 아기스는 다윗의 충성심을 절대적으로 확신한다고 장담하였지만, 그들은 다윗과 함께 싸움터에 갈 수 없다고 강경하게 주장하였다. 아기스는 결국 다윗과 그의 부하들에게 슬며시 떠나라고 권하였다.

다윗과 그의 부하들이 시글락으로 돌아왔을 때, 아말렉 사람들이 성읍을 파괴하고 여자들과 어린 아이들을 모두 사로잡아 갔다는 것을 알게 되었다. 다윗은 제사장 아비아달에게 조언을 구하였다. 그는 다윗에게 하나님께서 그를 도우셔서 사로잡혀 간 사람들과 훔쳐간 모든 물건들을 되찾게 해주실 것이라고 하였다.

다윗은 힘을 다하여 아말렉을 추격하였다. 도중에 지친 200명의 남자들은 뒤에 남게 되었다. 추격하던 사람들은 몸이 약하다는 이유로 아말렉 사람들이 버리고 간 이집트 종 한 명을 만났다. 그는 그들을 약탈자들이 있는 곳으로 인도하였다.

다윗과 그의 부하들은 불시에 아말렉을 습격하였고, 약탈자들의 무리를 완전히 쓸어버렸다. 그들은 여자들과 아이들을 포함해서 모든 것을 되찾았다. 다윗의 부하들 가운데 일부는 추격을 할 수 없어서 뒤에 남았던 사람들과 전리품을 나누고 싶어 하지 않았다. 그러나 다윗은 모든 사람들이 탈취한 물건의 몫을 받아야 한다고 주장하였다. 다윗은 또한 그와 그의 부하들에게 필요한 것을 공급해주었던 성읍들에 선물을 보냈다.

### 사울의 죽음

이스라엘의 첫 번째 왕으로서 사울의 통치는 이스라엘이 참담한 패배를 경험한 전투에서 끝이 났다. 그날 요나단을 포함한 사울의 세 아들이 죽임을 당하였고, 사울은 활에 맞아 치명적인 상처를 입었다. 그는 자신의 무기 담당 병사에게 블레셋에 사로잡혀 고문을 당하는 일이 없도록 자기를 죽이라고 명령하였다. 그러나 병사는 그 명령을 거부하였다. 사울은 결국 스스로 자기 칼 위에 엎어져서 죽었다.

다음날 블레셋 사람들이 죽은 사울을 발견하고 그의 목을 베었다. 그들은 사울의 갑옷을 그들의 신전에 보관하고, 그의 주검은 벳산 성벽에 매달아 두었다. 그 소식을 들은 길르앗 야베스의 주민들은 사울의 주검을 거두어 나무 아래 묻어주었다.

사울은 40년 동안 이스라엘의 왕으로 다스렸다. 이제 이스라엘은 사사 시대 말과 동일한 상황에 놓이게 되었다. 하나님의 백성들에게는 왕이 없었다.

## 요약

이스라엘 역사상 과도적인 인물인 사무엘은 마지막 사사였고, 공인된 첫 선지자였다. 그는 기도 응답으로 태어나 하나님께 드려져 제사장으로 섬겼다.

블레셋 사람들이 언약궤를 쟁탈해갔을 때, 사무엘은 그들을 쳐부수고 언약궤를 다시 이스라엘로 가져옴으로써 지도자의 명성을 얻었다.

사무엘이 늙어가자, 백성들은 그에게 왕을 달라고 압박을 가하였다. 하나님께서는 사무엘에게 그들의 요청을 들어주라고 말씀하셨다.

사울이 이스라엘의 첫 번째 왕으로 기름부음을 받았다. 그는 올바른 일을 하고자 하는 마음이 있었으나 두 번이나 하나님께 불순종함으로써 이스라엘의 왕으로 기름부음 받은 권한을 상실하였다.

하나님은 사무엘을 이새의 집으로 인도하셔서 다윗에게 기름을 부어 이스라엘의 차기 왕으로 삼게 하셨다. 다윗은 사울처럼 알려진 인물이 아니었지만, 블레셋 장수 골리앗을 죽이면서 국가적인 명성을 얻게 되었다.

다윗의 인기는 사울을 과대망상증 환자로 만들었다. 그는 다윗을 개인 악사로 선택했지만, 다윗이 자신을 죽이고 보좌를 차지하려는 음모를 꾸미고 있다고 확신하였다. 요나단은 자신이 아니라 다윗이 이스라엘의 차기 왕이 될 것을 알고 있었음에도 불구하고 그와 절친한 친구가 되었다.

사울의 망상이 너무 심각해져서 다윗은 목숨을 보존하기 위해 도망칠 수밖에 없었다. 그는 몇 번이나 사울을 죽일 기회가 있었지만, 사울이 주님이 기름 부어 세우신 사람이라는 이유로 그렇게 하지 않았다.

마지막 전투를 앞두고 사울은 싸움의 결과를 알고자 하여 신접한 여인에게 조언을 구하였다. 망령을 불러올리는 일종의 교령제에서, 사무엘이 죽은 자들 가운데서 돌아왔다. 그는 승리를 약속한 것이 아니라 이스라엘의 패배와 사울의 죽음을 예언하였다.

# 9
CHAPTER

# 다윗과 솔로몬

**주요 등장인물**

다윗 | 밧세바 | 나단 | 압살롬 | 솔로몬

**배경**

이스라엘

## 다윗의 통치 사무엘하, 역대상

다윗이 아말렉에게 승리를 거두고 돌아온 후에, 블레셋과의 싸움터에서 온 한 사람이 사울이 전쟁에서 패하여 죽었다는 소식을 전하였다. 그는 다윗이 상을 줄 것이라고 생각하고, 자신이 사울을 죽였다고 말하였다. 그러나 그의 예상은 틀렸다. 다윗은 그가 감히 하나님께서 기름을 부어 세우신 왕을 죽였다고 하며 그를 처형하라고 명령하였다.

사울이 죽고 난 이후 다윗이 곧바로 왕이 된 것은 아니었다. 그와 그의 추종자들은 유다 지파의 영역에 속한 헤브론으로 갔다. 그는 모든 지파들을 하나로 묶으려고 노력하였지만, 사울 군대의 지휘관이었던 아브넬은 사울의 아들 이스보셋을 왕으로 삼으려는 음모를 꾸몄다.

아브넬은 북쪽 지파 연맹에 이스보셋을 왕으로 선포하고 마하나임(요단 강 동쪽)을 수도로 삼았다. 그러나 유다 지파는 다윗을 지지하였다. 이렇게 하여 유다 지파와 북쪽 지파 연맹 사이에 내전이 일어났다.

갈등은 다윗 군대의 장군인 요압과 아브넬이 기브온 연못에서 만나면서 시작되었다. 평화롭게 시작된 협상은 열두 명의 선택된 젊은 병사들 사이의 싸움으로 번졌다. 이 싸움은 곧 치열한 전면전으로 악화되었고, 그 와중에 아브넬이 요압의 동생 아사헬을 죽였다.

다윗의 세력이 갈수록 강성해지자, 아브넬은 은밀히 다윗을 찾아와 그를 지지하겠다고 제안하였다. 하지만 요압은 아사헬을 죽인 것에 대한 복수로 다윗과 협상을 하고 돌아가는 아브넬을 살해하였다. 다윗은 아브넬의 죽음에 대해 백성들이 자신을 의심할 것이라는 사실을 알았다. 그는 자신이 아브넬을 죽이라고 명령하지 않았다고 맹세하고 공개적으로 그의 죽음을 애도하였다.

이스보셋은 아브넬이 살해되었다는 소식을 듣고는 항복하기로 결심하였다. 그러나 이스보셋의 군 지휘관 두 사람이 그를 죽여서 다윗에게 그 머리를 가져갔다. 다윗은 그들에게 상을 내리는 대신 무고한 사람을 죽인 죄로 그들을 처형하였다.

### 언약궤가 돌아오다

이 일이 있은 후에 이스라엘 모든 지파의 장로들이 다윗을 왕으로 지명하였다. 다윗은 30세에 왕이 되어 40년간 이스라엘을 통치하였다.

그는 여부스 사람들의 요새인 예루살렘을 정복하여 그곳을 온 이스라엘의 정치적 수도로 삼았다. 그때부터 그곳은 다윗 성이라고 불렸다. 다윗은 여러 아내와 결혼하고 첩을 들이는 것을 통해 자신의 권력을 강화하였다. 그는 또한 두 번의 주요한 전투에서 블레셋 사람들을 무찔렀다.

이스라엘의 궁극적 통치자이신 하나님을 영화롭게 하기 위하여, 다윗은 언약궤를 예루살렘으로 가져오기로 하였다. 그들이 언약궤를 수레에 싣고 옮기던 중 소들이 뛰자 웃사가 궤가 떨어지지 않도록 붙들었다. 이 일로 하나님께서 치셔서 웃사가 그 자리에서 죽었다. 웃사의 죽음으로 다윗은 두려움을 느꼈고, 그 궤를 세 달 동안 오벳에돔의 집에 놓아두었다.

하나님께서 오벳에돔의 집에 복을 주시는 것을 보고, 다윗은 다시 궤를 옮기기로 결심하였다. 이번에는 하나님께서 모세에게 말씀하신 대로 언약궤를 제사장들이 메고 옮겼다. 언약궤가 예루살렘에 들어올 때, 다윗과 백성들은 제사를 드리고 주님 앞에서 노래하며 춤을 추었다. 언약궤가 도착하자 다윗은 백성들을 축복하고 그들에게 선물을 나누어주었다. 영광스러운 축제였다.

사울의 딸이자 다윗의 아내(다윗은 그녀를 다시 데려왔다)인 미갈을 제외하고 모든 사람들이 이를 경축하였다. 미갈은 다윗이 백성들과 함께 축전을 거행하며 법석을 떨었다며 그를 경멸하고 비난하였다. 이 일 때문에 그녀는 아이를 갖지 못하게 되었다.

자신은 왕궁에 살고 있는데 언약궤는 아직도 휘장 안에 있는 것이 마음에 걸렸던 다윗은 어느 날 선지자 나단을 불러 언약궤를 둘 성전을 건축하고 싶다고 하였다. 나단은 하나님께서 다윗의 계획을 승낙하실 것이라고 확신했다. 하지만, 주님은 다윗의 왕조가 영원히 설 것이라고 약속하시면서 이렇게 말씀하셨다. "네 집과 네 나라가 내 앞에서 영원히 이어갈 것이다. 그러나 나를 위한 집은 너의 후손들 가운데 한 사람이 짓게 될 것이다."

나단이 다윗에게 주님께서 계시해주신 말씀을 전했을 때, 다윗은 하나님의 선하심을 찬양하며 그분을 영화롭게 할 것을 약속하였다. 그는 "주 하나님은 위대하십니다! 주님과 같은 분은 없습니다. 주님은 이스라엘을 영원토록 주님의 백성으로 삼으셨습니다"라고 기도하였다.

### 빛과 그림자

뛰어난 군사 전략가이자 정치가였던 다윗은 군사적 승리를 통해 그의 왕국을 확장시켜갔다. 그는 블레셋의 가장 큰 성읍 가드를 점령하고, 동쪽으로는 모압, 북쪽으로는 아람, 남쪽으로는 에돔을 정복하였다. 그의 신하들 중에는 군사 지휘관, 역사가, 제사장, 서기관, 호위병 등이 포함되어 있었다.

다윗은 사울에게 한 자신의 약속을 잊지 않았다. 사울 왕조의 유일한 생존자로 요나단의 아들로 므비보셋이 있었는데, 그는 몸이 불편하였다. 이를 알게 된 다윗은 그에게 두려워하지 말라고 안심시키고, 그의 남은 생애 동안 돌보아주겠다고 약속하였다.

다윗의 가장 위대한 군사적 성공은 요단 강 동쪽 군대들을 이긴 것이었다. 암몬 왕 나하스는 다윗 왕가를 지지해주었는데 그가 죽자 다윗은 그의 장례식에 조문 사절을 보냈다. 그러나 나하스의 아들은 그 뜻을 오해하여 그들을 모욕하고 수염을 깎아버렸다. 다윗은 이것을 전쟁 선포로 간주하고 요압에게 군사를 움직이라고 명령하였다.

요압은 암몬과 아람 군대 사이에서 곤경에 처했지만, 결국 양쪽 군대를 모두 쳐부수었다. 전쟁에서 패한 후 아람 족속들은 이스라엘을 공격하기 위해 더 큰 군대를 모았다. 다윗은 전군을 동원하여 병거를 모는 군사 700명과 보병 4천 명을 죽였다. 결국 아람 사람들은 항복하였고, 다시는 이스라엘에 대항해서 전쟁을 벌이지 않았다.

시간이 흐르자 다윗의 성공은 심각한 도덕적 타락으로 바뀌었다. 다윗은 군사 작전을 수행하기 위해 군대와 함께 전쟁터에 나가는 대신 예루살렘에 남기로 하였다. 어느 날 저녁, 다윗은 옥상에서 목욕을 하고 있는 아름다운 기혼녀 밧세바를 보았다. 그는 사람을 보내어 그녀를 왕궁으로 불러들였다.

그들은 관계를 맺었고, 얼마 후 밧세바는 다윗에게 충격적인 소식을 전해왔다. "내가 임신하였습니다." 다윗은 군대와 함께 나가 있던 밧세바의 남편 우리아를 소환해서 그들의 정사를 감추고자 하였다. 다윗은 우리야가 그의 아내와 밤을 보내기를 바랐지만, 그는 싸움터에 있는 동료 병사들을 생각하여 그렇게 하지 않았다.

다윗은 과감하고 악독한 방식으로 이 일을 덮으려 하였다. 당시 이스라엘 군대가 랍바를 점령하기 위해 포위하고 있었는데, 다윗은 요압으로 하여금 우리아를 다른 병사들과 함께 궁수가 화살을 쏠 수 있을 정도로 성벽 가까운 곳까지 가게 만들었다. 결국 우리아와 몇몇 병사들이 죽임을 당하였다.

우리아의 죽음이 전해지자, 밧세바는 남편을 위해 슬피 울었다. 그리고 얼마 후 그녀는 다윗의 아내가 되었다. 다윗이 행한 일이 하나님께서 보시기에 매우 악하였다. 이에 선지자 나단을 보내셔서 그의 죄를 직면하게 하셨다.

나단은 다윗에게 한 부자와 가난한 사람에 대한 우화를 이야기해주었다. 부자는 손님을 접대하기 위해 자기 양을 잡지 않고, 가난한 사람이 가지고 있는 단 한 마리의 양을 빼앗았다. 그 이야기를 들은 다윗은 몹시 분개하면서 이렇게 말하였다. "그 부자는 마땅히 양을 네 배로 갚아야 합니다." 나단은 다윗에게 "왕이 바로 그 사람입니다"라고 말하였다. 그리고 그는 다윗의 죄로 인하여 그의 가정이 폭력으로 황폐해질 것이며, 그의 아내들도 공개적으로 욕보임을 당할 것이라고 예언하였다.

다윗은 자신의 왕권을 오용한 것을 인정하고 자기 죄를 고백하며 회개했고, 하나님께서는 그를 용서하셨다. 하지만 나단은 그 죄된 관계에서 태어난 아이는 죽게 될 것이라고 하였다. 밧세바가 낳은 아들이 병이 들자, 다윗은 비탄에 젖어 울면서 하나님께 자비를 구하며 금식하였다. 그러나 아이는 결국 7일 후에 죽었다. 다윗은 곧바로 정상적인 활동을 회복하였고, 그의 신하들은 그가 그렇게 빨리 애도를 멈추는 것을 보고 놀랐다. 그는 이렇게 대답하였다. "아이가 살았을 때에 내가 금식하면서 운 것은 혹시 주님께서 그를 살려 주실지도 모른다고 생각하였기 때문이오. 그러나 이제 아이는 죽었고, 내가 금식한다고 해서 나에게 돌아올 수 없게 되었소."

하나님은 다윗과 밧세바에게 은혜를 베푸셔서 아들 솔로몬(그 아이의 이름은 '평화'를 의미한다)을 주셨다. 나단은 그들에게 아이의 두 번째 이름을 여디디야라고 하라고 하였다. 그것은 '주님의 사랑을 받은 자'라는 의미이다.

### 비극의 시작

다윗의 아들 압살롬에게는 다말이라는 아름다운 누이가 있었다. 언제부턴가 다말의 이복 오빠인 암논이 그녀를 연모하게 되었다. 하지만, 자신의 누이이기 때문에 뜻대로 할 수 없었다.

암논은 병이 난 척하고는 다윗에게 다말로 하여금 자신을 돌보게 해달라고 요청했다. 암논은 둘만 있게 되었을 때 다말을 유혹하려 하였다. 그러나 그녀가 저항하자 암논은 다말을 강탈하였다. 암논의 욕망은 금세 혐오감으로 변하여 다말을 자기 방에서 내쫓았다.

다말은 슬피 울었다. 이 일을  알게 된 압살롬은 다말을 자신의 집에 머물게 하였다. 다윗도 소식을 듣고 분노하였지만, 암논을 벌하지는 않았다. 압살롬은 암논이 저지른 일 때문에 그를 증오하였다.

압살롬은 2년을 기다렸다가 다윗의 모든 아들들을 잔치에 초대하였다. 그리고는 자기 부하들에게 암논이 취하면 그를 죽이라고 명령하였다. 곧 모든 왕자들이 살해되었다는 소식이 다윗에게 보고되었다. 그러나 암논을 제외한 나머지 왕자들은 안전하게 예루살렘으로 돌아갔다.

압살롬은 자기가 한 일로 인해 다윗이 자신을 처형할까봐 두려웠다. 그래서 그는 그술(이스라엘의 북동쪽)로 도망가서 3년 동안 그곳에서 지냈다. 마침내 다윗은 마음을 풀고 압살롬과 화해를 원했다. 하지만 그는 먼저 손을 내밀지는 않았다. 요압은 다윗이 압살롬과 접촉할 수밖에 없도록 한 가지 계획을 짜냈다. 요압은 한 여인에게 도움을 청하였다. 그녀는 관계가 소원해진 아버지와 아들의 이야기를 통하여 다윗에게 하나님은 그에게 죄를 범한 사람들과 화해하기 원하신다는 것을 상기시켜 주었다. 그녀는 다윗이 아들을 되찾는 것이 백성들에게 가장 유익이 되는 일이라고 설득하였다.

다윗은 압살롬이 예루살렘으로 돌아오는 것을 허락하였다. 하지만 압살롬은 왕을 만날 수 없었다. 두 해가 지나서 압살롬은 요압에게 가서 다윗에게 탄원해달라고 부탁하였다. 결국 다윗은 왕궁에서 공식적인 만남을 허락하였다.

### 압살롬의 반역

압살롬이 암논을 죽인 지 대략 11년이 지난 후, 그는 다윗의 신뢰를 떨어뜨리기 위해 한 가지 책략을 펼쳤다. 압살롬은 호위병들과 함께 병거를 타고 예루살렘 주변을 다니며 다윗을 만나러 오는 백성들의 송사를 내신 처리해주며 그들의 마음을 훔쳤다.

시간이 지나자 압살롬은 모반을 꾸미기에 충분한 백성들의 지지를 얻게 되었다. 그는 자신이 헤브론에서 왕위에 오르면 열두 지파가 그를 왕으로 인정하도록 비밀리에 모든 준비를 하였다. 시간이 지날수록 더 많은 사람들이 압살롬을 따랐다.

압살롬이 반역을 도모하고 있다는 것을 알게 된 다윗은 첩들 이외에 가솔들을 이끌고 예루살렘을 떠났다. 대제사장 사독과 레위 사람들은 언약궤를 함께 가져가고자 하였다. 그러나 다윗은 모든 것을 하나님의 손에 맡기는 마음으로 언약궤를 다시 예루살렘으로 가져가라고 명했다.

몸을 피한 다윗은 자기를 지지하던 사람들 중 하나인 후새를 예루살렘으로 보내어 압살롬의 계획을 자기에게 알려줄 비밀 요원으로 활동하게 하였다. 후새는 즉시 예루살렘으로 가서 압살롬의 조언자로 섬기고 싶다는 의사를 밝혔다.

후새는 압살롬에게 다윗과 그의 부하들을 전멸시키기 위해 전군을 동원하라고 제안하였다. 주님은 압살롬과 그의 부하들의 마음을 움직이셔서 후새의 계획을 받아들이게 하셨다. 주님께서 압살롬을 멸하기로 결심하셨기 때문이다.

다윗은 압살롬의 세력과 싸우기 위해 군대를 정비하였다. 그는 전쟁에 나가 직접 군사들을 이끌고자 하였으나 모두 그것이 매우 위험한 일이라며 그에게 나서지 말라고 하였다. "왕은 우리들 만 명과 다름이 없습니다. 여기 안전히 계십시오. 왕의 도움이 필요하면 그때 도움을 요청하겠습니다"라고 말하였다. 다윗은 이 제안을 받아들였고, 요압과 그의 지휘관들에게 압살롬을 죽이지 말라고 엄히 명하였다.

그 싸움은 거친 에브라임 숲속에서 하루 종일 치러졌다. 전투 중 압살롬이 그의 부하들과 떨어지게 되었는데, 말을 타고 달리다가 그의 긴 머리가 굵은 나뭇가지에 걸렸다. 다윗의 부하 중 한 사람이 그를 발견하고 요압에게 알렸다. 그러자 요압은 다윗의 명령을 무시하고 투창 세 자루로 압살롬의 심장을 꿰뚫었다. 요압과 그의 병사들은 압살롬의 주검을 구덩이에 던지고 돌로 무더기를 쌓아 덮었다.

압살롬의 군대는 패하였다. 그렇게 반란은 끝났다.

다윗에게 승리의 소식을 전할 사신이 보내졌다. 다윗이 압살롬에 대해 물었을 때, 그는 "왕께 반역한 자들이 모조리 압살롬과 같이 되기를 바랍니다"라고 대답하였다. 그 말을 들은 다윗은 홀로 방으로 들어가 목놓아 울부짖었다, "내 아들 압살롬아, 너 대신에 차라리 내가 죽을 것을. 압살롬아, 내 아들아, 내 아들아!"

요압은 다윗이 압살롬의 죽음을 슬퍼하고 있다는 이야기를 듣고는 다윗에게 가서 그러한 행동이 승리를 거둔 병사들에게 수치심을 느끼게 하고 사기를 저하시키는 것이라고 하였다. 그들은 다윗과 그 온 가족의 목숨을 구한 사람들이었다. 이에 다윗은 마음을 추스르고 병사들을 살폈다.

다윗이 예루살렘으로 복귀할 준비를 하는 동안 북부 지파들은 그를 왕으로 받아들여야 하는지 여부를 놓고 논쟁을 벌였다. 유다 지파는 다윗을 호위하기 위해 그를 만나러 요단 강까지 나왔다. 그들은 충성을 맹세하였고, 다윗은 그들에게 보답하였다. 그러나 이스라엘 사람들 중 일부는 다윗이 유다 지파를 편애한다고 불평하였고, 이 논란은 해결되지 않았다. 그것은 유다와 다른 지파들 사이에 계속되는 분쟁의 요인이 되었다.

### 인구조사

다윗의 통치 기간 내내 힘센 병사들이 블레셋과 대항하여 싸웠고, 용기와 힘으로 그들을 무찔렀다. 그들이 맞선 블레셋 사람들 가운데 일부는 거인들, 즉 골리앗의 후손이나 친척들이었다. 여러 위대한 용사들이 다윗의 편에서 싸웠고 명성을 얻었다.

어느 날 하나님께서 이스라엘에게 분노하셔서 사탄으로 하여금 다윗을 부추겨서 인구조사를 하도록 하셨다. 이 일로 다윗은 뒤늦게 죄책감을 느끼고 주님께 용서를 구하였다. 선지자 갓은 다윗에게 세 가지 징벌(3년 동안의 가뭄, 석 달 동안의 도망자 생활, 또는 사흘 동안의 전염병) 가운데 하나를 선택하라고 하였다. 다윗은 이스라엘의 운명을 주님의 손에 맡기는 것이 더 낫다는 이유로 세 번째 징벌을 선택하였다.

전염병으로 7만 명이 죽자 하나님께서는 심판을 내리신 것을 후회하셨다. 다윗은 "바로 내가 죄를 지은 사람입니다"라고 고백하고 "백성은 양떼일 뿐입니다"라고 말하였다.

갓은 전염병을 멈추게 하기 위해 주님께 제단을 쌓아야 한다고 다윗에게 말하였다. 이를 위해 다윗은 아라우나의 타작 마당을 사고자 하였다. 그러나 아라우나는 다윗에게 자신이 그 땅과 짐승들을 바치겠다고 제안했다. 다윗은 자신이 아무런 대가도 치르지 않는다면, 그 제사는 아무 의미가 없다고 말하면서 이 제안을 거절하였다. 다윗은 주님께 제단을 쌓아 번제와 화목제를 드렸고, 그곳이 미래에 성전의 터가 될 것이라고 공포하였다.

## 솔로몬의 통치 열왕기상 1-11장, 역대하 1-9장

다윗에서 솔로몬으로 이어지는 왕국의 전환기에는 음모와 폭력이 난무하였다.

다윗의 생명이 다해가자, 그의 아들 아도니야가 큰 소리를 쳤다. "내가 왕이 될 것이다." 그는 요압과 제사장 아비아달의 지지를 얻고자 하였다.

그러나 제사장 사독과 나단 선지자와 다윗 왕의 개인 경호병 브나야는 아도니야를 지지하지 않았다. 아도니야가 지지자들을 위해 엄청난 잔치를 베풂으로 그가 왕이 되기 위해 책략을 쓰고 있다는 것이 분명해졌다. 브나야와 나단은 다윗에게 이 일을 전하며 차기 왕으로 누구를 선택할 것인지 공포하라고 촉구하였다.

다윗은 밧세바를 불러 솔로몬이 왕이 될 것이라던 약속을 지키겠다고 하였다. 그는 사독과 나단과 브나야에게 의식을 베풀어 솔로몬에게 공식적으로 기름을 부으라고 명했다. 왕의 경호병들이 솔로몬을 호위하여 기혼으로 데려오고, 거기서 사독은 그에게 기름을 부었다. 백성들은 "솔로몬 왕 만세!"라고 외쳤다.

아도니야의 지지자들은 백성들의 함성 소리를 듣고 생명의 위협을 느껴 잔치 자리에서 도망쳤다. 그들은 쿠테타 시도가 실패했다는 것을 알았다. 아도니야는 성전으로 가서 제단 뿔을 붙잡았다. 아도니야가 목숨을 살려달라고 간청하고 있다는 소식을 들은 솔로몬은 그가 자신을 왕으로 지지하겠다고 맹세한다면 죽이지 않을 것이라고 약속했다. 아도니야는 왕에게 끌려와 그에게 절하였다. 솔로몬은 그를 놓아주고, 약속한 대로 집으로 보냈다.

다윗은 솔로몬에게 마지막 유언을 하면서, 영적이고 실제적인 조언을 하였다. 그는 솔로몬에게 그가 용기를 가지고 신실하게 모세의 계명에 순종한다면, 하나님께서 대대로 그의 후손들을 축복하실 것이라고 하였다. 또한 다윗은 솔로몬에게 그가 주의하고 처단해야 할 인물들을 알려주었다.

다윗이 죽어 다윗 성(예루살렘)에 장사되었고, 그의 아들 솔로몬이 이스라엘의 세 번째 왕이 되었다.

솔로몬은 왕권에 위협이 되는 자들을 제거하기 시작하였는데, 브나야가 그 일을 맡았다. 아도니야는 두 번째로 왕이 되려는 시도를 하였다. 그러나 이는 매우 어리석은 생각이었다. 그는 밧세바에게 그녀의 아들 솔로몬에게 청하여 다윗의 첩 아비삭과 결혼할 수 있게 해달라고 부탁하였다. 솔로몬은 이것이 왕좌에 대한 도전이라는 것을 알아채고 아도니야를 처형하라고 명하였다. 솔로몬은 제사장 아비아달을 사면하였고, 브나야에게 요압을 죽이라고 명하였다. 다윗이 압살롬에게 쫓길 때 그를 저주하였던 시므이도 예루살렘을 떠나지 말라는 솔로몬의 명령을 어겨, 결국 브나야에 의해 처형되었다.

솔로몬은 이집트 왕의 딸과 결혼함으로써 그와 정치적 동맹을 맺었다. 그는 그녀를 데려와 예루살렘에 살게 하였다.

### 지혜의 왕

솔로몬은 아버지 다윗처럼 주님을 사랑하여, 일천 번제를 드렸다. 그날 밤 주님께서 꿈에 나타나셔서 솔로몬에게 물으셨다. "내가 너에게 무엇을 주기를 바라느냐? 무엇을 원하든 그것을 줄 것이다." 솔로몬은 하나님의 도우심이 없이는 자기가 이스라엘을 다스릴 수 없다는 것을 깨달았다. 그래서 그는 지혜를 구하였다. 하나님은 솔로몬의 청을 기뻐하시며 "이제 나는 네 말대로, 네게 지혜롭고 총명한 마음을 준다. 나는 또한 네가 달라고 하지 않은 부귀와 영화도 모두 네게 주겠다"고 말씀하셨다.

어느 날 두 명의 창녀가 솔로몬을 찾아와서 송사하였다. 두 사람 모두 아들을 낳아 함께 기르고 있었다. 그런데 어느 날 한 아기가 죽었고, 두 사람 모두 살아 있는 아기가 자신의 아들이라고 주장하였다.

이야기를 다 들은 솔로몬은 "칼을 가져오너라. 살아 있는 아이를 둘로 나누어서 반쪽은 이 여자에게 주고, 나머지 반쪽은 저 여자에게 주어라"고 하였다. 그러자 한 여자가 울면서 이렇게 외쳤다. "살아 있는 아이를 저 여자에게 주셔도 좋으니 아이를 죽이지는 말아 주십시오." 그런데 다른 여자는 "좋습니다. 아이를 나누어서 반반씩 주십시오"라고 말했다. 솔로몬은 진짜 어머니는 아이를 살려서 다른 여자에게 주라는 그 여인임을 알고, 아이를 그녀에게 주라고 명령했다. 이 일로 백성들은 하나님이 솔로몬에게 정의로 다스릴 수 있는 특별한 지혜를 주셨다는 것을 인정하였다.

### 왕국의 번영

이스라엘은 지혜롭고 원기왕성한 솔로몬의 통치 아래 평화와 번영을 누렸다. 그는 이스라엘을 12개의 행정 구역으로 조직하고, 각 구역이 1년에 한 달씩 궁정의 필요를 공급하도록 하였다. 그는 이스라엘의 지경을 남북으로 확장하였고, 수천 개의 잠언과 노래를 지었다. 이러한 솔로몬의 이야기를 들은 이웃 나라에서 그의 지혜를 듣기 위해 수많은 사신들이 찾아왔다.

두로의 히람 왕이 솔로몬의 즉위를 축하하러 사신을 보냈을 때, 솔로몬은 그에게 성전을 짓는 데 필요한 레바논의 백향목과 일꾼들을 보내달라고 부탁했다. 히람은 이를 승낙하고 솔로몬과 계약을 맺었다. 솔로몬은 이스라엘 전역에서 3만 명의 일꾼들을 불러 모았고, 그들을 한 달에 만 명씩 번갈아 레바논으로 보냈다. 그에게는 또한 짐을 운반하는 사람 7만 명과 산에서 채석하는 사람 8만 명, 그리고 작업 감독 3,300명이 있었다.

성전은 먼저 외부 구조를 세우고, 방들은 백향목과 올리브 나무 널빤지를 입히고 금으로 도금하였다. 솔로몬은 후람이라는 이름의 장인에게 놋과 금으로 기구를 만들게 하였다. 그는 다윗이 모아두었던 은과 금의 성물들을 다른 값진 물건들과 함께 성전에 두었다. 이 성전은 이스라엘의 국가적 보물이 되었다.

7년이 지나 성전이 완성되었다. 솔로몬은 온 이스라엘을 모아 역사적인 봉헌 예식을 거행하였다. 백성들과 장로들이 도착하자, 제사장들은 언약궤를 지성소에 가져다 두었다. 그러자 주님의 영광이 자욱한 구름으로 성전을 덮었다.

솔로몬은 찬양의 기도로 봉헌 예배를 시작하였다. "주 이스라엘의 하나님을 찬양하십시오. 주님은 그분의 약속을 모두 지켜주셨습니다. 나는 이 성전을 지어 주 이스라엘의 하나님의 이름을 영화롭게 하였습니다." 그는 온 백성들 앞에 서서 하늘을 향해 손을 들고 말하였다. "저 하늘, 저 하늘 위의 하늘이라도 주님을 모시기에 부족할 터인데, 제가 지은 이 성전이야 더 말하여 무엇 하겠습니까? 그러나 우리의 기도를 들으시고 이곳과 주님의 백성 이스라엘을 살펴 주십시오." 이 예식은 24일 동안 계속되었고, 백성들은 주님이 자기들에게 베푸신 것들에 감사하고 찬양하며 집으로 돌아갔다.

하나님께서는 두 번째로 솔로몬에게 나타나셔서 말씀하셨다. "네가 나에게 한 기도를 들었고, 네가 내 이름을 기리기 위해 지은 이곳을 살펴볼 것이다." 주님께서는 또한 이스라엘이 그분의 명령에 불순종하고 다른 신들을 섬길 때 어떤 결과가 있을지를 경고하셨다. "너희가 나를 떠나면, 나는 너희를 이 땅에서 쫓아내고 이 성전을 외면할 것이며, 너희를 다른 민족들에게 조롱거리가 되게 할 것이다."

솔로몬의 행적은 성전 완공으로 끝나지 않았다. 그는 이스라엘의 경계에 성읍들과 요새를 짓고 그곳에 병거와 기병을 주둔시켰다. 그는 여전히 그 땅에 살고 있는 가나안 사람들을 강제 노역에 동원하였고, 이스라엘 사람들은 군인과 정부 관리로 고용하였다.

솔로몬은 바로의 딸을 위하여 새 궁전을 건설하였다. 그는 나라의 영적 지도자로서 한 해에 세 번씩 주님께 번제와 제물을 드렸다. 그는 함대와 항구를 건설하였고, 다른 나라들과 광범위한 교역을 하였다. 솔로몬의 배들은 금 16톤을 싣고 오기도 하였다.

시바(남서부 아라비아)의 여왕이 솔로몬의 지혜와 부에 관한 소문을 들었으나 그것이 믿어지지 않았다. 그래서 그녀는 사실을 알아보기 위해 직접 이스라엘로 왔다. 그녀는 여러 가지 향료와 많은 금과 보석들을 가져왔다. 솔로몬과 만나 그의 지혜를 듣고 그가 건설한 건축물들을 본 후, 그녀는 "과연 들은 모든 소문이 사실입니다!"라고 말하였다. 시바 여왕은 솔로몬을 위대하게 하신 분이 하나님이심을 인정하고 "주를 찬양합니다. 하나님이 왕을 이스라엘을 다스리는 왕좌에 앉히셨습니다"라고 말하였다. 그녀는 아주 값진 선물들과 함께 4톤이 넘는 금을 그에게 주었다. 마찬가지로 솔로몬도 그녀가 돌아가기 전에 넉넉한 선물을 주었다.

솔로몬 왕국의 부와 위업들이 그를 유명하게 만들어주었다. 해마다 솔로몬은 상아와 이국의 동물들을 포함한 진귀한 물건들뿐만 아니라 25톤가량이나 되는 금을 받았다. 계속해서 여러 나라에서 많은 사람들이 그와 상담하고 그의 지혜를 듣기 위해 찾아왔다. 그는 말과 병거를 수입하여 다른 나라들에 되팔기도 하였다.

### 치명적인 실수

솔로몬은 왕국의 번영과 성전을 건축하는 등 수많은 업적을 남겼다. 하지만, 몇 가지 치명적인 실수를 저질러 왕국의 분열을 가져왔다. 바로의 딸 말고도, 그는 모압과 암몬과 에돔과 시돈과 헷의 여인들과 결혼하였다. 하나님께서는 일찍이 그분의 백성들에게 분명히 경고하신 일이 있었다. "너희는 다른 민족의 여자들과 결혼해서는 안 된다. 왜냐하면 그들이 너희의 마음을 그들의 신에게로 돌려놓을 것이기 때문이다."

솔로몬은 700명의 아내와 300명의 첩을 두었는데, 그가 늙자 그의 아내들이 그를 꾀어서 자기들의 신을 섬기게 하였다. 심지어 그는 부인들이 자신들의 신을 섬기도록 산당을 지어주고 제단을 쌓았다. 하나는 올리브 산에 지었다.

이 일로 인해 하나님께서 진노하셨다. 주님은 두 번이나 솔로몬에게 나타나셨지만, 그는 하나님의 명령에 순종하지 않았다. 하나님은 "내가 반드시 네게서 왕국을 떼어서 네 신하에게 주겠다"고 말씀하셨다. 또한 주님은 솔로몬이 살아 있는 동안에는 이 일을 하시지 않고 그의 아들 대에 이르러서 하실 것이며, 다윗과 그분이 선택하신 성읍 예루살렘을 사랑하셔서 솔로몬의 아들이 한 지파를 다스리게 하실 것이라고 말씀하셨다.

하나님께서는 솔로몬의 죄를 벌하시기 위해 다른 나라들을 사용하셨다. 에돔 출신의 하닷과 아람(다마스쿠스) 출신의 르신은 이스라엘을 증오하였고 솔로몬의 원수가 되었다. 하나님께서는 또한 선지자 아히야를 보내셔서 여로보암을 북왕국을 다스리며 경쟁하는 왕으로 지명하셨다.

솔로몬은 여로보암에게 예루살렘 성벽을 보수하는 일을 맡겼다. 어느 날 여로보암이 예루살렘을 떠나고 있는데 선지자 아히야를 만났다. 그는 여로보암의 옷을 취하여서 그것을 열두 조각으로 찢어 열 조각을 그에게 주었다. 아히야는 하나님께서 솔로몬이 다른 신들을 섬긴 것 때문에 그에게서 나라를 빼앗아 찢으실 것이라고 예언하였다. 그러나 하나님께서 솔로몬의 아들이 한 지파(유다)를 다스리게 하실 것이라고 하였다. 솔로몬이 그 예언에 대해 알고는 여로보암을 죽이려고 하였지만, 그는 이집트로 도망하여 솔로몬이 죽을 때까지 거기 머물렀다.

솔로몬은 40년을 다스린 후 예루살렘에 묻혔다. 그리고 그의 아들 르호보암이 왕이 되었다.

## 요약

사울이 죽은 후, 다윗을 지지하던 유다와 다른 지파들 사이에 전쟁이 일어났다. 그 전쟁이 끝나고 이스라엘은 다윗을 왕으로 인정하였다.

다윗은 예루살렘을 점령하고 그곳을 정치적·종교적 수도로 삼았다. 그는 이스라엘의 대적들을 물리치고 약속의 땅에 대한 정복을 완수하였다.

다윗은 하나님께 성전을 지어드리고자 하였으나, 나단은 다윗이 계속해서 피를 흘리는 전쟁에 참여하였기 때문에 대신 그의 아들이 성전을 건축하게 될 것이라고 하였다. 하나님은 다윗과 언약을 맺으시고, 그의 후손 중 하나가 영원토록 보좌에 앉아 다스릴 것이라고 약속하셨다.

다윗은 자신의 부하 우리아의 아내인 밧세바와 동침하였고, 그 죄를 감추기 위해 그녀의 남편을 살해하였다. 이 모든 것을 하나님이 아셨다. 나단은 다윗과 대면하여, 그의 집안에 끊임없는 갈등과 싸움이 있을 것과 그 일이 가져올 끔찍한 결과를 알려주었다.

압살롬이 다윗을 타도할 음모를 꾸미고 반란을 일으켜 다윗은 도망하지 않을 수 없었다. 그러나 결국 압살롬의 세력이 패하였고, 요압은 다윗의 명령을 무시하고 압살롬을 죽였다.

다윗의 생명이 다해가자 그의 아들들이 보좌를 얻기 위해 반역을 시도하였다. 이에 다윗은 아들 솔로몬을 계승자로 지명하였다.

솔로몬은 하나님을 영화롭게 하였고, 하나님은 그를 축복하셔서 지혜를 주셨다. 솔로몬은 또한 그의 부로 유명해졌다. 그가 이룬 최고의 업적은 멋진 성전을 지어 주님의 이름을 기린 것이었다.

솔로몬의 통치가 주님께서 언약적 약속을 지키셨다는 증거였음에도 불구하고, 그는 어리석게 행하여 이방 여자들과 결혼하지 말라는 하나님의 명령을 위반하였다. 결국 그의 아내들과 첩들이 그의 마음을 갈라놓았다. 그는 이방 신들을 위해 신전을 지었고, 온 마음으로 하나님께 헌신하지 않았다.

솔로몬의 배교로 인해서 하나님은 그가 죽고 난 이후에 왕국이 분열될 것이라고 선포하셨다.

10
CHAPTER

# 분열 왕국Ⅰ 북왕국

**주요 등장인물**

이스라엘의 왕들 | 여로보암 | 아합과 이세벨 | 엘리야 | 엘리사
요나

**배경**

이스라엘(북왕국) | 유다(남왕국) | 아람(시리아) | 앗시리아

## 왕국의 분열 열왕기상 12-14장

솔로몬이 죽은 뒤, 그의 아들 르호보암은 이스라엘이 두 왕국으로 분열될 것이라는 하나님의 말씀을 실현시키는 정치적 결정을 내렸다. 분열된 이후, 북왕국은 이스라엘이라 불렸고, 남왕국은 유다라 불렸다.

르호보암은 온 이스라엘의 왕이 되기 위해 (북쪽 지파 영역에 있는) 세겜으로 갔다. 그러나 그는 경쟁자의 위협에 직면했다. 솔로몬의 위협으로 은신처에 피해 있던 여로보암이 솔로몬이 죽었다는 소식을 듣고 이집트에서 돌아온 것이다.

북쪽 지파들은 르호보암에게 솔로몬이 부과한 중노동과 무거운 세금을 감해달라고 호소하였다. 그는 이 문제를 원로들과 의논하고 젊은 신하들과도 의논하였다. 원로들은 그 요청을 들어주면 그들의 지지를 얻을 수 있을 것이라고 조언했으나 젊은 신하들은 오히려 세금과 부역을 더 무겁게 부과하여 그의 권력을 보여주라고 조언하였다.

르호보암은 젊은 신하들의 조언을 따라 거만하게 선언하였다. "내 아버지는 당신들을 가죽 채찍으로 매질하였지만, 나는 당신들을 쇠 채찍으로 치겠소." 이 선택은 왕국의 분열에 대한 예언을 성취시켰다. 북쪽 지파들은 반란을 일으키고 "다윗 왕조를 타도하라! 네 집안이나 다스려라"고 외쳤다.

르호보암은 노동 감독관을 보냄으로써 상황을 더 악화시켰다. 화가 난 백성들은 그를 돌로 쳐서 죽이고, 여로보암을 그들의 왕으로 세웠다.

예루살렘으로 돌아온 르호보암은 군대를 동원하여 북쪽 지파들을 강제로 제압하려고 하였다. 그러나 선지자 스마야가 그들과 싸우지 말라고 경고하여 왕국은 남과 북으로 나뉘게 되었다.

세겜을 정치적 수도로 삼은 여로보암은 예루살렘과 같은 예배의 중심지가 없는 것을 염려하였다. 그는 백성들이 계속해서 예루살렘에서 예배를 드리게 되면 결국에는 르호보암에게 충성을 바치게 될 것이라고 생각했다. 이에 벧엘과 단에 금송아지 상 두 개를 두고 백성들에게 거기에서 예배하도록 장려하고, 레위 지파 대신 일반 백성 가운데 제사장을 임명하여 세웠다. 여로보암은 북쪽 산당을 합법화하기 위해 벧엘에 있는 제단에서 제사를 드리고 온 이스라엘이 지켜야 할 특별한 절기를 제정하였다.

하나님께서는 유다의 한 선지자를 벧엘로 보내셔서 여로보암의 배도에 심판이 따를 것을 예언하게 하셨다. 여로보암이 예언을 하는 하나님의 사람을 지목하면서 잡으라고 명령하자 그의 손과 팔이 즉시 마비되었고, 제단이 갈라졌다. 여로보암은 그 사람에게 자비를 청하였고, 그가 기도하자 다시 손이 회복되었다.

하나님의 사람은 왕과 함께 먹기를 거절하였다. 주님께서 그에게 즉시 그곳을 떠나라고 명령하셨기 때문이다. 여로보암의 청을 거절하여 길을 가던 그는 벧엘에 사는 늙은 선지자의 거짓말에 넘어가 그의 집에 들어가 함께 먹고 마셨다. 두 사람이 먹고 있을 때, 늙은 선지자가 주님의 명령에 순종하지 않은 하나님의 사람을 벌하시겠다는 계시를 받아 그에게 전했다.

저녁 식사를 마친 하나님의 사람이 나귀를 타고 떠났는데 길에서 사자가 그를 물어 죽였다. 늙은 선지자는 그의 주검을 찾아와서 자기 무덤에 안장하고는 아들들에게 자기가 죽거든 자신도 거기에 묻어달라고 하였다. 북왕국의 산당들에 대한 그의 심판의 메시지가 분명히 그대로 이루어질 것이기 때문이었다.

하나님의 경고와 심판의 사건이 있었음에도 불구하고, 여로보암은 계속해서 하나님의 뜻을 벗어나 레위인이 아닌 일반 백성들을 제사장으로 임명하였다. 이 일로 인해 그의 왕조는 멸망하게 되었다.

어느 날 아들이 병이 들자 여로보암은 아내에게 변장을 하고 실로에 있는 선지자에게로 가서 아들이 회복될 수 있을지 물어보라고 하였다. 그러나 변장은 아무 소용이 없었다. 선지자는 그녀가 여로보암의 아내라는 것을 알았다.

그는 이렇게 말했다. "좋지 않은 소식을 전하겠습니다. 왕에게 가서 하나님께서 그로 하여금 그분의 백성을 다스리도록 임명하셨는데 금송아지를 만들어서 백성들이 섬기게 하여서 진노하셨다고 말하십시오. 주님께서 그의 가문을 멸망시키실 것이고, 그의 가족은 죽어 개와 독수리의 먹이가 될 것입니다."

선지자는 여로보암의 아내에게 그녀가 집안으로 들어설 때에 아들이 죽을 것이고, 하나님께서 여로보암의 가문을 멸망시킬 다른 왕을 일으키실 것이며, 이스라엘은 주님께서 그들에게 주신 땅에서 쫓겨날 것이라고 예언하였다.

여로보암은 22년을 다스린 뒤에 죽었고, 그의 아들 나답이 이스라엘의 왕이 되었다.

## 초기의 왕들 열왕기상 14-16장

북왕국의 역사는 배교에 대한 하나님의 심판, 정치적 배반과 잔인한 살인의 역사이다. 왕들 중에서 여로보암의 죄(우상숭배)를 회개하고 돌이킨 사람은 아무도 없었다. 심지어 아합을 비롯한 몇몇 왕은 가나안의 왕들까지 섬기라고 장려하기도 하였다.

아히야의 예언대로 여로보암 왕조는 오래 지속되지 못하였다. 나답은 그의 아버지가 걷던 길을 그대로 걸었고, 단 2년 동안 이스라엘을 다스렸다. 그는 한 성읍을 포위하고 있는 중에 바아사에 의해 암살되었다.

바아사는 왕위를 차지한 후 즉시 여로보암의 모든 자손들을 죽였다.

바아사는 여로보암의 예를 따라 우상을 숭배하였다. 그는 계속해서 유다 왕 아사와 전쟁을 했고, 디르사를 이스라엘의 수도로 삼았다. 그의 우상숭배는 하나님의 진노를 불러일으켰다. 이에 하나님은 예후를 보내셔서 바아사에게 그와 그의 가문이 여로보암의 가문과 똑같이 패망하고 고통당하게 될 것이라고 경고하셨다.

24년 후 바아사의 아들 엘라가 왕이 되었지만, 단 2년 동안 다스리다가 시므리에게 암살되었다. 시므리는 바아사 가문의 모든 사람들을 죽이고, 심지어 그의 친구들까지 죽였다. 바아사와 엘라는 아무 쓸모없는 우상을 숭배함으로써 하나님의 분노를 산 것이다.

시므리는 디르사에서 7일간 다스렸다. 시므리가 왕가를 살해하고 왕위를 차지했다는 것을 알게 된 이스라엘 군대는 반란을 일으켜 군사령관인 오므리를 이스라엘의 왕으로 삼았다. 오므리는 디르사를 공격하였고, 시므리는 성읍이 함락될 것을 알고는 왕궁 안쪽의 요새로 들어가서는 불을 지른 후 죽었다.

이스라엘은 둘로 나뉘어서 절반만 오므리를 지지하였다. 나머지는 디브니가 왕이 되기를 원하였다. 그러나 디브니의 지지자들이 패하고, 디브니는 오므리에 의해 살해되었다. 오므리는 디르사에서 6년 동안 다스리고 난 후 수도를 사마리아로 옮겨 거기서 6년을 더 다스렸다. 그는 강력한 왕이었으나 여로보암의 죄를 떠나지 않았다.

# 엘리야 열왕기상 17–열왕기하 1장

오므리의 아들 아합은 이스라엘을 더 악한 배교에 빠지게 하였다. 그는 이스라엘의 다른 어떤 왕보다 심하게 하나님을 진노하시게 하였다. 그는 열성으로 바알을 섬기던 시돈 왕의 딸 이세벨과 결혼하여 수도 사마리아 성읍 안에 바알을 섬기는 신전을 짓고 제단을 세웠다.

바알 숭배에 도전하기 위해, 하나님은 엘리야 선지자를 일으키셨다. 엘리야는 여러 차례 아합과 대면하여 바알이 아니라 주님이 살아계신 하나님이심을 증명하는 기적들을 보여주었다.

## 갈멜산에서의 승리

엘리야의 사역은 가뭄을 예고하는 것으로 시작되었다. 그는 아합에게 "주 이스라엘의 하나님께서 살아 계심을 두고 맹세합니다. 내가 다시 입을 열기까지 비가 내리지 않을 것입니다"라고 하였다. 가뭄 기간 동안 주님은 시냇가에서 엘리야를 돌보아주셨다. 그 시내는 엘리야에게 물을 공급하였고, 하나님은 까마귀를 보내셔서 그에게 매일 아침저녁으로 먹을 것을 가져다주셨다. 시냇물이 마르자 하나님은 엘리야에게 이스라엘을 떠나 시돈 근처의 사르밧이라는 마을로 가라고 말씀하셨다(사르밧은 이방 지역인 페니키아에 있었다).

거기서 엘리야는 한 과부의 집으로 갔다. 그는 그녀에게 물과 빵을 달라고 부탁하였다. 그러나 그녀에게는 한 줌의 밀가루와 기름 몇 방울이 남아 있었고, 그것으로 자신과 아들을 위해 마지막 음식을 만들려던 참이었다. 엘리야는 여인에게 자신에게 먼저 먹을 것을 준다면, 하나님께서 다시 비가 내릴 때까지 그녀의 먹을 것을 공급해주실 것이라고 하였다. 과부는 엘리야에게 먹을 것을 만들어주었고, 그 결과 하나님께서 기적적으로 밀가루와 기름을 공급해주셨다.

어느 날 과부의 아들이 병이 들어 죽게 되었다. 그 여인은 엘리야가 자신의 죄를 벌하는 것이라고 생각하였다. 엘리야는 죽은 아이의 몸 위에 세 번 엎드려 기도하였다. "주 하나님, 제발 이 아이의 생명이 돌아오게 해주십시오." 결국 아이가 살아났고, 엘리야는 그 아이를 과부에게 돌려주었다. "보시오, 아들이 살아났습니다!"

그때 여인이 이렇게 말하였다. "이제야 저는 당신이 하나님의 사람, 주님의 선지자라는 것을 알겠습니다."

가뭄이 들고 3년이 되던 해에 주님께서 엘리야에게 가뭄이 끝날 것이라고 아합에게 전하라고 말씀하셨다.

엘리야를 만난 아합은 가뭄의 책임을 엘리야에게 돌리고, 그를 이스라엘을 괴롭히는 자라고 불렀다. 이에 엘리야는 "제가 아니라 왕과 왕의 가문이 이스라엘을 괴롭히는 것입니다. 왕은 주님의 명령에 순종하지 않았습니다"라고 하였다. 엘리야는 바알과 아세라 선지자들에게 갈멜 산(중요한 바알 신당이 있던 곳으로, 북쪽의 지중해 근처)에서 경합하자고 도전하였다.

엘리야는 바알 선지자들에게 나무 제단 위에 소 한 마리를 제물로 드리고 그들의 신들의 이름을 부르라고 하며, 자신은 주님의 이름을 부르겠다고 하였다. "그때에 불을 보내서 응답하는 신이 있으면, 바로 그 분이 하나님이십니다."

엘리야는 바알의 선지자들이 먼저 제사를 드리게 하였다. 시간이 지나도 아무 일도 일어나지 않자 엘리야는 그들을 조롱하기 시작했다. "더 큰 소리로 불러보시오. 바알이 공상에 잠겨 있을지, 아니면 용변을 보고 있을지, 그것도 아니면 여행을 떠났을지, 혹은 자고 있어서 깨워야 할지 모르지 않소!"

바알의 선지자들은 점점 더 크게 소리를 지르고, 심지어는 칼과 창으로 자기 몸을 찔렀다. 그들은 저녁 제사를 드릴 시간이 될 때까지 온종일 춤을 추고 미친 듯이 날뛰었지만, 아무 일도 일어나지 않았다. 바알은 무력했다!

저녁 제사 시간에 엘리야는 백성들을 가까이 오라고 하였다. 그는 이스라엘 열두 지파에 각각 한 개씩, 열두 개의 돌을 가지고 제단을 다시 쌓고, 제단 둘레에는 도랑을 팠다. 그 다음 나뭇단을 쌓고 각을 뜬 소를 그 위에 올렸다.

엘리야는 도랑에 물을 채우고, 제단과 제물을 물로 흠뻑 적시고는 간단히 기도를 드렸다. "아브라함과 이삭과 야곱의 주 하나님, 주님께서 이스라엘의 하나님이시고, 제가 주님의 종이라는 것을 오늘 저들이 알게 하여 주소서. 주님, 응답하여 주소서. 이 백성으로 하여금 주님이 주 하나님이시며, 그들이 마음을 돌이키게 하시는 분인을 알게 하여 주소서." 그러자 주님의 불이 떨어져서 제물과 제단을 태우고 도랑 안에 있는 물을 모두 말려 버렸다. 백성들은 얼굴을 땅에 대고 엎드려 소리쳤다. "여호와 그가 주 하나님이시다!"

엘리야는 백성들에게 바알의 모든 선지자들을 잡으라고 명했다. 엘리야는 그들을 기손 계곡으로 데리고 가서 죽였다.

엘리야는 갈멜 산으로 돌아가서 비가 내리기를 기도하였다. 그는 시종에게 계속해서 비가 오는지 살펴보라고 하였다. 드디어 일곱 번째 확인하러 갔을 때, 작은 구름이 보였다. 잠시 후 하늘이 캄캄해지고 거친 비바람이 몰아쳤다. 아합은 격렬한 폭우를 피하기 위해 병거를 타고 이스르엘로 내려갔다. 그러나 뒤늦게 출발한 엘리야가 아합을 앞질러 갔다.

### 낙심과 회복

아합이 이세벨에게 엘리야가 한 모든 일들을 말해주자, 이세벨은 반드시 엘리야를 죽이겠다고 자신의 신들을 두고 맹세하였다. 이 소식을 들은 엘리야는 급히 일어나 브알세바로 도망갔다. 그는 절망에 빠져 기도했다. "주님, 이제는 더 바랄 것이 없습니다. 저의 목숨을 거두어 주십시오."

하나님은 그의 목숨을 거두어가시는 대신 한 천사를 보내셔서 엘리야를 격려하시고 여정에 필요한 물과 음식을 주셨다. 그는 40일 동안을 걸어서 시내 산에 도착하여 동굴에 몸을 숨겼다.

그때 하나님께서 나타나셔서 그에게 물으셨다. "너는 여기에서 무엇을 하고 있느냐?" 엘리야는 자기가 열정적으로 주님을 섬겼지만 아무 소용이 없는 일이었다고 불평하였다. "백성들은 신실하게 주님을 섬기겠다는 약속을 지키지 않았고, 주님의 선지자들을 모두 죽였습니다. 이제 저만 홀로 남아 있는데, 그들은 저의 목숨마저도 없애려고 찾고 있습니다."

하나님께서는 엘리야에게 동굴 밖으로 나가라고 하셨다. 주님께서는 크고 강한 바람을 보내시고, 지진을 보내시고, 불을 보내셨지만, 그 가운데 나타나지 않으셨다. 잠시 후 주님은 부드럽고 조용한 음성으로 엘리야에게 말씀하셨다.

하나님께서는 엘리야에게 길을 돌이켜 이스라엘 땅을 통과하여 다마스쿠스(이스라엘의 북동쪽)로 가서 세 사람에게 기름을 부어 세우라고 말씀하셨다. 하사엘에게 기름을 부어서 아람(현대의 시리아)의 왕으로 세우고, 예후에게 기름을 부어서 이스라엘의 왕으로 세우고, 엘리사에게 기름을 부어서 그의 뒤를 이을 선지자로 세우라고 하셨다. 주님은 그에게 이 세 사람을 이스라엘을 심판하는 데 사용하실 것이라고 말씀하셨다.

하나님은 또한 엘리야에게 이스라엘에 바알을 섬기지 않은 사람이 7천 명이나 있다고 말씀하셨다. 엘리야는 주님의 말씀에 순종하여 엘리사의 어깨에 자신의 겉옷을 던져 그를 자신의 후계자로 지명하였다.

### 아람과의 전투

아람 왕 벤하닷은 32명의 왕들과 연합하여 이스라엘을 공격하였다. 그는 사절을 세 차례 보내어 이스라엘에게 항복 조건을 제시하였다. 첫 번째 사절은 금과 은과 인질을 요구하였다. 아합은 이에 동의했지만, 벤하닷은 만족하지 않았다. 두 번째 사절은 아합에게 벤하닷의 신하들이 아합의 궁정에 들어가는 것을 허용하라고 하였다. 아합은 이를 거절하였다. 그러자 벤하닷은 세 번째 사절을 보내어 끔찍한 메시지를 전하였다. "내가 사마리아 성을 잿더미로 만들어서 깨어진 조각이 하나도 남지 않게 할 것이다. 만일 나의 군사들이 깨어진 조각 하나라도 줍게 된다면 신들이 내게 벌을 내릴 것이다."

협박 시도는 아무런 소용이 없었다. 아합은 대담하게 도전하였고, 벤하닷은 그의 군대에게 공격 준비를 갖추라고 명령하였다.

그때 한 선지자가 와서 아합에게 승리를 보증해주었다. 비록 수적으로는 열세였지만, 그는 아합에게 적군을 먼저 공격하라고 하였다. 아합은 정오에 공격을 시작하였다. 당시 벤하닷과 그의 군대는 아직 병거를 갖추지도 않은 채 승리를 축하하느라 술에 취해 있었다. 이스라엘은 아람 군대를 공격하여 큰 승리를 거뒀다. 선지자는 다시 아합에게 와서 내년 봄에 있을 두 번째 공격을 준비하라고 경고하였다(군사적 출정은 보통 봄과 이른 여름에 하였다).

이듬 해 봄, 벤하닷의 신하들은 이스라엘의 신이 산의 신이기 때문에 자신들이 패배했던 것이라고 하며 벤하닷에게 기마와 병거 부대의 이점을 살릴 수 있는 평지에서 이스라엘과 싸우라고 하였다. 그때 하나님의 사람이 와서 아합에게 승리를 보장해주었다. 이것은 이스라엘을 위해서가 아니라 주님이 유일하신 참 하나님이심을 증명하기 위해서였다.

양쪽 군대가 전쟁터에서 만났을 때, 아람 군대는 다시 혼비백산하여 도망쳤다. 다급해진 벤하닷은 아합에게 자비를 구하였다. 아합은 순순히 그를 살려주었고, 대신 영토를 받고 조약을 맺었다.

그러나 벤하닷을 살려 준 것은 실수였다. 하나님은 선지자를 보내어 아합에게 심판을 예고하셨다. 그 선지자는 상징적으로 부상당한 병사로 위장하고 나타나 메시지를 전하였다. 그는 아합에게 자기는 한 죄수를 감시하라는 명령을 받았는데, 그 죄수가 도망을 갔다고 하였다. 아합은 그것은 그의 잘못이며, 대신 죽어 마땅한 일이라고 말하였다.

그 말을 들은 선지자가 아합에게 이렇게 말하였다. "주님께서 '내가 멸망시키기로 작정한 사람을 네가 직접 놓아주었으니, 너는 그 목숨을 대신하여서 죽게 될 것이고, 네 백성은 그의 백성을 대신하여서 멸망할 것이다'라고 말씀하셨습니다."

그 말을 들은 아합은 회개하기는커녕 화를 내며 자기 궁으로 돌아갔다.

### 나봇의 포도원

어느 날 왕궁 곁에 있는 나봇의 포도원을 본 아합은 그 땅을 자신의 채소 밭으로 삼으면 좋겠다고 생각하였다. 그는 나봇에게 제법 좋은 조건을 제시하며 그 땅을 사려 하였다. 그러나, 나봇은 그곳이 조상의 유업이기 때문에 팔 수 없다고 단호히 거절하였다.

아합은 그 일로 마음이 상하여 먹기를 거부하였다. 그러자 이세벨이 물었다. "무슨 일이 있으십니까?"

아합은 나봇이 그에게 포도원을 팔지 않겠다고 한다고 불평하였다. 그 말을 들은 이세벨이 말했다. "당신은 현재 이스라엘의 왕이십니다. 걱정하지 마십시오. 내가 그의 포도원을 당신의 것으로 만들어 드리겠습니다."

이세벨은 아합의 이름으로 편지를 써서 옥쇄로 인봉하고 그것을 이스르엘의 원로들에게 보냈다. 그 편지에는 건달 두 사람을 시켜 나봇이 하나님과 왕을 저주하였다고 거짓 증언하게 하여서 그를 죽이라고 쓰여 있었다. 그들은 이세벨이 지시하는 대로 하여 나봇을 돌로 쳐서 죽였다.

아합이 나봇의 포도원을 차지하러 갔을 때, 엘리야가 그를 찾아갔다. 그는 아합에게 심판을 예언하였다. "네가 나봇을 살해하고 그의 재산을 빼앗았기 때문에, 개들이 나봇의 피를 핥은 바로 그곳에서 네 피도 핥을 것이다."

엘리야는 또한 그들이 바알을 숭배하였기 때문에 개들이 이세벨의 주검을 먹을 것이며, 아합 가문에 속한 모든 사람들이 개와 독수리에게 먹힐 것이라고 예언하였다.

엘리야의 말을 들은 아합은 바로 회개하였고, 슬피 울며 굵은 베옷을 입었다. 하나님께서는 그 모습을 보시고 아합이 죽을 때까지 그 가문에 대한 심판을 유보해주셨다.

## 아합의 죽음

3년 동안 평화롭게 지낸 아합은 다시 아람과 전쟁을 하기로 결심했다. 유다 왕 여호사밧이 이스라엘을 방문하였을 때, 아합은 그에게 함께 길르앗 라못을 쳐서 전략적으로 중요한 그 도시를 다시 찾아오자고 설득하였다. 여호사밧은 이에 동의했지만, 전쟁에 나가기 전에 먼저 주님의 뜻을 물어보고자 하였다. 아합은 이스라엘에서 400명의 선지자들을 소집하였다. 그들 모두 아합의 승리를 확언했음에도 불구하고, 여호사밧은 미심쩍었다. 그가 물었다. "우리가 물어볼만한 주님의 선지자가 또 없습니까?"

아합은 미가야가 있다고 대답하였다. 그러나 미가야가 언제나 재앙을 예언하기 때문에 그의 말을 듣고 싶어 하지 않았다. 여호사밧이 계속 요구하여 아합은 할 수 없이 신하를 보내어 미가야를 데려오게 하였다.

아합과 여호사밧은 왕복을 입고 사마리아 성문 어귀에 보좌를 두고 앉았다. 400명의 선지자들은 계속해서 승리를 예언하였지만, 미가야는 "나는 다만 주님께서 말씀하신 것만을 말하겠습니다"라고 하였다.

미가야는 처음에 아합에게 승리를 약속하였다. 그러나 아합은 그 말이 진실이 아님을 알았다. 그는 미가야에게 주님의 이름으로 진실을 말하라고 요구하였다. 그러자 미가야가 아합에게 말하기를, 주님께서 아합이 전쟁에 나가도록 꾀기 위하여 그의 선지자들에게 거짓의 영을 보내셨다고 하였다. 미가야는 그 전쟁터에서 아합이 죽임을 당할 것이라고 말하였다. 그 말을 들은 아합은 화가 나서 자신이 돌아올 때까지 미가야를 감옥에 가두라고 하였다.

아합은 자신을 알아보지 못하도록 변장을 하고 전쟁터에 나갔다. 하지만 아람 궁수 중 한 사람이 활을 쏘아 아합의 갑옷을 꿰뚫었다.

아합은 병거를 모는 부하에게 싸움터 밖으로 빠져나가자고 하였다. 그러나 싸움이 치열하여 빠져나가지 못한 채 하루 종일 병거 가운데 기대고 있다가 결국 저녁이 되어 죽었다. 아합이 죽었다는 소식을 들은 이스라엘의 군사들은 모두 흩어졌다.

아합은 사마리아에 장사되었는데, 엘리야의 예언대로 창녀들이 목욕을 하던 연못에서 그의 병거를 씻을 때 개들이 와서 그 피를 핥았다.

아합이 죽고 그의 아들 아하시야가 왕이 되었으나 겨우 2년 동안 이스라엘을 다스렸다. 그는 자기 부모와 마찬가지로 바알을 섬기고, 여로보암과 같이 우상을 숭배하였다.

아하시야의 삶은 비극적인 사건으로 끝이 났다. 궁정의 다락방 난간에서 떨어져 크게 다치자 그는 사절단을 바알세붑의 신전에 보내어 자기 병이 나을 수 있는지 물어보게 하였다. 이에 엘리야가 나타나 아하시야에게 하나님의 말씀을 전하였다. "이스라엘에 하나님이 계시지 않느냐? 왜 도움을 구하러 바알세붑에게 가고 있느냐? 너는 절대 병상에서 일어나 내려오지 못할 것이다. 너는 죽을 것이다."

아하시야는 엘리야를 잡기 위해 50명의 군사를 보냈다. 그러나 하늘에서 불이 내려와서 그들을 태워버렸다. 아하시야는 다시 군사 50명을 보냈고, 또 똑같은 일이 일어났다. 아하시야가 세 번째로 군사를 보냈을 때, 그들의 지휘관은 엘리야에게 무릎을 꿇고 애원하며 자비를 구하였다. 주님의 천사가 나타나 엘리야에게 그들과 함께 가라고 말씀하셨다.

엘리야는 아하시야에게 심판의 메시지를 반복하여 전하였다. "왕이 하나님이 아니라 바알세붑에게 도움을 구하였기 때문에 절대로 회복되지 못할 것입니다. 왕은 병상에서 죽고 말 것입니다." 엘리야의 예언대로 아하시야가 죽었다.

아하시야에게는 아들이 없었기 때문에 그의 동생 요람이 왕이 되어 12년간 다스렸다. 그는 그의 형 아하시야와 같이 악하였으나 아합이 바알을 위해 세운 우상들 가운데 일부를 제거하였다.

## 엘리사 열왕기하 2-14장

### 엘리야의 승천

엘리야가 하늘로 올려지던 날, 그는 세 번이나 엘리사에게 뒤에 남아 있으라고 명하였다. 그러나 엘리사는 이를 거절하고 계속해서 엘리야를 따랐다. 그들이 요단 강에 이르렀을 때, 엘리야는 그의 겉옷을 벗어 강물을 쳤다. 그러자 강물이 둘로 갈라져서 두 사람은 마른 땅 위로 건널 수 있었다.

엘리야는 엘리사에게 주님께서 자기를 하늘로 데려가시기 전에 무엇을 하여 주기를 원하는지 물었다. 엘리사는 "스승님이 가지고 계신 능력을 세 갑절로 받기를 원합니다"라고 대답하였다. 엘리야는 그것이 어려운 일이지만 자신이 하늘로 가는 것을 본다면, 주님께서 그의 소원을 들어주실 것이라고 하였다.

갑자기 하늘에서 불 병거가 나타나서 엘리야를 회오리바람에 싣고 하늘로 데려갔다. 엘리사가 엘리야의 겉옷을 집어가지고 와서 그것으로 요단 강물을 치자, 물이 좌우로 갈라져 마른 땅으로 강을 건넜다. 다른 선지자들이 이 광경을 보고는 "엘리야를 능력 있게 하였던 주님의 영이 엘리사 위에 내렸다!"고 소리쳤다.

엘리야와 같이 엘리사는 하나님의 말씀을 이스라엘의 왕에게 전하는 대언자가 되었고, 그가 베푸는 기적은 그가 참된 선지자임을 확인해 주었다. 그의 첫 번째 기적은 여리고의 지도자들이 요청했을 때 일어났다. 그들이 성읍의 물이 오염되었다고 불평하자 엘리사가 새 대접에 소금을 가져오게 하여 그것을 물의 근원에 뿌리자 물이 맑아졌다.

엘리사가 여리고를 떠나 벧엘로 올라갈 때, 어린 아이들이 그를 놀리며 이런 노래를 불렀다. "대머리야, 꺼져라. 대머리야, 꺼져라." 엘리사는 그들에게 하나님의 심판을 선언하였다. 그러자 곧 두 마리의 곰이 숲에서 나와서 42명이나 되는 아이들을 죽였다.

### 모압과의 전쟁

모압 왕 메사가 이스라엘에게 조공 바치기를 거절하자 요람은 전쟁을 위해 군대를 모았다. 그는 유다의 여호사밧 왕에게 협력을 요청하였고, 에돔 왕도 그들과 협력하였다. 그러나 군대가 7일 동안 남쪽으로 행군하는 동안 물이 바닥이 났다. 여호사밧은 선지자에게 도움을 구하자고 하였다.

요람이 엘리사에게 도움을 청하자 처음에는 그의 아버지와 어머니가 섬기던 이방 선지자들에게 도움을 구하라고 하였다. 그러나 엘리사는 유다의 왕 여호사밧을 봐서 그들에게 조언하였다. 그는 이 진을 치고 있는 골짜기에 개천을 많이 파면 물이 나올 것이며, 모압도 무찌를 것이라고 하였다. 그의 말대로 다음날 그 계곡은 물로 가득 찼다. 그런데 그것이 모압 군대가 보기에는 피처럼 보였다. 세 왕이 서로 등을 돌리고 싸웠다고 생각한 그들은 성급하게 공격을 감행하였다.

모압 군대는 이스라엘의 공격을 받아 후퇴했다. 이스라엘은 여러 성읍들을 파괴하고 길하레셋을 점령하려고 하였다. 그러나 모압 왕이 자신의 장자를 죽여 번제로 드리자 싸움을 멈추고 고국으로 돌아갔다.

### 세 가지 기적

이방 신들을 섬기던 사람들과는 달리, 엘리사는 하나님께서 주신 능력을 사람들을 돕는 데 사용하였다. 엘리사를 따르던 한 선지자의 과부가 빚으로 인해 두 아들이 노예로 팔리게 되자 그에게 도움을 청하였다. 그녀가 가진 것이라고는 기름 한 병뿐이었다.

엘리사는 여인에게 찾든지 빌리든지 하여 되도록 많은 빈 그릇을 가져오라고 말했다. 그리고 그릇에 기름을 붓기 시작했는데, 그녀가 가져온 모든 그릇들이 가득 찰 때까지 기름이 멈추지 않았다. 엘리사는 여인에게 기름을 팔아서 빚을 갚으라고 하였다. 여인은 그 기름을 팔아 빚을 갚고, 그녀와 두 아들이 살아가기에 충분할 정도의 돈을 남겼다.

엘리사는 수넴 마을을 지날 때마다 한 부유한 여인의 집에 머물렀다. 엘리사는 그녀에게 자녀가 없는 것을 알고는 아들을 얻게 될 것이라고 하였다. 때가 되어 여인이 아들을 갖게 되었지만, 어느 날 예기치 않게 아이가 숨을 거뒀다.

여인은 아들이 죽었다는 것을 아무에게도 말하지 않았다. 엘리사가 그를 죽은 자 가운데서 다시 살릴 수 있다고 믿었던 그 여인은 즉시 엘리사를 찾아갔다. 엘리사는 먼저 시종을 시켜 아이의 생명이 다시 돌아오게 하였으나 아무 일도 일어나지 않았다. 결국 엘리사가 직접 그 집으로 가서 아이의 몸에 엎드려 기도하자 아이의 생명이 돌아왔다.

엘리사의 능력은 음식과 관련된 기적으로도 나타났다. 하루는 그의 제자 중 하나가 실수로 국솥에 독성이 있는 풀을 넣었다. 엘리사는 밀가루를 솥에 뿌려서 독을 중화하였다. 또한 그는 보리빵 스무 덩이로 100명이나 되는 사람들을 충분히 먹이고도 남겼다.

### 나아만 장군을 고치다

엘리사의 사역은 이스라엘에 제한되지 않았다. 아람 군대의 장군 나아만이 나병에 걸렸는데, 이스라엘에서 그의 집으로 잡혀간 여종이 엘리사라면 그 병을 고칠 수 있을 것이라고 말하였다.

나아만 장군은 자신의 사정을 왕에게 말하였다. 그러자 아람 왕은 나아만을 돕기 위하여 금과 은과 값비싼 선물과 함께 이스라엘 왕에게 소개장까지 써 주었다. 이스라엘 왕은 나아만 장군이 원하는 것이 무엇인지 듣고는 낙담하여 옷을 찢었다. 그는 이것이 전쟁을 일으키려는 책략이라고 생각하였다.

이 소식을 들은 엘리사는 왕에게 사람을 보내어 이렇게 말하였다. "어찌하여 낙담하십니까? 나아만을 나에게 보내십시오. 내가 그를 치료할 것이고, 그러면 그는 이스라엘에 주님의 선지자가 있다는 것을 알게 될 것입니다."

나아만은 병거 부대를 거느리고 엘리사에게 갔다. 엘리사는 밖으로 나오지 않고, 사환을 보내어 나아만에게 요단 강에 가서 일곱 번을 씻으라고 하였다. 나아만은 화가 나서 발길을 돌렸다. 그는 "다마스쿠스의 강들이 이스라엘에 있는 강물보다 좋지 않다는 말이냐?"고 하였다.

나아만의 부하들은 그를 진정시키고 한 번 시도해보자고 설득하였다. 그가 잃을 것이 아무것도 없다고 판단했기 때문이다. 그들의 말대로 나아만이 요단 강에 몸을 일곱 번 담그자 나병이 깨끗이 치료되었다. 나아만은 챙겨온 선물을 가지고 엘리사의 집을 찾아가 "이제야 온 세계에서 이스라엘 밖에는 하나님이 계시지 않다는 것을 알게 되었습니다"라고 하였다.

엘리사는 선물을 거절하고, 나아만에게 평안히 돌아가라고 말하였다. 그러나 엘리사의 시종 게하시가 몰래 나아만을 따라가 엘리사가 마음을 바꾸어서 선물을 원한다고 거짓말을 하였다. 나아만은 게하시가 요구한 것의 두 배를 그에게 주었다. 게하시는 나아만에게서 받은 선물을 자신의 집에 숨겨두고 엘리사에게로 갔다. 엘리사가 그에게 어디에 다녀왔냐고 묻자 아무데도 가지 않았다고 하였다. 그러나 이미 모든 사실을 알고 있었던 엘리사는 그에게 "네가 이런 일을 하였기 때문에 너와 네 가문이 영원히 나병을 앓을 것이다"라고 하였다.

그와 동시에 게하시의 몸에 나병이 발하였다.

### 계속되는 기적들

엘리사의 기적에는 한계가 없었다. 선지자들이 새로운 건물을 짓기 위해 나무를 베고 있었는데, 도끼가 그 손잡이에서 빠져 요단 강물에 빠졌다. 엘리사는 나뭇가지 하나를 꺾어서 강물에 던져 넣었다. 그러자 도끼가 물에 떠올라 건져낼 수 있었다.

아람 왕은 이스라엘 성읍들을 공격할 계획을 세웠는데, 그때마다 엘리사가 그 계획을 미리 알고 왕에게 경고하여 경계를 강화하였다. 이런 일이 반복되자 아람 왕은 신복들 중에 이스라엘에게 정보를 넘기는 사람이 있는 것 같다고 의심하였다. 그러자 그의 신하 중 한 사람이 그것은 바로 엘리사 선지자 때문이며, 그가 심지어 왕이 침실에서 은밀히 하는 말까지도 알고 있다고 말해 주었다.

아람 왕은 엘리사가 도단에 있다는 것을 알아내고는 큰 군대를 보내어 그 성읍을 포위하였다. 다음날 아침 아람 군대를 본 엘리사의 시종이 두려움에 떨었다. 엘리사는 시종에게 다시 한 번 보라고 하였다. 이번에는 그의 눈이 열려 언덕이 불병거로 가득하여 엘리사를 두루 에

워싸고 있는 것을 볼 수 있었다.

아람 군대가 진격해오자 엘리사는 주님께 그들의 눈을 멀게 해주시기를 간구하였다. 그리고 그들을 사마리아로 데리고 간 후 다시 그들의 눈을 열어 달라고 주님께 간구하였다. 이스라엘의 왕은 그들을 죽이고 싶어 하였으나, 엘리사는 그들에게 먹을 것을 주고 놓아 보내라고 말했다.

얼마 후 아람 왕이 모든 군대를 동원하여 사마리아를 포위하였다. 아람 군대에 포위되어 물자 공급이 어려워진 이스라엘 백성들은 극도로 굶주린 나머지 사람을 잡아먹는 지경에 이르렀다. 하루는 한 여자가 왕에게 이렇게 호소하였다. "이 여자가 오늘은 제 아들을 잡아서 같이 먹고 내일은 그녀의 아들을 잡아서 같이 먹자고 제안했었습니다. 우리는 먼저 저의 아들을 삶아서 같이 먹었습니다. 그런데 다음날이 되자 이 여자는 자기 아들을 숨기고 내놓지 않습니다."

참담한 이야기를 들은 왕은 격노하였다. 이 일이 엘리사 때문이라고 생각한 왕은 그의 목을 베려는 계획을 세웠다. 그는 엘리사에게 전령을 보내어 그를 소환하려 하였다. 그러나 엘리사는 문을 열어주지 않았다. 왕은 두 번째 전령을 보냈다. 엘리사는 그에게 다음날이 되면 음식이 풍족해져서 그들이 밀가루 몇 부대를 동전 하나에 살 수 있게 될 것이라고 예언하였다.

그 말을 들은 왕의 시종무관이 말하였다. "이는 불가능한 일입니다. 그런 일은 일어날 수 없습니다!" 엘리사는 의심 많은 그가 그 풍성한 식량을 보기만 하고 먹지는 못할 것이라고 하였다.

다음날 성 밖에 머물던 나병 환자 네 사람이 굶어 죽는 것보다는 차라리 아람 군대에 항복하는 편이 낫겠다고 생각하였다. 그들은 황혼 무렵에 살며시 성읍을 빠져나가 아람 진영으로 갔다. 그곳에 도착한 그들은 깜짝 놀랐다. 하나님께서 아람 군대로 하여금 큰 군대가 쳐들어오는 소리를 듣게 하셔서 모든 군수품들을 남겨둔 채 도망을 가고 아무도 없었기 때문이다.

나병 환자들은 실컷 음식을 먹고 포도주를 마셨다. 그러나 얼마 안 되어 죄책감을 느꼈다. "우리가 성읍에 있는 사람들에게 이 좋은 소식을 전하지 않는다면, 끔찍한 일이 우리에게 벌어질 것이다." 아람 군대가 그들의 진을 버리고 떠났다는 소식이 왕에게 전해졌을 때, 그는 그것이 덫일 수도 있다고 생각하고 정찰병을 보내 사실인지 살펴보게 하였다. 그 말이 사실이라는 것을 알게 된 왕은 자신의 시종무관에게 백성들을 통제하라고 명령하였다. 그러나 백성들이 성문으로 우르르 몰리는 바람에 그는 엘리사의 예언대로 밟혀 죽었다.

엘리사는 대적들과 맞설 때에는 단호하였지만, 도움이 필요한 사람들에게는 깊은 동정심을 가진 사람이었다. 그는 이전에 죽은 아들을 살려 준 일이 있는 그 여인에게 가뭄에 대비하여 이스라엘을 떠나라고 하였다. 여인은 엘리사의 말대로 7년 동안 블레셋에서 지내다가 돌아왔는데, 그 사이 그녀의 집과 땅이 다른 이의 소유가 되어 있었다. 그녀는 이 문제를 요람 왕에게 호소하기로 결심했다.

당시 요람은 엘리사의 시종인 게하시로부터 엘리사가 과부의 아들을 살려준 이야기를 듣고 있었다. 그런데 바로 그때 그 여인이 도움을 구하러 왔다. 여인은 그 일이 사실이라고 확인해주었다. 요람 왕은 그녀의 재산을 모두 돌려주고, 그녀가 없는 동안 그곳에서 난 소득까지 모두 돌려주게 하였다.

선지자로서 엘리사의 명성은 이스라엘을 넘어 이웃 나라에까지 전해졌다. 아람 왕 벤하닷이 심각한 병이 들었을 때, 그는 엘리사가 다마스쿠스에 와 있다는 소식을 들었다. 그는 자신의 신하 하사엘을 보내어 자기가 회복될 수 있는지를 그에게 물어보도록 하였다.

엘리사는 벤하닷이 죽을 것을 알고 있었지만, 하사엘에게 왕이 회복될 것이라고 전하라고 하였다. 그리고 하사엘의 눈을 빤히 쳐다보더니 그가 새로운 아람 왕이 될 것이라고 예언하고는 울기 시작했다. 하사엘은 "왜 우십니까?"라고 물었다. 엘리사는 "그대가 왕이 되어 이스라엘을 공격하고, 잔인하게 남자와 여자와 아이들을 살해할 것을 알기 때문이오"라고 대답하였다.

하사엘은 돌아가서 벤하닷에게 그가 회복될 것이라고 하였다. 그러나 다음날 그는 담요를 물에 적셔서 벤하닷의 얼굴을 덮어 살해하고 보좌를 차지했다.

### 아합 가문의 몰락

아합 왕조에 심판을 선고했었던 엘리사는 선지자 한 사람을 보내 예후를 왕으로 기름 부어 세우게 하였다. 그 선지자는 예후가 군대와 함께 진을 치고 있던 길르앗 라못으로 갔다. 그는 예후에게 엘리사에게서 온 메시지를 가지고 있다고 말하며 은밀히 만나기를 청하였다. 조용한 곳으로 간 그는 예후의 머리에 기름을 붓고 이렇게 선포하였다. "나 주 이스라엘의 하나님이 너를 왕으로 지명하였다. 너는 아합 가문을 멸망시켜야 한다. 그들이 선지자들을 죽였기 때문이다."

예후가 부하들이 있는 곳으로 돌아오자, 그들은 그 선지자가 무슨 말을 했는지 알고 싶어 하였다. 그가 들은 내용을 그대로 전해주자, 군사들이 "예후께서 왕이 되셨다!"라고 외쳤다.

당시 이스라엘의 왕 요람은 아람과의 전투 중 부상을 당해 치료를 위해 이스르엘에 돌아와 있었다. 예후는 요람이 그곳에 있다는 소식을 듣고 부하들에게 그 성읍을 포위하라고 명령하고, 아무도 이 소식을 이스르엘에 알리지 못하게 하였다.

예후가 다가오자, 요람은 전령을 보내어 예후의 의도가 평화로운 것인지 물어보게 하였다. 전령은 돌아오지 않았고, 요람은 두 번째 전령을 보냈다. 그도 역시 돌아오지 않자, 요람과 유다 왕 아하시야는 각자 자기 병거를 타고 예후를 만나러 갔다. 요람은 예후가 평화롭게 온 것인지 알고자 하였으나 이미 때는 늦었다. 요람은 예후를 피해 도망하다가 예후가 쏜 화살에 맞아 죽었다. 예후는 요람을 묻어주는 대신, 아합이 몰수하기 전 나봇의 소유였던 그 땅에 요람의 주검을 내버려두라고 명령하였다.

예후는 광포한 암살자였다. 이스르엘에 도착한 그는 2층 창문에 서 있는 이세벨을 보고는 "살인자다!"라고 소리쳤다. 예후는 누구든 이세벨을 아래로 던지라고 명령하였고, 이세벨이 땅에 떨어져 죽자 그 주검을 말에 탄 채 밟고 지나갔다. 나중에 그는 부하들에게 그녀를 장사지내주라고 명령했다. 그녀가 왕의 딸이었기 때문이다. 그러나 그들이 이세벨의 주검을 찾았을 때, 이미 개의 먹이가 되어 해골과 몇 개의 뼈만 남아 있었다. 이로써 엘리사의 예언이 성취되었다.

예후는 또한 사마리아에 살고 있던 아합의 가족들을 무자비하게 살해하라고 명령하였다. 예후는 성읍의 원로들과 아합의 아들들을 보호하고 있는 사람들에게 편지를 보내 "너희는 가장 훌륭한 인물을 선택해서 왕으로 삼고 아합 왕조를 위해 싸울 준비를 하여라"고 하였다. 이 노골적인 도전은 원로들과 아합의 아들들을 책임지던 자들을 두려움에 떨게 만들었고, 그들은 예후가 원하는 것이면 무엇이든 하겠다고 하였다. 그는 두 번째 편지를 보내서 아합의 아들들의 머리를 이스르엘에 있는 그에게로 가져오라고 하였다. 그들은 아합의 아들들을 모두 죽여서 그들의 머리를 광주리에 담아 예후에게 가져왔다. 그는 그들의 머리를 성문 양쪽에 두 더미로 쌓아두라고 명령하였다.

아합 가문에 대한 예후의 숙청은 여기에서 그치지 않았다. 예후는 아합의 남은 친척들과 친구들과 이스르엘에 있는 신하들을 모두 죽였다. 그는 심지어 단순히 아합의 아들들을 방문하러 와 있던 유다 왕 아하시야의 친족들까지 죽였다. 예후는 사마리아에 있는 아합 가문에 속한 모든 사람들을 죽였다.

그 다음 예후는 바알의 선지자들을 속여 그들을 몰살하였다. 그는 집회를 열게 한 후 이렇게 말했다. "아합이 바알을 섬긴 것은 내가 앞으로 바알을 섬길 것에 비하면 아무것도 아니다." 그는 백성들에게 모든 바알 선지자들과 숭배자들을 불러들이라고 말했다.

그 초대는 온 이스라엘에 전해졌다. 바알 숭배자들이 모이자 예후는 그들에게 특별한 예복을 입으라고 하였다. 그들이 모두 바알 신전에 들어가자 예후는 80명의 군인들에게 "들어가서 모두 죽여라. 한 사람도 도망가지 못하게 하라!"고 명령했다. 명령대로 군사들이 바알 숭배자들을 모두 죽이고 신전을 파괴한 다음, 그곳을 사마리아 성읍의 공공 변소로 만들었다.

예후는 이스라엘에서 바알 숭배를 완전히 쓸어버렸다. 그러나 그는 여로보암이 만들어 이스라엘로 하여금 죄를 짓게 한 금송아지는 없애지 못하였다. 이 죄로 인해 하나님께서는 예후의 통치 말기에 이스라엘의 영토를 빼앗아가셨고, 요단 강 동쪽 땅은 아람의 하사엘에게 주셨다. 예후는 28년간 이스라엘을 다스린 후 사마리아에 장사되었고, 그의 아들 여호아하스가 왕이 되었다.

### 하나님의 심판과 은혜

여호아하스는 바알을 숭배하지 않았으나 여로보암의 죄를 떠나지 않았다. 이로 인해 하나님은 이스라엘에게 진노하셨고, 그들은 계속해서 아람에게 패하였다. 아람의 학대로 여호아하스가 하나님께 도우심을 구하자 주님께서 사람을 보내셔서 이스라엘을 구원하게 하셨다. 그들은 잠시 동안 평화롭게 살았다. 여호아하스의 17년간의 통치가 끝나갈 무렵, 그에게는 기마병 50명과 병거 열 대와 보병 만 명이 남았다.

여호아하스가 죽자 그의 아들 요아스가 16년 동안 이스라엘을 다스렸다. 그는 여로보암의 죄에서 돌아서지 않고 우상숭배를 계속했다. 어느 날 엘리사가 죽을 병에 걸리자 요아스가 그를 찾아갔다. 왕은 엘리사를 위하여 눈물을 흘리며 "내 아버지여, 이스라엘의 병거와 마병이여"라고 하며 울부짖었다. 엘리사는 그에게 활을 가져오라고 해서 동쪽 창문으로 화살을 쏘라고 하였다.

왕이 화살을 쏘자 엘리사는 "아람을 이길 승리의 화살입니다"라고 하였다. 그리고는 요아스에게 화살을 집어 땅을 치라고 말했다. 그 말을 들은 왕이 땅을 세 번 쳤는데, 엘리사가 화를 냈다. 그는 왕이 땅을 대여섯 번 쳤더라면 아람을 완전히 진멸할 때까지 쳐부술 수 있었을 것이라고 하였다. 그는 이스라엘이 아람을 겨우 세 번만 이길 수 있을 것이라고 하였다.

엘리사의 기적 같은 행적은 그의 죽음 이후까지도 이어졌다. 그가 죽은 다음해에 모압의 도적떼들이 이스라엘을 침입하였는데, 장례를 치르던 사람들이 도적떼를 보고 놀라서 묻고 있던 주검을 급히 엘리사의 무덤에 던지고 도망을 갔다. 그런데 그 주검이 엘리사의 뼈에 닿자 다시 살아 일어났다.

엘리사의 예언대로 요아스는 아람을 세 번 무찌르고 이스라엘의 성읍들을 회복하였다. 요아스는 또한 유다를 상대로 싸웠다. 그는 아마샤를 사로잡고, 예루살렘으로 진격하여 성벽 일부를 파괴하였으며, 성전과 왕궁을 약탈하였다.

요아스가 죽자 그의 아들 여로보암 2세가 왕이 되었다. 이스라엘은 그의 통치 하에서 군사적으로나 경제적으로 번영하였다. 그러나 그는 우상숭배를 계속하였다. 그럼에도 불구하고 하나님은 그분의 언약에 신실하셔서, 여로보암 2세가 동쪽 영토를 회복하고 북쪽으로는 다마스쿠스를 넘어 지경을 확장하도록 도와주셨다.

## 요나[요나]

여로보암 2세의 통치 기간 중 하나님은 이스라엘 출신 선지자 요나를 니느웨(앗시리아의 수도)로 보내셔서 그들의 군사적 만행과 악마적인 우상숭배와 부도덕함에 대한 하나님의 심판을 경고하게 하셨다. 주님께서는 "저 큰 성읍 니느웨로 가서 그 성읍에 대한 나의 심판을 선포하라"고 말씀하셨다.

그러나 요나는 항구 도시 욥바로 가서 다시스(니느웨의 반대편 방향으로 수백 킬로미터 떨어진 성읍)로 가는 배를 탔다. 항해 도중 요나가 잠이 든 사이 엄청난 폭풍이 몰아쳤다. 선장은 폭풍이 멈추지 않자 신을 노엽게 한 사람을 찾아내기 위해 제비를 뽑았다. 그 결과 요나가 뽑혔고, 그는 자기가 하나님을 피해 도망치고 있는 선지자임을 고백하였다. 요나는 자신을 바다에 던져서 배를 구하라고 하였다. 선원들은 처음에는 요나를 살리려 했지만, 폭풍우가 점점 더 거세지자 그를 바다에 던졌다. 그러자 즉시 폭풍이 멈췄다.

선지자 요나는 물에 빠져 죽지 않았다. 대신 커다란 물고기가 그를 삼켰고, 요나는 물고기의 뱃속에서 이렇게 기도하였다.

내가 주님을 불렀더니
주님께서 내게 응답하셨습니다.
성난 파도가 나를 삼켰지만,
나는 주님의 거룩한 성전을 바라보겠다고 말했습니다.
내가 파도에 잠겨 침몰하고 있을 때에
주님께서 죽음의 물에서 나를 건지셨습니다.
나는 내 서원을 지키겠습니다,
구원은 오직 주님에게서만 옵니다(욘 2장).

요나가 자신의 반역을 인정하고 하나님을 섬기기로 약속한 후 물고기가 그를 육지에 뱉어냈다. 하나님께서는 두 번째로 요나에게 니느웨로 가서 심판을 선포하라고 말씀하셨다. 그는 순종하여 니느웨로 갔다. 의외로 그의 설교는 놀랄 정도로 성공적이었다. 니느웨의 백성들은 40일이 지나면 그 성읍이 무너질 것이라는 요나의 경고에 귀를 기울였다.

그들은 회개하고 금식하였다. 심지어 니느웨의 왕도 굵은 베옷을 입고 슬퍼하였다. 그리고 모든 백성들에게 악한 길에서 돌이키라고 칙령을 내렸다. 이렇듯 니느웨의 백성들이 진심으로 회개하자 하나님은 그 성읍을 멸망시키지 않기로 하셨다.

요나는 자신의 사명이 성공적으로 완수된 것을 기뻐하기는커녕 도리어 화를 냈다. 그는 하나님이 그 성읍을 살리시는 것이 아니라 멸망시키시길 원했다. 그는 너무 낙담하고 화가 나서 차라리 죽기를 원했다. "주님, 저를 죽여주십시오. 니느웨가 살아남는 것을 보느니 차라리 죽는 것이 낫습니다."

하나님께서는 그런 요나를 특별한 방법으로 훈계하셨다. 요나는 가까운 언덕으로 가서, 여전히 하나님이 그 성읍을 멸망시키시길 기대하며 앉아 있었다. 어느덧 뜨거운 태양이 그를 힘들게 하였는데, 하나님은 박넝쿨을 자라게 하셔서 요나가 뜨거운 열기를 피하여 그늘 밑에서 편안히 쉴 수 있게 해주셨다.

그러나 하나님은 벌레 한 마리를 보내셔서 박넝쿨을 갉아먹게 하셨고, 그것은 밤새 시들고 말았다. 다음날 박넝쿨이 사라져 다시 뜨거운 태양과 바람에 시달라게 되자 요나는 하나님께 불평하였다.

이처럼 하나님께서는 박넝쿨을 통해 요나의 무자비한 마음을 드러내 보여주셨다. 선지자 요나는 하나님이 창조하신 사람들보다 자기가 창조하지도 않은 박넝쿨을 더 아까워했다. 주님께서는 "이 큰 성읍 니느웨를 어찌 내가 아끼지 않겠느냐?"고 말씀하셨다.

## 북왕국의 멸망 열왕기하 15-17장

선지자 호세아와 아모스는 여로보암 2세에게 하나님의 자비에도 한계가 있다는 것을 경고하였다. 하나님은 이스라엘의 종교적 위선, 경제적 탐욕과 가난한 사람들에 대한 무자비한 착취로 인해 그들을 심판하기로 하셨다.

여로보암 2세 이후, 이스라엘은 계속되는 음모와 암살로 정치적·경제적 상황이 급속히 악화되었다.

여로보암 2세의 아들 스가랴는 매우 악하였다. 그는 단 6개월 동안 이스라엘을 다스렸고, 살룸에게 암살당했다. 스가랴를 죽인 살룸은 한 달 동안 이스라엘을 다스렸다. 그러나 그 또한 므나헴에 의해 암살되었다. 므나헴은 왕권을 차지하기 위해 수많은 백성을 살해하고, 심지어는 임신한 여자의 배를 갈라 죽이기까지 하였다.

므나헴은 10년 동안 이스라엘을 다스렸다. 이전의 왕들과 마찬가지로, 그는 여로보암이 지은 우상숭배의 죄를 이어갔다. 이러한 이스라엘에 대한 심판으로 앗시리아의 왕이 이스라엘을 침공하였다. 므나헴은 이스라엘을 지키기 위해 앗시리아에 조공을 바쳤다.

므나헴이 죽은 후 그의 아들 브가히야가 왕이 되었다. 그는 베가에 의해 암살되기까지 2년 동안 이스라엘을 다스렸다. 두 왕 모두 우상숭배를 지속했다. 이때 앗시리아의 디글랏빌레셀 왕이 두 번째로 이스라엘을 침공하여 몇몇 성읍들을 점령하고, 주민들을 앗시리아로 사로잡아 갔다. 베가는 22년 동안 통치하였고, 호세아에게 암살됨으로써 그의 통치는 끝이 났다.

호세아는 악을 행하였지만, 이전의 왕들만큼 악하지는 않았다. 앗시리아 왕에게 무거운 조공을 바치던 그는 이집트의 소 왕과 동맹을 맺었다. 그러나 앗시리아가 그 음모를 알게 되어 그를 사로잡아 앗시리아로 데려갔다.

앗시리아는 이스라엘을 침공하여 땅을 유린하였다. 3년간의 포위 끝에 그들은 사마리아를 점령하고, 그 주민들을 제국의 다른 지역으로 데려갔다.

이스라엘이 패망한 것은 앗시리아의 우월한 군사력 때문이 아니었다. 그들이 하나님께 신실하게 행했다면, 하나님께서 그들을 보호하셨을 것이다. 그러나 그들은 주님을 예배하기는커녕, 그분을 저버리고 다른 나라들의 가증스러운 이방 신들과 아무 가치 없는 우상들에게 절하였다. 그들은 선지자들의 경고를 무시하였고, 하나님께서 기다리시다가 결국 그들을 약속의 땅에서 쫓아내실 때까지 완악하게 순종을 거부하였다.

앗시리아는 이스라엘 사람들을 국외로 추방하였을 뿐만 아니라, 이스라엘의 땅에 이방인들을 정착시켰다. 그곳에 정착한 이방인들이 자기들의 신을 섬기자 하나님께서는 사자를 보내셔서 그들 중 일부를 죽이셨다. 앗시리아의 왕에게 이 사실이 보고되자, 그는 사로잡아 온 이스라엘의 제사장 중 한 명을 그곳으로 돌려보내서 이방인들에게 주님을 예배하는 법을 가르치도록 명령하였다.

제사장은 벧엘로 돌아가 이방 민족들에게 주님을 경외하는 법을 가르쳤다. 그러나 각 민족들은 주님만을 예배한 것이 아니라 계속해서 자신들의 신도 섬겼다.

하나님께서는 그분의 백성들과 언약을 맺으시고 그분만을 섬기라고 명령하셨다. 하지만, 그들은 하나님의 큰 능력과 구원을 경험하고도 주님을 섬기는 한편 이방 민족들의 신들을 혼합하여 믿었다.

## 요약

솔로몬이 하나님께 전적으로 헌신하지 않았기 때문에, 이스라엘은 남과 북으로 분열되었다.

북왕국의 왕이 된 여로보암은 백성들에게 우상을 섬기도록 장려하였다. 그는 자신의 죄로 인해 몰락하였고, 후대의 모든 왕들이 그가 범한 죄를 되풀이하여 결국에는 이스라엘이 완전히 패망하게 되는 원인이 되었다.

북왕국의 가장 유명한 왕 아합은 이세벨과 결혼한 후 바알 숭배를 제도화하여, 이스라엘을 더 깊은 배교에 빠뜨렸다. 하나님께서는 엘리야에게 바알 숭배의 흐름을 저지하라는 사명을 주셨다. 엘리야는 갈멜산에서의 대결을 통해 바알의 무능력함과 여호와 하나님의 능력을 보여주었다. 엘리야는 아합에게 반복해서 하나님의 심판을 경고하였지만, 그는 완고하게 회개하기를 거부하였다. 또한 그의 아내 이세벨은 엘리야를 죽이고자 하였다.

이세벨이 무고한 나봇의 포도원을 빼앗고 그를 살해하였을 때, 엘리야는 아합 가문의 심판을 예언하였다.

엘리야는 하늘로 들림 받기 전에 자신의 사역을 엘리사에게 전승하였다. 엘리야의 뒤를 이은 엘리사는 주님이 유일한 참 하나님이시라는 것을 보여주기 위해 놀라운 신적 능력을 사용하였다.

엘리사는 하사엘이 아람 왕이 될 것이며, 예후는 아합과 이세벨에 대한 심판을 행할 것이라고 하였다. 그의 예언대로 예후는 이세벨을 비롯하여 아합의 친척들을 모두 죽이고, 바알의 제사장들까지 몰살하였다.

비록 이스라엘이 평화와 번영의 시대를 누리기는 했지만, 북왕국은 정치적·군사적·영적으로 쇠락하여 종말을 맞이했다.

무자비하고 강력한 앗시리아가 두 차례 이스라엘을 침공하였다. 앗시리아는 정복한 민족들을 재정착시키는 정책을 실행하여 생존한 이스라엘 백성들 대부분을 그들 제국의 다른 곳으로 이주시키고, 이스라엘 땅에는 이방인들을 정착시켰다.

이스라엘에 정착한 이방인들은 하나님을 섬겼지만, 동시에 자기들의 신도 섬겼다. 또한 이스라엘 백성들도 하나님과의 언약을 잊고 불순종하여 이방 민족들의 신을 섬겼다.

11
CHAPTER

# 분열 왕국Ⅱ 남왕국

**주요 등장인물**

르호보암 | 히스기야 | 므낫세 | 요시야 | 느부갓네살

**배경**

이스라엘 | 앗시리아 | 바빌론(바빌로니아의 수도)

## 왕국의 분열 열왕기상 12장, 역대하 10–11장

솔로몬의 아들 르호보암은 온 이스라엘의 왕이 되고 싶어 했으나 오만한 행동으로 일을 그르쳤다. 북쪽 지파들의 지도자들과 여로보암은 르호보암을 찾아와 솔로몬이 부과한 가혹한 세금에 대해 불평하며 그 짐을 덜어달라고 요청하였다. 그런데, 르호보암은 오히려 더 중한 노역을 요구하고 잔인한 벌로 위협하였다. 이에 대하여 그들은 "다윗 왕조는 물러가라! 이제 너는 네 집안이나 다스려라"고 외쳤다.

르호보암이 노동 감독관을 보내어 굴종을 강요하였을 때, 백성들은 그를 돌로 쳐죽이고 르호보암까지 죽이려 하였다. 그는 병거를 타고 가까스로 도망쳤다. 북쪽 지파들은 여로보암을 자신들의 왕으로 삼았다.

예루살렘으로 돌아오자마자, 르호보암은 유다 가문과 베냐민 지파에 동원령을 내려 18만 명의 군대를 모집하고 북쪽 지파들의 반란을 진압하려 하였다. 그러나 선지자 스마야가 개입하여 왕국의 분열이 하나님의 뜻이라고 알려주었다.

## 초기의 왕들 열왕기상 14–15장, 역대하 12–16장

르호보암은 정치적으로 어리석은 행동을 하였을 뿐만 아니라 종교적으로도 배교의 길을 걸었다. 그는 하나님께서 그 땅에서 몰아내신 이방 민족들의 관습을 장려하였다. 백성들은 높은 언덕마다 산당을 짓고 우상을 섬겼다.

르호보암 5년에 이집트의 시삭 왕이 유다를 침공하여 솔로몬 시대에 만든 금방패들을 포함하여 성전의 온갖 보물들을 훔쳐갔다. 르호보암은 성전의 영광을 재현하기 위해 금방패 대신 놋방패를 만들어 그곳에 두었다.

르호보암은 초기에는 북왕국과의 싸움을 자제하였지만, 여로보암과 원수가 되어 늘 전쟁을 하였다.

르호보암의 뒤를 이어 왕이 된 아비얌(혹은 아비야)은 아버지의 죄를 그대로 행하였다. 그러나 하나님께서는 다윗에게 한 약속 때문에 계속해서 그의 후손들이 유다를 다스리도록 허락하셨다.

이스라엘과의 충돌은 계속되었다. 하나님께서는 전략적으로 중요한

한 전투에서 아비얌을 도와주셔서, 수적으로 두 배나 많은 여로보암의 군대를 무찌르게 해주셨다. 아비얌에게는 14명의 아내와 22명의 아들과 16명의 딸이 있었다.

아비얌은 하나님께 온전히 헌신하지 않았지만, 그의 아들 아사는 좋은 통치자였다. 그는 우상숭배를 금하고, 이방 우상들을 없애버렸으며, 이교의 여제사장이었던 자신의 어머니를 폐위시켰다.

에티오피아 군대가 대규모로 유다를 침공했을 때, 아사는 주님께 도움을 구하였다. 하나님의 은혜로 유다의 군대는 에티오피아를 무찌르고 엄청난 양의 전리품을 차지하였다.

하나님의 영이 선지자 아사랴를 움직이셔서 아사에게 하나님의 언약을 기억하게 해주셨다. "제가 하는 말을 잘 들으십시오. 왕이 하나님을 영화롭게 하면 주님께서 왕을 축복하실 것이고, 왕이 하나님을 저버리면 주님께서도 왕을 버리실 것입니다." 아사는 성전에 거룩한 보물들을 다시 가져다두고, 하나님과의 언약을 갱신하는 예식을 성대히 거행하게 하였다. 그들은 수천 마리의 짐승을 희생 제물로 드렸고, 백성들은 전심을 다해 주님을 찾겠다고 맹세하였다.

유다는 이스라엘의 공격을 받을 때까지, 아사의 통치 하에서 35년 동안 평화를 누렸다. 아사는 이스라엘이 공격해오자 아람의 벤하닷에게 성전의 은금을 바치며 도움을 청했다. 이 일로 아사는 선견자 하나니의 질책을 받았다. 그러나 그는 회개하지 않았고, 하나니를 감옥에 가두었다. 이 일로 아사의 발에 병이 들어 다시는 회복되지 못하였다. 그는 유다를 41년 동안 다스렸고, 다윗의 성(예루살렘)에 명예롭게 장사되었다.

# 국가의 기반을 다지다 열왕기상 22장, 역대하 17–20장

아사의 뒤를 이어 유다의 왕이 된 여호사밧은 국방을 강화하였다. 그는 전략적 성읍들을 요새화하고 국경지대에 수비대를 배치하였다.

여호사밧은 북왕국의 왕들처럼 바알을 섬기지 않았다. 하나님께서는 계명에 순종하는 그를 축복하셨다. 여호사밧은 백성들로부터 깊은 존경을 받았고, 그들로부터 많은 선물을 받아서 부유하게 되었다. 그는 또한 다른 민족들로부터도 존경을 받았는데, 심지어 블레셋 사람들마저 그에게 예물을 바쳤다.

여호사밧의 통치 3년에 그는 신하들, 레위 사람들, 그리고 제사장들을 온 유다로 보내어 백성들에게 율법책(모세의 율법)을 가르치게 하였다.

부귀와 영광을 누리게 된 여호사밧은 바알 숭배자인 이스라엘의 아합 왕과 동맹을 맺었다. 어느 날 아합이 그에게 아람과 전쟁을 하자고 하자 여호사밧은 이 문제에 대해 선지자들에게 물어보자고 하였다. 대부분의 선지자들은 승리할 것이라고 예언하였지만, 미가야는 반대로 전쟁에서 패할 것이라고 경고하였다. 그러나 그들은 결국 전쟁을 감행하였고, 그 결과 아합이 목숨을 잃었다. 여호사밧은 예루살렘으로 돌아와서 선지자 예후로부터 악한 왕 아합과 연합한 잘못에 대해 질책을 받았다.

여호사밧은 계속해서 백성들에게 하나님을 섬기도록 장려하였다. 그는 신하들에게 백성들을 정직하고 정의롭게 다스리라고 하였다. 또한 레위 지파와 제사장들 중 몇 명을 뽑아서 종교적인 문제와 송사들을 담당하게 하였고, 하나님을 명예롭게 할 판단을 하라고 명령했다.

모압 족속과 암몬 족속과 마온 사람들이 연합하여 유다를 공격해 왔을 때, 여호사밧은 국가적인 금식을 선포하였다. 그는 성전 뜰 앞에서 유다의 죄를 고백하고 주님의 도움을 구하는 기도를 드렸다. 그가 기도하는 동안, 주님의 영이 한 남자에게 내리셔서 유다에게 용기를 북돋워 주었다. 그는 백성들에게 주님이 그들의 적을 멸망시키실 것이고, 그들은 싸울 필요조차 없을 것이라고 하였다.

다음날 유다의 군대가 노래를 부르고 주님을 찬양하면서 예루살렘 밖으로 행진하였다. 그들이 노래를 부르고 있을 때, 세 민족의 연합 군대가 자기들끼리 쳐죽었다. 여호사밧의 군대는 전리품들을 거두어 승리를 주신 하나님을 찬양하고 노래하며 예루살렘으로 돌아갔다. 이때부터 여호사밧의 통치가 끝날 때까지 유다는 태평하였다.

여호사밧은 이스라엘의 왕과 다시 동맹을 맺었다. 그와 아하시야는 상선을 만들었는데, 하나님께서는 그 상선이 항해를 시작하기도 전에 부수셨다.

여호사밧은 25년간 유다를 다스린 후 다윗의 성 예루살렘에 장사되었다.

## 바알 숭배에 빠지다 열왕기하 8–11장, 역대하 21–23장

여호사밧의 아들 여호람은 무자비한 왕이었다. 여호람이 왕이 되었을 때, 그는 두 형제들과 몇몇 지도자들을 죽였다. 그는 하나님을 예배하기는커녕, 아합의 딸과 결혼하였고 유다를 다시 혐오스러운 바알 숭배에 빠뜨렸다. 그럼에도 불구하고 하나님께서는 오로지 다윗과 맺은 언약 때문에 유다를 멸망시키지 않으셨다.

여호람의 통치 기간 동안, 에돔이 유다에게 반기를 들었다. 여호람이 그 반란을 진압하려고 출동하였을 때, 에돔 사람들이 그의 군대를 포위하였다. 그는 어둠을 틈타 도피하였으나 그의 군대는 그를 버리고 도망하였다.

선지자 엘리야는 여호람에게 하나님의 심판을 경고하였다. 경고대로 블레셋과 아라비아의 연합군이 예루살렘을 공격하여 왕궁을 약탈하고, 여호람의 아내들과 아들들을 모두 잡아가 막내 아들 아하시야 외에는 아무도 남지 않았다.

하나님께서 여호람의 창자에 불치의 병이 들게 하셔서 그는 꼬박 두 해를 앓다가 죽었다. 여호람의 죽음을 슬퍼하는 사람은 아무도 없었다. 그는 다윗의 자손인 왕으로서 왕실 묘지에 묻히지 못한 첫 번째 왕이 되었다.

아하시야가 왕이 되었을 때, 그는 22살이었다. 그의 어머니 아달랴는 바알을 섬기는 자로, 아하시야로 하여금 하나님께 죄를 짓게 만들었다. 또한 아합의 자손들 가운데 일부가 그의 조언자가 되었다.

아하시야는 이스라엘이 요람 왕과 동맹을 맺었고, 그가 아람과의 전투에서 부상을 입어 치료 중에 있을 때 문병하러 갔다. 하나님께서 아합 가문을 멸망시키시기 위해 기름을 부어 세우신 예후는 유다에서 온 지휘관들과 아하시야의 가족들을 발견하고는 그들을 모두 죽였다. 아하시야는 사마리아에 가서 숨었으나 부하들이 그를 찾아내어 예후의 손에 죽었다.

아달랴는 아들 아하시야가 죽었다는 소식을 듣고, 왕족을 모두 죽여 유다의 왕권을 장악하려 하였다. 그녀는 한 명을 제외하고 다윗의 자손들을 모두 죽였다. 여호람의 딸 여호세바가 아하시야의 아들인 요아스를 구해내어 6년 동안 성전에서 숨어 지냈다.

아달랴의 잔학한 통치는 7년 만에 끝이 났다. 그녀가 다스린 지 일곱째 해에 대제사장 여호야다는 5명의 군대 지휘관들과 레위 사람들과 각 가문의 족장들을 모아서 아달랴를 폐위하려는 계획을 세웠다. 그는 요아스를 보호하기 위해 그의 협력자들을 성전 곳곳에 전략적으로 배치하였다. 그리고 요아스를 숨겨두었던 곳에서 데리고 나왔다. 여호야다는 안식일에 요아스에게 왕관을 씌워 왕으로 삼았고, 모든 사람들이 "요아스 왕 만세!" 하고 외쳤다.

아달랴는 이 소리를 듣고는, 무슨 일이 일어났는지 알아보기 위해 성전으로 갔다. 그녀는 백성들이 왕의 대관식을 축하하고 있는 것을 보고 "반역이다! 반역이다!" 하고 외쳤다. 여호야다는 병사들에게 아달랴를 붙잡고, 그녀를 보호하려는 사람들을 모두 죽이라고 명령했다. 그들은 그녀를 성전 밖으로 끌어내서 공개적으로 처형하였다.

여호야다는 왕과 백성이 하나님의 백성이 되는 언약을 세웠다. 그들은 주님께 헌신을 약속한 후 바알의 제단과 우상들을 파괴하고, 바알의 제사장 맛단을 죽였다. 여호야다는 다윗과 모세 율법의 가르침에 따라 성전에서 드리는 예배를 감독하는 책임을 제사장들과 레위 사람들에게 맡겼다. 아달랴가 죽자 예루살렘이 평화를 되찾았다.

## 성전의 회복 열왕기하 11-12장, 역대하 24장

요아스는 7살에 왕이 되어 40년간 유다를 다스렸다. 그는 여호야다가 살아 있는 동안에는 신실하게 주님을 섬겼다. 대제사장 여호야다는 요아스를 위해 두 아내를 선택해주었다.

요아스는 바알 숭배로 인해 파손된 성전을 수리하였다. 그는 여호야다와 의논하여 레위 사람들에게 성전을 유지하고 보수하기 위한 세금을 거두라고 하였다. 그러나 그것이 제대로 이행이 되지 않자 특별한 궤를 만들어 그것을 성전 입구에 두어 사람들이 자발적으로 예물을 바칠 수 있게 하였다.

백성들이 기꺼이 돈을 가지고 와서 그 궤는 금방 은으로 가득 찼다. 궤가 채워지면 레위 사람들이 그것을 왕궁 관리들에게 가져갔고, 다시 빈 궤를 성전 입구에 놓았다. 요아스와 여호야다는 그 돈으로 성전을 보수하는 기술자들에게 임금을 지불하였다. 그들은 또한 금과 은으로 여러 가지 기구를 만들었다.

요아스를 왕으로 세워 이 모든 일을 진행한 대제사장 여호야다는 130년을 살았다. 그는 하나님과 주님의 성전을 위하여 헌신한 공로를 인정 받아 왕실 묘지에 안장되는 영광을 누렸다.

여호야다가 죽은 이후 요아스는 하나님을 떠났다. 유다의 지도자들은 요아스를 부추겨서 아세라 목상과 우상들을 섬기게 하였다.

이로 인해 하나님께서 유다와 예루살렘에 진노를 내리셨다. 주님께서는 선지자들을 보내셔서 백성들을 돌이키려 하셨다. 그러나 그들은 선지자들의 말을 무시하였고, 여호야다의 아들 스가랴를 죽이기까지 하였다. 스가랴는 용감하게 말했다. "어찌하여 너희가 주님의 명령을 거역하는가? 너희가 주님을 버렸으니, 주님께서도 너희를 버리실 것이다!"

스가랴가 여호야다의 아들이었음에도 불구하고, 요아스는 그를 돌로 쳐서 죽이라고 명령하였다. 스가랴는 죽으면서 요아스에게 "주님께서 왕이 한 일을 보시고, 내 죽음을 갚아주시기를 빕니다"라고 하였다.

하나님께서는 군사적인 패배를 통하여 요아스에게 벌을 내리셨다. 적은 수의 아람 사람들이 공격을 했지만, 주님께서 그들을 도우셔서 유다를 이기게 하셨다. 그들은 유다의 지도자들을 쓸어버리고, 그 나라를 약탈하였다. 이 일로 요아스는 심한 타격을 입었다. 또한 그의 신하 중 일부가 여호야다의 아들을 죽인 일로 요아스를 죽이기로 모의하여 두 명의 암살자가 잠을 자고 있는 그를 암살하였다. 그는 예루살렘에 묻히기는 하였으나 왕실 묘지에 안장되지는 못하였다.

## 아마샤 열왕기하 14장, 역대하 25장

요아스가 죽자 그의 아들 아마샤가 왕이 되어 29년간 다스렸다. 그는 선한 왕이었지만, 주님께 온전히 헌신하지는 않았다. 아마샤는 왕권을 장악하자마자, 아버지를 살해한 사람들을 처형하였다. 다만 그들의 자녀들을 죽이지는 않았는데, 이는 모세의 율법이 아버지의 죄 때문에 자녀들을 벌하는 것을 금하고 있기 때문이다.

그는 군대의 규모를 30만 명으로 증원하고, 이스라엘에서 10만 명의 군인을 고용하였다. 그런데 한 선지자가 그에게 북왕국의 군대를 사용한다면 주님께서 그를 돕지 않으실 것이라고 경고하였다. 그 말을 들은 아마샤는 그들에게 이미 은 3,400킬로그램을 지불하였음에도 불구하고, 그들을 돌려보냈다. 이스라엘은 이것을 몹시 불쾌하게 생각했다.

아마샤는 소금 계곡에서 에돔 사람들과 싸워서 만 명을 죽였다. 그는 또 다른 만 명을 사로잡아 와서 절벽 위에서 그들을 밑으로 떨어뜨렸다. 그러는 동안 아마샤가 돌려보낸 이스라엘의 군인들이 북쪽에 있는 마을들을 약탈하여 3천 명을 죽이고 많은 물건들을 가져갔다.

아마샤는 에돔에서 약탈해온 우상들을 경배함으로써 주님을 진노하시게 하였다. 한 선지자가 그를 질책하며 말했다. “에돔의 신들은 자기들을 섬기는 그 백성들을 왕의 손에서 건져내지도 못했는데, 왕께서는 왜 이 신들을 경배하십니까?” 이에 아마샤가 그의 말을 가로막으면서 소리쳤다. “예언을 멈추지 않으면, 네가 죽임을 당할 것이다!” 선지자는 아마샤에게 하나님께서 그가 우상숭배를 한 것과 주님의 말씀을 듣지 않은 것 때문에 그를 망하게 하실 것이라고 경고하고 예언을 그쳤다.

아마샤는 참모들과 의논한 뒤 이스라엘을 공격하기로 하였다. 그가 이스라엘의 요아스 왕에게 싸움터에서 만나자고 도발하자 요아스 왕은 그를 조롱하였다. “당신이 에돔을 쳐부순 것을 스스로 대견스럽게 여겨 우쭐대지만, 차라리 당신 궁전에 그대로 머물러 있으면 별 탈이 없었을 것이오. 어찌하여 당신은 자신과 유다를 함께 멸망시킬 화근을 스스로 불러들이십니까?”

아마샤는 그 말을 들으려 하지 않았다. 양쪽 군대가 유다 성읍 벳세메스에서 대치하였을 때, 유다는 크게 패하였고 아마샤는 사로잡혔다. 요아스는 예루살렘 성벽 일부를 허물어 버리고, 성전과 왕궁의 보물들을 탈취하고, 볼모를 잡아서 이스라엘로 돌아갔다.

아마샤는 요아스보다 오래 살았지만 결국 반란이 일어나 죽임을 당하였다. 그는 도망하였으나 암살자들이 그를 추격하여 죽였다. 아마샤는 예루살렘 성 왕실 묘지에 장사되었다.

## 웃시야 열왕기하 15장, 역대하 26–27장

아마샤의 아들 웃시야(아사랴)는 16살에 왕이 되어 52년 동안 유다를 다스렸다. 그는 선지자 스가랴로부터 하나님을 경외하는 법을 배우고, 주님의 인도하심을 구하여 큰 성공을 거두었다.

웃시야는 공격적인 군사 지도자였고 부지런한 건설자였다. 그의 군대에는 고도로 훈련된 병사들이 30만 명도 넘게 있었다. 그는 블레셋과 아라비아와 암몬을 쳐서 남쪽으로 왕국을 확장하였다. 또한 예루살렘 성벽을 요새화하고 사막의 중요한 지점에 요새를 만들었다. 웃시야는 농사를 좋아하여 가축과 농장과 포도원에 물을 공급하기 위해 저수지들을 건설하였다.

웃시야는 점차 강력해져 이름이 널리 알려졌는데, 이러한 성공은 동시에 그가 몰락하게 된 원인이 되었다. 웃시야는 힘이 세지면서 교만해졌다. 그는 성전에서 예배하는 일과 관련해서 제사장 법을 무시하고 자신이 직접 거룩한 제단에 분향하였다. 이에 대해 대제사장과 용감한 80명의 제사장들이 그를 질책하였다. "주님께 분향하는 일은 왕이 할 일이 아니고 아론의 후손인 제사장들만이 할 수 있는 일입니다. 이 거룩한 곳에서 어서 물러나시기 바랍니다. 왕이 범죄하였으니 주 하나님께 높임을 받지 못할 것입니다."

웃시야는 대제사장에게 진노하였다. 그가 화를 내며 호통을 치자 그의 이마에 나병이 생겼다. 제사장들은 급히 그를 성전에서 쫓아냈다. 웃시야는 그 병이 주님의 심판인 것을 알았기 때문에 급히 나갔다. 나병으로 인해 그는 격리되어 살았고, 죽을 때까지 성전에 들어가지 못하였다. 웃시야는 죽어서도 왕실 묘지에 장사되지 못하고 왕가에 속한 땅에 장사되었다.

웃시야의 아들 요담은 백성들의 범죄를 막지 못했다. 요담은 아버지와 마찬가지로 계속해서 예루살렘과 유다 지역에 방어를 위한 요새들을 건설하였고, 암몬 사람들에게 해마다 조공을 바치도록 하였다. 하나님께 순종하며 살았던 그는 시간이 지날수록 점점 강해졌다.

# 아하스 열왕기하 16장, 역대하 28장

요담의 아들 아하스는 악한 왕이었다. 그는 이스라엘 왕들이 걸어간 길을 따라 바알을 섬겼다. 또한 주님께서 그 땅에서 몰아내신 이방 민족들의 끔찍한 죄악을 본받아 힌놈의 아들 골짜기(예루살렘 남쪽)에서 사람을 제물로 바쳤는데, 심지어 자기 아들까지 제물로 바쳤다.

아하스는 하나님을 버렸기 때문에 심한 군사적 손실을 입게 되었다. 시리아의 르신 왕과 이스라엘의 베가 왕의 위협을 받았을 때, 선지자 이사야는 아하스에게 주님의 도움을 구하라고 촉구하였다. 그러나 그는 거절했다.

이사야는 아하스를 꾸짖으며 이렇게 말하였다. "비록 왕은 주님을 신뢰하지 않았지만, 주님은 자기 백성을 버리지 않으실 것입니다. 처녀가 잉태하여 아들을 낳을 것이며 그의 이름은 임마누엘이라고 할 것입니다. 그 뜻은 '하나님이 우리와 함께 계신다!'는 것입니다"(신약의 저자들은 이 약속을 예수 그리스도의 동정녀 탄생에 대한 예언이라고 생각한다).

아하스는 시리아에 패하여, 많은 백성이 다마스쿠스에 포로로 잡혀갔다. 또한 그는 이스라엘에게도 패하였다. 그들은 하루 동안에 유다 병사들을 12만 명이나 죽였다. 한 전투에서는 왕의 아들과 궁내대신과 총리대신이 죽었고, 20만 명의 여자와 아이들이 사마리아로 끌려갔다.

이스라엘 군대가 포로들을 데리고 사마리아에 도착하였을 때, 선지자 오뎃이 그들에게 이렇게 말하였다. "주 하나님이 유다 백성들에게 화가 나셔서 당신들로 하여금 그들을 무찌르게 하셨소. 그러나 당신들은 그들에게 자비를 보여주지 않았소. 하나님께서 당신들을 보고 계시니 어서 그들을 노예로 삼지 말고 가족에게로 돌려보내시오."

지도자들 가운데 일부가 개선하는 병사들을 막아서서 말하였다. "이 포로들을 이리로 끌어들이지 마시오. 우리의 죄를 더 심하게 하지 마시오. 우리의 죄가 이미 너무 많아서 주님의 진노를 피할 수 없소!" 결국 병사들은 포로를 놓아주고 전리품도 모두 돌려주었다. 그 지도자들은 전리품에서 옷과 신발을 취하여 헐벗은 포로들에게 주었고, 물과 음식도 주고 그들의 상처를 싸매주었다. 그들은 걸을 수 없는 사람들을 나귀에 태워서 여리고에 있는 그들의 백성에게로 넘겨주었다.

아하스가 하나님께 신실하지 않았기 때문에 문제가 끊이지 않았다. 에돔과 블레셋이 유다를 침공하였을 때, 아하스는 앗시리아의 왕에게 도움을 요청하였다. 그러나 앗시리아는 적들을 공격하기는커녕, 도리어 유다를 공격하였다. 아하스는 성전과 대신들 몇몇의 집에서 보물들을 꺼내어 앗시리아에 조공으로 바쳤다.

그러나 그것은 그다지 도움이 되지 않았다. 그러자 아하스는 그들이 섬기는 신을 섬기기로 결심하였다. 그는 다마스쿠스에서 본 제단을 그대로 본떠서 제사장으로 하여금 이방 신들을 위한 제단을 만들게 하였다. 또한 성전을 폐쇄하고 성전의 기구들을 옮겨와 이방 신에게 제물을 바치는 데 사용하였다. 또한 예루살렘 거리마다 이방신들에게 드리는 제단을 쌓았으며, 유다 전역에서 다른 신들에게 번제를 드렸다. 그러나 이방 신들을 섬긴 일은 유다를 강하게 한 것이 아니라 도리어 영적으로 황폐하게 하였다. 이 일은 그분의 백성들과 언약을 맺으셨던 주 하나님을 진노케 하였다. 아하스가 죽어 예루살렘에 장사되었으나 왕실 묘지에는 안장되지 못했다.

## 히스기야 열왕기하 18-20장, 역대하 29-32장

### 신앙 회복 운동

히스기야는 25살에 왕이 되어 29년 동안 유다를 다스렸다. 그의 아버지 아하스와는 반대로 매우 경건한 사람이었던 히스기야는 왕이 되면서 바로 여호와 신앙을 회복하기 위한 일들을 시작하였다. 그가 행한 회복 프로그램은 세 단계로 이루어졌다.

첫째, 그는 성전 문을 다시 열고 하나님을 저버린 끔찍한 결과에 대해 제사장들과 레위 사람들에게 감동적인 연설을 하였다. "하나님께서 유다와 예루살렘에 진노하셔서 우리를 두려움과 놀람과 비웃음거리가 되게 하셨다는 것은 여러분이 직접 보아서 알고 있는 사실이오. 조상들이 칼에 맞아 죽고, 우리의 자식들과 아내들이 사로잡혀 갔소. 이제 나는 주 이스라엘의 하나님께서 그 맹렬한 진노를 우리에게서 거두시기를 바라며, 하나님과 언약을 세우기로 결심하였소. 여러분은 이제 시간을 낭비하지 않도록 하시오. 하나님께서는 여러분을 선택하셔서 주님께 분향하게 하시고, 백성을 인도하여 주님께 예배드리게 하셨소."

레위 사람들은 그들 스스로 성별한 후 성전을 정화하고 회복시키기 시작했다. 제사장들과 레위 사람들이 모두 이 일에 헌신하여 16일 동안에 일을 완수하였다. 그들이 히스기야 왕에게 성전에서 예배할 준비가 되었다고 보고하자, 왕은 대규모 봉헌 의식을 준비하였다.

제사장들이 악기를 연주하고 백성들이 노래하며 주님을 경배하는 동안 제사장들은 희생 제물을 드렸다. 백성들이 너무 많은 짐승들을 가져와 제사장들은 더 많은 제사장들이 성별되기까지 레위 사람들에게 제물 삽는 일을 노와날라고 요청하였나.

히스기야와 백성들은 성전이 빠르게 회복된 것에 대해 매우 기뻐하였고, 하나님께서 행하신 일에 감사드렸다.

회복의 두 번째 단계로, 히스기야는 이스라엘과 유다에 전갈을 보내어 예루살렘에서 함께 유월절을 지키자고 초청하였다. 반응은 폭발적이었다. 그런데 제사장들은 스스로를 정결하게 할 시간이 부족했고, 백성들이 예루살렘으로 모일 시간도 부족했다. 그들은 어쩔 수 없이 유월절을 한 달 늦춰서 기념하였다.

히스기야가 보낸 파발꾼들은 백성들에게 왕의 초청 편지를 전달하였다. "이스라엘 자손들아, 아브라함과 이삭과 야곱을 돌보신 주 하나님께로 돌아오라. 그러면 주님께서도 너희에게 돌아오실 것이다. 이제 너희들은 주님께 불성실하였던 조상들과 같이 고집을 부리지 말라. 주님께 굴복하고, 그분의 성전에서 주님을 섬겨라. 너희가 하나님께로 돌아오면, 주님께서 너희에게 자비를 베푸실 것이다."

왕의 파발꾼들이 북쪽의 에브라임과 므낫세 족속에게 이르렀을 때,

백성들 대부분은 그들을 비웃고 조롱하였다. 그러나 몇몇 사람들은 겸손하게 그 말을 듣고 예루살렘으로 갔다. 주님은 유다 백성들의 마음을 감동시키셔서 왕의 초청을 받아들이게 하셨다.

많은 사람들이 먼 곳에서부터 여행을 하느라 성결 예식에 따라 유월절을 지킬 준비를 할 수가 없었다. 그래서 히스기야는 성결 예식대로 스스로 깨끗하게 하지는 못하였어도 그들의 예배를 받아달라고 하나님께 간구했다. 주님께서는 백성들이 마음을 다하여 그분을 영화롭게 하였다는 것을 알고 계셨기 때문에 히스기야의 기도를 들어주셨다. 그들은 7일 동안 유월절을 기념하였고, 주님을 예배할 기회가 주어진 것에 감사해서 다시 7일 동안 절기를 지키기로 하였다.

솔로몬 시대 이후로 이렇게 유월절을 기념한 적은 없었다. 제사장들과 레위 사람들은 백성들을 축복하였고, 하나님은 그들의 기도를 들으셨다.

회복의 세 번째 단계로, 백성들은 집으로 돌아가 이방 신들과 그들을 위해 쌓은 제단을 없애버렸다. 히스기야는 개인 재산을 내어 성전을 위해 바치고, 백성들에게도 제사장들과 레위 사람들을 위하여 수입의 일부를 내라고 요구하였다. 백성들은 넉넉히 바쳤고, 너무 많은 것을 가져와서 그것들을 쌓아둘 방이 없을 정도였다.

히스기야는 새로운 저장고를 마련하라고 명령하고, 고나냐라는 이름의 레위인에게 헌물을 관리할 책임을 맡겼다. 그 예물들은 예루살렘과 온 유다 성읍에 사는 제사장들과 레위 사람들에게 공정하게 배분되었다. 그래서 그들은 주님을 섬기는 일에만 전념할 수 있었다. 히스기야가 하나님의 명령을 따르기 위해 기울인 모든 노력들이 주님을 기쁘시게 하였고, 전심으로 하나님께 헌신한 결과 큰 성공을 거두었다.

### 국방 강화

히스기야는 종교 개혁자 이상의 인물이었다. 그는 유다가 이방 침입자들로부터 방어를 필요로 한다는 것을 알고 있었다. 앗시리아의 산헤립이 침공해와서 여러 요새화된 성읍들을 점령하였을 때, 히스기야는 그들이 예루살렘까지 공격하려고 한다는 것을 깨달았다. 그는 군사 조언자들과 만나서 앗시리아 군대의 물 공급을 막을 계획을 세웠다. 그들은 "앗시리아 왕이 이곳에 와서 풍부한 물을 얻게 할 까닭이 무엇이냐?"고 하였다.

히스기야는 일꾼들을 동원하여 예루살렘 주변 들판으로 물이 흘러들어가지 못하도록 막았다. 그는 성벽의 약한 부분들을 보수하였고, 무기도 많이 만들었다. 일꾼들은 물이 예루살렘으로는 공급되고 앗시리아 사람들에게는 가지 않도록 성벽 바깥의 기혼 샘에서부터 터널을 파서 성벽 안쪽의 실로암 못으로 끌어들였다.

히스기야는 백성들에게 강하고 담대하라고 격려하였다. "앗시리아의 왕이나 그의 강한 군대를 보고 두려워하지 말라. 우리와 함께 계시는 분은 앗시리아의 왕과 함께 있는 자보다 더 크시니! 그는 힘센 군대를 가지고 있지만, 그들은 고작 사람일 뿐이다. 우리에게는 우리를 대신

하여 싸우시는 주 하나님이 계신다!"

앗시리아 왕은 히스기야를 위협하여 항복시키려고 하였다. 그는 전령을 보내어 성벽 위에 있는 수비군들에게 히브리 말로 이렇게 말하였다. "산헤립 왕이 이같이 말한다. 예루살렘은 포위되었다. 그런데도 너희가 무엇을 믿고 버티느냐? 히스기야가 너희를 꾀어 너희 하나님이 너희를 건져 줄 것이라고 하는데, 그렇지 못할 것이다. 어떤 백성이나 어떤 나라의 신도 그 백성을 내 손에서 건져낼 수 없었는데, 어찌하여 너희의 하나님이 너희를 건져낼 것이라고 생각하느냐?"

히스기야는 두려워하는 대신 하나님께 기도하였다. 그와 선지자 이사야는 주님의 도움을 구하며 부르짖어 기도하였다. 이 기도에 응답하셔서 하나님은 한 천사를 보내셔서 앗시리아 군대를 물리치셨다. 산헤립은 망신을 당하고 자기 나라로 돌아갔다. 그가 자기가 섬기는 신들의 신전으로 들어갔을 때, 그의 아들들이 그를 죽였다.

하나님께서 강력한 앗시리아로부터 예루살렘을 건져내신 후, 주변 나라들이 히스기야를 존경하고 많은 예물을 바쳐서 주님께 영광을 돌렸다.

### 생명이 연장되다

어느 날 히스기야가 병이 들었다. 이사야는 히스기야에게 그 병은 생명이 위험한 병이라고 알려주었다. "주님께서 이렇게 말씀하십니다. '네가 죽게 되었으니 네 집안의 모든 일을 정리하여라. 네가 다시 회복되지 못할 것이다.'"

이 말을 들은 히스기야는 울면서 주님께 자비를 구하였다. 이사야는 히스기야에게 주님께서 그의 기도를 들으셨고, 그가 흘리는 눈물을 보셨다고 전하였다. 하나님께서는 히스기야의 목숨을 15년 더 연장해주시겠다고 약속하셨다. 이사야는 히스기야의 신하들에게 연고를 만들게 하여서 그것을 상처 위에 붙이게 하였다. 확신이 필요했던 히스기야는 "주님께서 나를 고치셔서 내가 주님의 성전에서 예배할 수 있게 하신다는 확실한 증거가 무엇입니까?"라고 물었다.

이사야는 아하스의 해시계 위로 드리운 그림자가 뒤로 10도 물러나게 될 것이라고 하였다. 그 즉시 그 그림자가 10도 뒤로 물러났다. 약속대로 히스기야는 병에서 회복되었고, 성전에서 주님을 예배하였다(역대기에서는 히스기야의 병에 대한 기사가 예루살렘 포위 뒤에 기록되어 있다. 그러나 열왕기하 20장 6절과 이사야 38장 6절을 보면 그가 병이 든 것은 포위 이전이었음이 분명하다).

바빌로니아의 왕이 히스기야가 병이 들었다는 소식을 듣고 그의 쾌유를 기원하며 사절들을 보냈다. 그러자 히스기야는 자만심에 넘쳐서 성전과 왕궁에 있는 보물들을 보여주었다. 그는 온 나라 안에 있는 값진 것들을 모두 다 보여주었다.

강한 인상을 주려던 그의 시도는 엄청난 실수였다. 이사야는 그와 마주하여 이렇게 예언했다. "주님의 말씀입니다. '바빌론 사람들이 와서 네 왕궁과 유다에 있는 모든 값진 보물들을 가져갈 날이 다가오고 있다. 심지어는 너에게서 태어날 후손들 가운데 몇몇은 포로로 끌려가서 바빌론 왕을 섬기게 될 것이다.'"

히스기야는 자신이 교만하게 행동했다는 것을 깨닫고, 주님의 심판이 정당하다는 것을 인정했다. 그는 자신이 살아있는 동안에라도 유다가 계속해서 평화를 누릴 것이라는 점에 감사드렸다.

## 므낫세 열왕기하 21장, 역대하 33장

히스기야의 아들 므낫세는 악한 왕이었다. 그는 하나님께서 그 땅에서 쫓아내신 가나안 민족들의 끔찍한 죄에 빠져들었다. 그는 히스기야가 헐어버린 이방 산당들을 다시 세우고, 바알과 아세라를 섬기는 제단을 쌓았다. 또한 그는 별을 숭배하였고, 성전 마당에 별을 섬기는 제단을 만들어 세웠다. 그는 자기 아들을 포함해서 사람을 제물로 바쳤고, 마법사와 무당들에게 조언을 구하였다.

이처럼 므낫세는 많은 악을 행하였다. 그리하여 선지자들은 주님께서 모진 심판을 내리실 것이라고 경고하였다. 그럼에도 불구하고 므낫세는 돌이키기는커녕 자기의 흉악한 배교의 결과를 말해주는 선지자들을 살해하였다. 결과는 곧 찾아왔다.

하나님께서는 앗시리아 왕을 보내셔서 유다를 침략하고 므낫세를 사로잡아 가게 하셨다. 그들은 그의 코에 갈고리를 걸고, 몸을 쇠사슬로 묶어 바빌론으로 끌어갔다. 므낫세는 바로 마음을 바꾸어 회개하고 주님 앞에 아주 겸손해졌다. 그가 기도하자 하나님께서 그의 간청에 응답하셔서 자비를 베푸셨다. 유다 왕국으로 돌아온 므낫세는 주님만을 유일한 참 하나님으로 섬겼다.

포로에서 돌아온 뒤, 므낫세는 자기가 손상시켜 놓은 것들을 회복하고자 노력하였다. 또 다른 침공에 대비하기 위하여 예루살렘 성벽을 요새화하였다. 그는 종교 개혁을 주도하여 성전에서 우상들을 제거하고, 이방 제단을 성 밖에 내다버렸다. 또한 주님의 제단을 다시 고치고, 그 위에서 주님께 화목제와 감사제를 드렸다. 므낫세는 백성들에게 하나님을 섬기라고 촉구하였다. 백성들은 계속해서 이방 산당에서 예배하였지만, 그 제물은 오직 하나님께 드리는 것이었다.

므낫세는 왕궁 정원에 장사되었으나 왕실 묘지에 안장되지는 못하였다. 그의 아들 아몬은 악한 왕이었다. 아몬은 다른 신들을 섬겼으며, 자기 아버지와 달리 회개하지 않았다. 아몬은 점점 더 죄를 지었다. 아몬이 왕위에 오른지 2년째 되는 해에 그의 신하들이 그를 살해하였다. 그러나 백성들이 그 신하들을 죽이고 아몬의 아들 요시야를 왕으로 삼았다.

## 요시야 열왕기하 22-23장, 역대하 34-35장

요시야는 겨우 8살에 왕이 되어 유다를 다스렸다. 그가 16살이 되었을 때, 하나님을 향한 요시야의 사랑을 백성들이 분명히 볼 수 있었다. 20살이 되었을 때, 요시야는 남아 있던 모든 우상들과 제단들을 제거하는 데 힘썼다. 그리고 그는 이방 제사장들의 뼈를 이방 신의 제단에서 불사르라고 명령하였다. 그의 정화 작업은 유다에만 제한되지 않았다. 그는 북쪽의 므낫세와 에브라임과 시므온과 납달리 지역에서도 제단과 우상을 모두 제거하였다.

요시야는 유다를 영적 진공 상태로 내버려두지 않았다. 그는 사반과 요아에게 성전을 수리하고 재정비하게 하였다. 그 일에 필요한 돈을 지불하기 위하여, 그들은 온 유다와 이스라엘에서 모은 돈을 대제사장 힐기야에게 주었다.

제사장 힐기야는 궤에 보관된 돈을 꺼내던 중 율법책을 발견하였다. 사반은 그 책(두루마리)을 가져다가 왕에게 읽어주었다. 그 내용을 들은 요시야는 애통하며 옷을 찢었다. 그와 그의 백성들이 하나님께 불순종하였다는 것을 깨달았기 때문이다.

요시야는 힐기야와 다른 신하들에게 그들이 하나님의 율법에 순종하기 위해 무엇을 해야 하는지 알아오라고 명령하였다. 그들은 예루살렘 외곽에 살고 있던 선지자 훌다에게 갔다. 그녀는 유다의 배교와 우상숭배로 인해 하나님께서 그 율법책에 기록된 대로 유다에 심판을 내리실 것이며, 요시야의 죽음 이후로 그 심판이 연기될 것이라고 말하였다.

힐기야가 훌다의 메시지를 요시야에게 전하자, 요시야는 유다의 지도자들과 백성들을 성전으로 불러 모은 후 온 나라가 따라야 할 모범을 정하였다. 요시아는 그들 앞에서 언약서를 읽은 다음, 온 마음으로 하나님의 명령에 순종하기로 맹세하였고, 모든 백성에게 동일하게 맹세하게 하였다. 요시야의 남은 통치 기간 동안 백성들은 주님이 세우신 언약을 신실하게 지켰다.

요시야의 종교 개혁의 마지막 사건은 대규모로 유월절 축제를 지킨 것이었다. 그는 제사장들과 레위 사람들에게 각기 지정된 위치를 정해 주었고, 백성들에게 유월절의 중요성을 설명해주라고 지시하였다.

요시야는 가능한 한 많은 사람들이 유월절 축제에 참여할 수 있도록 개인적으로 3만 마리의 어린 양과 어린 염소, 3천 마리의 수소를 제공하였다. 그의 신하들과 레위 지도자들도 제물로 쓸 수천 마리의 짐승들을 내놓았다. 모든 제사 준비와 제물들이 모세의 율법에 적힌 그대로 이루어졌다. 축제는 7일 동안 계속되었는데, 이는 사무엘 이후로 가장 큰 유월절 축제였다.

이집트의 느고 왕이 유다를 통과하여 바빌론을 치고자 하였을 때, 요시야는 치명적인 실수를 범하였다. 그는 행군하여 느고의 길을 가로막았다. 느고는 요시야에게 그가 이집트와 싸우는 것은 잘못된 일이라고 경고했다. 그는 "나는 오늘 왕을 치려고 온 것이 아니오. 하나님께서 나에게 다른 나라를 치라고 말씀하셨소. 그러니 나와 맞서지 마시오. 그렇지 않으면 나와 함께 계신 하나님이 당신을 멸망시키실 것이오"라고 하였다.

그러나 요시야는 그의 말을 들으려 하지 않았다. 결국 변장을 하고 이집트를 치러 나간 요시야는 심각한 부상을 입고 예루살렘으로 돌아와 숨을 거두었다. 이 일로 온 나라가 슬픔에 잠겼고, 예레미야 선지자는 애가를 지어 그의 죽음을 애도하였다.

# 남왕국의 멸망 열왕기하 24-25장, 역대하 36장

요시야가 죽고 난 뒤 백성들은 여호아하스를 왕으로 세웠으나 그의 통치는 겨우 석 달 만에 끝났다. 느고 왕은 그를 폐위시키고, 유다로 하여금 조공을 바치게 하였다. 그리고 여호아하스의 형제 엘리야김을 왕으로 삼고 그의 이름을 여호야김으로 바꿨다. 여호아하스는 붙잡아서 이집트로 데려갔다.

여호야김은 악한 왕이었다. 그가 예루살렘에서 다스린 지 8년 되던 해에 바빌로니아의 느부갓네살 왕에게 점령당하였다. 처음에 그는 바빌로니아에 충성하였으나 후에 반역하였다. 이 일로 바빌로니아가 유다를 침공하였고, 여호야김을 사슬에 묶어 잡아갔다. 느부갓네살은 성전에서 값진 성물들을 취하여 가져다가 바빌론에 있는 그의 왕궁에 두었다. 그는 또한 다니엘과 그의 친구들을 포함하여 인질들을 데려갔다. 여호야김은 죽어 예루살렘 성문 밖에 장사되었다.

여호야긴은 18살 때 아버지 여호야김의 뒤를 이어 왕이 되었다. 악한 왕이었던 그는 느부갓네살이 두 번째로 침공하기까지 석 달 동안 다스렸다. 여호야긴은 느부갓네살에게 항복하였고, 포로가 되어 바빌론으로 끌려갔다. 그는 거기서 갇혀서 지내다가 37년 만에 풀려났다.

느부갓네살은 성전을 약탈하고 만 명의 용사와 기술자들을 바빌론으로 데려갔다. 그는 여호야긴의 삼촌 맛다니야를 왕으로 세우고 이름을 시드기야로 바꿨다.

시드기야는 악한 왕으로 유다를 11년간 다스렸다. 시드기야가 바빌로니아에게 반역하자 느부갓네살이 세 번째로 유다를 침공하였다. 바빌로니아 군대는 예루살렘을 둘러싸고 18개월 동안 그 성을 포위하였다. 그들이 성벽을 뚫었을 때, 시드기야는 어둠을 틈타 도망하려고 하였다. 그러나 여리고 부근에서 사로잡혀 본부였던 리블라(다마스쿠스 북쪽)에 있는 느부갓네살에게 끌려갔다. 그들은 시드기야가 보는 앞에서 그의 아들들을 처형하였고, 그의 두 눈을 뺀 다음 쇠사슬로 묶어서 바빌론으로 데려갔다.

느부갓네살은 그의 근위대장을 예루살렘으로 보내어 그 성을 완전히 파괴해버렸다. 그는 성전과 왕궁과 중요한 건물들을 모두 약탈하고 불태웠다. 또한 군대에게 성벽을 헐어버리라고 명령했고, 포위 때 살아남은 사람들을 바빌론으로 데려가 노예로 삼았다. 그는 가장 가난한 사람들을 그 땅에 남겨두어 농사를 짓게 하였으나 대제사장과 다른 지도자들은 리블라로 데려가 모두 죽였다.

느부갓네살은 유다 사람 그달리야를 유다 총독으로 임명했다. 그는 백성들에게 두려워할 것이 아무것도 없다고 말하고, 바빌로니아 왕을 섬기라고 설득하였다. 그러나 왕족인 이스마엘과 몇몇 군 지휘관들이 모의하여 그달리야를 죽였다. 바빌로니아의 보복을 두려워한 음모자들은 이집트로 도망갔는데, 예레미야 선지자도 데려갔다.

여호야긴이 포로로 잡혀간 지 37년이 되던 해에 에윌므로닥이 바빌로니아의 왕이 되었다. 그는 여호야긴을 옥에서 풀어주었고, 왕과 함께 음식을 먹는 것을 포함하여 여러 특전을 베풀었다.

## 요약

북쪽 지파들에 대한 르호보암의 이기적인 반응은 왕국의 분열을 가져왔다. 이제 유다(남왕국)의 왕이 된 그는 백석들을 부추겨서 다른 신들을 섬기게 하였고, 하나님께서 그 땅에서 몰아내신 민족들의 혐오스러운 관습을 따르기 시작하였다.

남왕국의 왕들은 대부분 르호보암의 악행을 따랐고, 선지자들의 경고에도 불구하고 하나님을 저버렸다.

여호사밧은 경건한 통치자였으나 그의 아들 여호람은 주님을 영화롭게 하지 않았다. 그로 인해 그는 엄청난 영토를 상실하였다.

므낫세는 믿을 수 없을 정도로 악하였다. 그에 대한 하나님의 심판은 신속하고 엄중했다. 앗시리아에 포로로 잡혀가 있는 동안 므낫세는 진심으로 회개하였고, 주님께서는 그가 다시 유다로 돌아와 다스리게 하셨다.

남왕국의 몇몇 왕들은 방어를 위해 이방 왕들과 동맹을 맺는 실수를 범하였다.

웃시야와 히스기야는 훌륭하고 성공적인 지도자로서 하나님께 신실하게 행하였다. 웃시야는 52년 동안의 통치 기간에 왕국을 확장하고, 예루살렘을 요새화하였으며, 군대를 재조직하고, 물웅덩이를 파서 황무지에서 농사를 지을 수 있게 하였다.

히스기야는 이사야의 도움으로 유다 역사상 가장 위대한 몇 가지 개혁을 단행하였다. 그는 제사장들에게 성전을 보수하게 하고, 대규모 유월절 축제를 벌였으며, 유다와 이스라엘의 백성들에게 우상을 제거하라고 도전하였다.

요시야의 경건한 통치 이후, 유다는 바빌론으로 유배되어 멸망할 때까지 급속한 쇠락의 길을 걸었다. 느부갓네살 치하의 바빌로니아는 세 번 유다를 침공하였다. 세 번째 침공에서 그들은 예루살렘을 점령하였고, 성전을 약탈하고 불태웠으며, 전략적인 건물들을 파괴하고, 방어벽을 무너뜨렸다. 이때 대부분의 백성들이 포로가 되어 바빌론으로 잡혀갔다.

12
CHAPTER

# 포로가 된 하나님의 백성들

### 주요 등장인물

바빌로니아와 페르시아의 왕들 | 다니엘 | 사드락, 메삭, 아벳느고
스룹바벨 | 에스라 | 에스더 | 모르드개 | 하만 | 느헤미야

### 배경

바빌로니아(현대의 이라크) | 바빌론(바빌로니아의 수도)
페르시아(현대의 이란) | 수산 성(페르시아 왕의 겨울 궁전)
예루살렘

# 다니엘과 그의 친구들 다니엘

## 왕의 꿈을 해석하다

바빌로니아는 2년 동안의 포위 끝에 예루살렘 성벽을 무너뜨리고, 성전을 유린하고, 도성을 파괴하였다. 그들은 시드기야와 수천 명의 유다 사람들을 포로로 잡아 바빌론으로 데려갔다. 그곳에서 왕의 아들들을 처형하고, 시드기야의 두 눈을 멀게 하였다. 그때부터 바빌론은 포로로 잡혀간 유다 사람들에게 새로운 고향이 되었다.

유배는 실제로 느부갓네살이 처음 유다를 침공하기 수년 전에 시작되었다. 그는 유다 왕에게 조공을 바치도록 강요하고, 몇몇 왕족과 귀족들을 인질로 데려갔다. 그 중 다니엘과 그의 세 친구들이 선택되어 바빌론에 있는 느부갓네살의 궁전에서 교육을 받게 되었다.

그들은 왕실 학교에 있는 동안 왕이 먹는 호화로운 음식을 먹을 수 있는 특권을 가지고 있었다. 하지만 유대법에 따르면 그 음식은 그들을 더럽히는 것이었기 때문에 다니엘과 그의 친구들은 그것을 거부하였다. 대신 그들은 교육을 책임진 관리에게 자기들이 선택한 음식을 먹게 한 뒤 그 결과가 어떠한지 시켜봐달라고 하였다. 그는 열흘 동안 시험적으로 그렇게 하도록 허락해주었고, 왕이 내린 음식을 먹은 다른 교육생들보다 그들이 더 건강한 것을 보고는 깜짝 놀랐다.

그 관리는 다니엘과 그의 친구들의 재능과 지혜가 뛰어나다는 것을 알게 되었다. 하나님께서는 그들에게 지혜와 명철을 주셨고, 다니엘에게는 특별히 꿈과 환상을 해석할 수 있는 능력까지 주셨다. 그들은 최고의 성적으로 왕실 학교를 졸업하였다. 느부갓네살은 그들에게 온갖 문제를 물어본 후, 그들이 왕실의 다른 조언자들보다 훨씬 더 지혜롭다는 것을 알게 되었다.

느부갓네살의 통치 2년에 그는 기괴한 꿈을 꾸었다. 그는 나라의 지혜자들에게 그 꿈을 해석할 것을 요구하며, 꿈을 제대로 해석하지 못한다면 모두 처형을 당하게 될 것이라고 위협하였다. 다니엘은 친구들에게 이 소식을 알리고 하나님께서 그 비밀을 알게 해주시기를 간구하자고 하였다. 하나님은 그의 기도에 응답하셔서 다니엘에게 환상을 보여주셨다.

다니엘은 느부갓네살에게 자신이 섬기는 하나님이 그 꿈을 왕에게 보여주신 것이라고 하며 그것을 해석해주었다. 느부갓네살은 꿈에서 다양한 재료로 만들어진 거대한 신상을 보았는데, 다니엘은 황금으로 된 머리는 느부갓네살이고 다른 부위는 앞으로 흥망하게 될 왕들을 나타내는 것이라고 설명하였다. 그런데 결국 그 신상은 하나님 나라를 의미하는 돌에 맞아 으깨졌다.

느부갓네살은 깊은 인상을 받아서 다니엘의 하나님이 모든 신들 가운데 가장 높은 신으로 경배받아야 한다고 인정하였다. 그는 다니엘을 바빌론 지역의 통치자로 삼고 다른 모든 왕실 조언자들의 어른으로 삼았다.

### 그리 아니하실지라도

느부갓네살은 다니엘의 하나님을 찬양하였으나 한편으로 자기 자신을 과시하였다. 그는 27미터가 넘는 금 신상을 세우게 하고, 신상의 제막식에 모든 관리들을 참석시켰다. 사드락과 메삭과 아벳느고는 금으로 만든 신상에 절해야 한다는 것을 알고는 참석을 거부하였다.

이들이 왕의 칙령에 따르기를 거부했다는 소식이 느부갓네살에게 보고되자, 그는 버럭 화를 냈다. 느부갓네살은 그들에게 경고하며 또 한 번의 기회를 주겠다고 하였다. 만일 신상에 절하기를 거부한다면, 그들은 즉시 불타는 용광로 속에 던져 넣어질 것이었다. 그는 "어느 신이 너희를 내 손에서 구해낼 수 있겠느냐?"고 하였다.

그의 말에 다니엘의 세 친구는 하나님께서 능히 건져내실 것이며, 그리 아니하시더라도 금 신상에게 절하지 않겠다고 하였다. 그들의 저항에 잔뜩 화가 난 느부갓네살은 얼굴빛이 달라졌다. 그는 용광로를 보통 때보다 일곱 배나 더 뜨겁게 하라고 명령했다. 그 불은 사드락과 메삭과 아벳느고를 그 속에 던져 넣은 사람들이 불꽃에 타서 죽었을 정도로 매우 뜨거웠다.

다니엘의 친구들이 던져진 후 용광로를 들여다본 느부갓네살은 깜짝 놀라서 벌떡 일어났다. 그는 용광로 안에서 네 남자가 걷고 있는 것을 보았는데, 네 번째 사람은 신처럼 보였다. 그는 사드락과 메삭과 아벳느고에게 밖으로 나오라고 소리쳤다. 밖으로 나온 그들은 아무런 화상도 입지 않았고, 머리카락조차 그을리지 않았다.

느부갓네살은 사드락과 메삭과 아벳느고의 하나님을 찬양하며 누구든 그들의 하나님에게 불경한 말을 하는 사람은 그 몸이 조각이 날 것이라는 내용을 담은 조서를 내렸다. 그는 "타는 용광로에서 이 사람들을 구원할 수 있는 다른 신은 없다"고 말했다.

비록 바빌론의 다른 신들을 섬기는 것을 멈추지는 않았지만, 느부갓네살은 계속해서 다니엘의 하나님을 경배하였다. 심지어 그의 제국 전체에 하나님을 가장 높으신 신으로 섬기라는 조서를 내렸다.

한번은 느부갓네살이 무서운 꿈을 꾸었는데, 다니엘 외에 아무도 그 꿈을 해석하지 못하였다. 다니엘은 그것이 느부갓네살의 오만과 잔혹함 때문에 하나님이 보내신 경고라고 말했다. "죄를 멈추시고, 가난한 자와 억압받는 자들에게 자비를 베푸십시오."

다니엘은 왕에게 만일 그가 악한 과거와 단절한다면, 하나님께서 그에게 자비를 베푸실 것이라고 조언하였다. 그러나 그렇게 하지 않는다면, 느부갓네살이 병이 들어 일정 기간 동안 짐승처럼 살게 될 것이라고 말했다.

느부갓네살은 다니엘의 경고를 듣지 않았고, 예언은 결국 현실이 되었다. 느부갓네살은 왕위에서 쫓겨나 짐승처럼 살았다. 그러다가 때가 되어 그는 다시 왕권을 회복하였다. 느부갓네살은 교만한 이를 낮추시는 하늘의 하나님을 찬양하였다.

### 벨사살 시대의 사건들

느부갓네살이 죽은 이후에도 다니엘은 계속해서 바빌론의 통치자들에게 조언하였다. 벨사살 왕의 통치 첫 해에, 다니엘은 네 마리 악한 짐승들이 바다에서 올라오는 환상을 보았다. 첫 번째 짐승은 독수리의 날개를 가진 사자였다. 두 번째 짐승은 갈빗대 세 개를 물고 있는 뒷발로 선 곰이었다. 세 번째 짐승은 날개를 가진 표범이었고, 네 번째 짐승은 쇠로 된 이빨과 열 개의 뿔을 가진 괴물이었다. 그 중 세 개의 뿔은 눈과 입을 가지고 있는 더 큰 뿔에 밀려서 뿌리째 뽑혔다.

환상 중에 옛적부터 계신 분(하나님)께서 이 모든 짐승들을 무찌르고 그분의 영원한 권세를 세우셨다. 짐승들은 하나님의 백성들을 압제하는 이 세상의 여러 왕국들을 상징하는 것이었다. 하나님은 결국 이 세상의 왕국들을 쓸어버리시고, 하나님의 백성들은 주님의 나라에서 그분과 함께 영원히 다스리게 될 것이다.

다니엘은 벨사살 왕 제 3년에 또 다른 환상을 보았다. 그는 두 개의 뿔을 가진 숫양 한 마리를 보았다. 그 양은 서쪽에서 숫염소가 와서 그를 짓밟아 죽일 때까지 사방으로 들이받았지만, 아무 짐승도 이에 대항하지 못하였다. 염소의 뿔이 부러지고 네 개의 뿔이 다시 돋아났다. 그 뿔들 가운데 하나가 크게 자라서 거룩한 성전을 공격하였다.

하나님은 가브리엘 천사를 보내셔서 다니엘에게 그 환상에 대해 설명해주셨다. 숫양과 숫염소와 뿔은 세상의 나라들을 의미하는 것이었다. 뿔의 나라는 하나님의 백성들에게 끔찍한 파멸을 가져오지만, 하늘의 왕자가 불시에 그 나라를 멸망시킬 것이다.

다니엘은 벨사살에게 그의 제국의 종말이 가까웠다고 경고하였다. 그러나 엄청난 방어 시설을 갖추고 있는 바빌론이 난공불락이라고 생각한 벨사살은 수천 명의 관리들과 그들의 아내들을 불러 큰 잔치를 베풀었다.

벨사살은 예루살렘 성전에서 가져온 거룩한 그릇들을 꺼내어 술잔으로 사용하였다. 그들이 술을 마시기 시작했을 때, 갑자기 사람의 손가락이 나타나서 벽에 글을 쓰기 시작했다. "메네 메네 데겔 우바르신." 두려움에 사로잡힌 왕은 점쟁이와 마술사들에게 누구든지 그 메시지를 해석하면 큰 보상을 주겠다고 약속했지만, 아무도 그것을 해석할 수 없었다. 그때 왕의 어머니가 다니엘이 꿈을 해석할 수 있다는 사실을 기억해냈다.

다니엘은 보상과 상관 없이 그 수수께끼 같은 메시지에 대해 설명해 주었다. 그는 벨사살이 바빌론 신들을 위해 축배를 드는 데 거룩한 그릇들을 사용함으로써 가장 높으신 하나님을 모욕하였다고 말했다. 다니엘은 "하나님께서 이미 왕의 나라의 시대를 계산하셨습니다. 왕은 하나님의 정의의 저울에 달리셨는데, 무게가 부족하다는 것이 드러났습니다. 왕의 나라는 망합니다"라고 말했다.

그날 밤 메대와 페르시아 사람들이 바빌론을 점령하여 벨사살을 살해하였다.

### 사자굴에서 살아남다

다니엘은 계속해서 나라의 고위 관리로 일했다. 그는 임무를 수행하는 능력이 뛰어나고 충성스런 사람이었다. 그래서 페르시아의 다리우스 왕은 그에게 제국 전체의 책임을 맡기고자 하였다. 그러자 다른 관리들이 다니엘을 질투하여 그의 실책과 허물을 찾아내려 하였다.

그들은 업무적인 면에서 아무런 흠을 찾을 수 없자, 하나님께 대한 헌신을 이유로 다니엘에게 죄를 씌우려는 음모를 꾸몄다. 관리들은 왕을 설득하여 30일 동안 누구도 왕 이외에 다른 신을 섬기지 못하도록 금지하는 법령을 공포하게 하였다. 다니엘은 이 사실을 알고도 계속해서 하루에 세 번씩 하나님께 기도하였다.

기회를 잡은 다니엘의 적들은 왕에게 이 사실을 알렸다. 다리우스는 자신이 이 일을 자초하였다는 것을 깨닫고는 어떻게든 다니엘을 구할 방법을 찾고자 하였다. 그러나 결국 자신이 내린 칙령을 따를 수밖에 없었다. 다니엘은 사자굴에 던져졌고, 다리우스는 어떻게든 그가 살아남기를 바랐다. 그는 "그대의 하나님이 그대를 구하여 주시기를 비오"라고 말했다.

다리우스는 밤새도록 다니엘을 걱정하다가 다음날 아침 일찍 사자굴로 달려갔다. 그는 굴 밖에서 다니엘을 불렀다. "다니엘, 그대가 섬기는 하나님이 그대를 지켜주셨소?" 그러자 다니엘이 대답했다. "나의 하나님이 천사를 보내셔서 사자들로부터 나를 보호해주셨습니다. 나는 왕께도, 나의 하나님께도 죄를 짓지 않았습니다." 안심한 왕은 다니엘을 끌어올리라고 명령했다.

다리우스는 다니엘을 모함한 자들을 체포하여 사자굴에 던졌다. 그리고 하나님을 인정하는 조서를 공포하였다. "다니엘의 하나님은 살아계신 하나님이며, 영원히 다스리신다. 하나님은 다니엘을 사자의 입에서 구하여 주신 것처럼 그분을 신뢰하는 사람들을 구해 주신다."

### 이스라엘을 향한 약속

다니엘이 인질이 되어 바빌론으로 끌려왔을 때가 십대였다면, 고레스가 페르시아의 통치자가 되었을 때에는 아마도 팔십대였을 것이다. 다니엘은 비록 고국으로 돌아가지 못하였지만, 하나님께서 그분의 백성을 약속의 땅으로 돌아가게 하시고 이스라엘 백성들을 향한 계획을 갖고 계시다는 희망을 잃지 않았다.

다니엘은 예레미야서를 읽으면서, 그 선지자가 포로 기간이 70년이라고 예언했다는 것을 알게 되었다. 그 햇수가 거의 다 되어간다는 것을 깨달은 다니엘은 민족의 죄를 자신의 죄로 여기며 회개하였다. 그는 하나님은 공의로우시다고 인정했다. 그리고 하나님이 이스라엘에게 하신 약속을 지키실 것이라고 확신하였다.

다니엘이 이 기도를 마치기도 전에, 주님께서 천사 가브리엘을 보내셔서 그에게 이스라엘의 미래를 알려주셨다. 그 메시지는 '70'이라는 숫자와 '기름을 부어서 세운 자'로 밝혀진 한 개인의 도래에 초점을 맞추고 있었다. 그것은 다니엘에게 하나님은 그분의 백성을 버리지 않으셨으며, 이스라엘을 향한 분명한 계획을 가지고 계시다는 것을 확신시켜 주었다.

다니엘이 3주 동안 금식하며 기도하였을 때, 하나님의 사자가 그에게 와서 미래에 일어날 사건들의 예고편을 보여주었다. 하나님의 사자는 미래의 통치자와 제국의 흥망성쇠에 대해 설명하였다. 그 환상은 하나님께서 그분의 백성들을 돌보신다는 확신을 주었고, 다니엘이 어느 날엔가 죽음에서 부활할 것이라는 약속으로 끝을 맺었다.

## 성전 재건 에스라

페르시아의 왕 고레스는 왕위에 오른 지 채 1년이 되지 않았을 때, 하늘의 주 하나님이 그를 감동시키셔서 예루살렘 성전을 다시 지으라고 명하셨다고 공포하였다. 그는 이스라엘 사람들 가운데 고국으로 돌아갈 마음이 있는 사람이라면 누구나 그렇게 하도록 허락하라는 명령을 내렸다. 그리고 돌아가기를 원치 않는 사람들은 그들에게 돈과 필요한 것을 공급하도록 장려하였다.

한편, 하나님은 베냐민, 유다, 레위 지파의 지도자들을 감동시키셔서 예루살렘으로 돌아갈 마음을 갖게 하셨다. 돌아갈 결심을 하지 않은 사람들은 고레스 왕이 지시한 대로 필요한 물품들과 선물을 주어 그들을 도왔다. 고레스 왕 자신도 느부갓네살이 예루살렘 성전에서 가져왔던 금과 은 그릇들을 넘겨주었다.

이스라엘 백성들은 스룹바벨의 인도를 따라 출발했고, 수천 명의 종들과 노래하는 이들이 그들과 함께했다. 함께한 사람들 가운데는 혈통을 증명할 수 없는 사람들도 있었다. 제사장이라고 주장하는 사람들 몇몇은 그들의 족보를 증명할 수 없었다. 그래서 지도자들은 그들의 혈통이 증명될 때까지 제사장의 직분을 맡기지 않기로 하였다. 그들은 수십만 달러의 가치가 있는 금은과 제사장의 예복을 가져왔고, 수백 마리의 말과 노새와 낙타도 함께 가져왔다.

유다에 도착한 제사장들과 레위 사람들과 일반 백성들 가운데 일부가 예루살렘과 그 부근 마을에 정착하였다. 그리고 나머지 백성들은 그들이 원래 살던 마을로 돌아갔다.

그해 일곱째 달에 유다로 돌아온 모든 사람들이 예루살렘에 모였다. 예수아와 그의 동료 제사장들과 스룹바벨과 그의 가족들은 제단이 서 있던 옛 터에 새로 제단을 세우고, 모세의 율법이 정한 방식 그대로 번제를 드렸다. 그 지역에 살고 있는 이방 민족을 두려워하기는 하였지만, 그들은 아침저녁으로 번제를 드리고 모든 절기와 예식을 지켰다.

이스라엘 백성들은 두로와 시돈 지역(이스라엘 백성이 아닌 사람들)에서 벽돌공과 목수를 고용하였고, 그 대가로 그들에게 음식과 기름과 포도주를 주었다. 이 사람들은 고레스가 그들에게 허락해준 대로 레바논에서 예루살렘까지 백향목을 베어 보내주었다.

그들은 필요한 물품들을 모은 다음, 예루살렘에 돌아온 지 둘째 해 두 번째 달에 성전 건축을 시작하였다. 20세 이상은 모두 공사를 도왔고, 예루살렘 총독 스룹바벨과 대제사장 예수아가 감독하였다. 기초를 놓은 후 그들은 노래를 부르고 소리치고 심벌즈로 요란한 소리를 내며 크게 축하하였다. 그러나 이제는 파괴되고 없는 솔로몬의 아름다운 성전을 기억하고 있는 나이 많은 사람들 몇몇은 크게 슬퍼하였다. 이처럼 기쁨의 환성과 통곡이 한 데 뒤섞여 구별할 수가 없었다.

유다 사람들의 귀환과 성전 재건에 대한 소식이 유다와 베냐민의 대적들에게까지 전해졌다. 그들은 스룹바벨과 이스라엘 지도자들에게 공사를 도와주겠다고 하였다. 또한 자기들이 유다 사람으로서 하나님께 관심이 있는 것이 당연하며, 앗시리아의 이전 왕 에살핫돈이 그들을 거기로 데려왔을 때부터 그때까지 줄곧 하나님께 제사를 드려왔다고 하였다. 그러나 스룹바벨과 예수아는 이를 거절하였다. 성전은 고레스의 명령대로 이스라엘 사람들의 손으로 건설되어야 했기 때문이다.

그러자 그들은 고레스에게 편지를 쓰고 사람들을 고레스에게 보내어 그들을 모함하였다. 이스라엘 사람들을 위협하고 낙심시키려 하였던 것이다. 이런 일은 고레스의 통치 기간 내내 계속되었고, 다음 왕들의 통치 기간까지 이어졌다.

마침내 그들의 계략이 효과를 거두어 왕의 마음이 변하여 예루살렘 성전을 재건하고 싶어 하지 않게 되었다. 제국 곳곳의 지도자들까지 합세하여 유다인들이 재건을 끝내고 나면 세금을 지불하지 않을 것이라고 하였다. 그들은 자기들의 주장을 뒷받침하기 위하여 왕에게 그 성읍 사람들이 반란을 자주 일으키고 치안을 위협하는 경향이 있다는 것을 증명할 역사적 기록들을 살펴보라고 하였다.

기록들을 살펴본 왕은 그들의 주장에 동의하게 되었고, 편지를 쓴 사람들에게 회신하여 무력을 사용하여 즉시 성전 재건을 중단시키라고 하였다. 이후의 명령은 다리우스 왕 시대까지 내려지지 않았다.

다리우스가 페르시아의 왕이 된 지 제 2년에, 선지자 학개와 스가랴가 스룹바벨과 예수아에게 편지를 보내어 백성들을 독려해서 다시 공사에 착수하도록 하였다. 그들이 다시 공사를 시작하고 얼마 지나지 않아, 지방 총독 닷드내는 누가 그들에게 성전 공사를 다시 시작할 권한을 주었는지 알고자 하였다. 총독은 또한 그 일에 관여하고 있는 사람들의 목록을 만들어서 달라고 하였다. 그러나 이스라엘 사람들은 다리우스 왕이 직접 그 문제를 조사할 때까지 공사를 계속하였다.

닷드내는 다리우스에게 유다 사람들이 그의 질문에 어떻게 대답하였는지를 포함해서 무슨 일이 일어나고 있는지 알렸다. 유다 사람들은 그에게 하나님이 자기들의 역사를 통해 일하셨으며, 오래 전에 고레스 왕이 성전을 재건하라는 공식 명령을 내렸다고 말했다. 닷드내는 다리우스에게 그 문제를 조사해달라고 요청하였다.

다리우스는 그 문제를 해결하기 위해 왕실 서고를 찾아보던 중 고레스의 칙령을 발견하였다. 그는 닷드내에게 편지를 보내서 이스라엘 사람들이 공사를 계속할 수 있으며, 나아가 닷드내에게 그가 거둔 세금으로 성전 재건에 필요한 비용을 지불하라고 하였다. 또한 그는 총독에게 희생 제사에 필요한 짐승들을 제공하고, 이스라엘 사람들에게 다리우스와 그의 아들들을 위해 기도하게 하라고 하였다. 심지어 다리우스의 칙령을 어긴 사람은 누구든지 그 집의 들보를 빼서 내다 버리고 거기 매달리게 될 것이라고 엄중히 경고하였다.

유다 사람들은 용기를 얻어 재건에 힘써 다리우스 왕 제 6년에 성전을 완공하였다. 그들은 성대한 봉헌식을 하고 많은 제물을 드렸다. 제사장들은 스스로를 성결케 한 후, 그해에 유월절을 지켰다. 한편, 그 지역에 사는 이방인들 가운데 많은 사람들이 부도덕한 삶으로부터 돌아서서 하나님을 섬겼다.

# 에스더에스더

### 왕후가 되다

페르시아의 크세르크세스(아하수에로) 왕 제 3년에, 그는 180일간 왕실 잔치를 베풀어서 자신이 정복을 통해 축적한 엄청난 부를 과시하였다. 잔치의 마지막에, 그는 빈부를 가리지 않고 도성에 있는 사람들을 모두 그의 정원으로 불러서 7일 동안 잔치를 베풀었다.

그 정원은 흰색과 보라색 휘장을 대리석 기둥에 은고리로 매달아 우아하게 장식하였고, 마루에는 금과 은으로 만든 의자들이 놓여 있었다. 모든 사람들은 금잔으로 그들이 원하는 만큼 술을 마실 수 있었다. 그와 동시에 와스디 왕후는 궁전의 한쪽에서 여인들을 위한 잔치를 베풀었다.

왕의 잔치가 7일째 되던 날, 크세르크세스가 술에 취해서 궁전의 내시들에게 왕후를 잔치에 데리고 오라고 명령하였다. 귀족들과 신하들에게 그녀가 얼마나 아름다운지 보여주고 싶었던 것이다. 그런데 와스디는 왕의 부름에 거부했다.

크세르크세스는 매우 화가 났고, 이 문제에 대해 가장 가까운 조언자들과 상의했다. 므무간이라는 신하는 이렇게 말하였다. “와스디 왕후는 왕에게만 잘못을 저지른 것이 아니라, 이 나라의 모든 백성에게도 잘못을 저질렀습니다. 왕후가 한 이 일을 다른 여인들이 알게 될 때, 그들도 자기 남편들에게 순종하지 않게 될 것이기 때문입니다! 이제 왕께서는 와스디 왕후가 다시는 왕의 어전에 나오지 못하도록 칙령을 내리셔야 합니다. 그리고 왕후의 자리는 그 여인보다 더 훌륭한 다른 사람에게 주시는 것이 마땅합니다.”

크세르크세스는 이 계획을 받아들여 칙령을 공포했다. 그의 조언자들은 왕에게 아름답고 젊은 왕후를 찾아야 한다고 하였다. “각 지방에 관리를 임명하셔서 아리땁고 젊은 처녀들을 찾아내게 하십시오. 그리고 왕의 내시에게 그들을 준비시켜서 왕께서 그들을 판단하실 수 있게 하십시오. 누구든 왕의 마음에 드는 처녀가 새 왕후가 될 것입니다." 왕은 이 말에 동의했다.

한편, 왕의 성읍에는 모르드개라는 유다 사람이 살고 있었다. 모르드개는 삼촌의 딸 에스더를 입양하였다. 그녀의 부모가 일찍 죽었기 때문이다.

에스더는 매우 아름다운 처녀였는데, 왕후 후보로 뽑혀서 왕의 내시 헤개에게 보내졌다. 헤개는 에스더를 제일 좋게 보았고, 그녀에게 좋은 음식과 시녀들과 화장품을 챙겨주고, 가장 좋은 방을 주었다.

### 하만의 모략

모르드개는 에스더에게 그녀가 유다인이라는 것을 아무에게도 말하지 말라고 일러두었다. 그는 날마다 후궁 앞을 오가며 그녀가 어떻게 지내는지, 일이 어떻게 되어가는지를 확인하였다. 여자들은 열두 달 동안 미용법에 따라 몸을 가꾸었다. 여섯 달 동안은 몰약 기름으로, 다음 여섯 달 동안은 향유로 몸을 가꾸었다. 이 과정이 끝나면, 왕 앞에 나아가서 하룻밤을 함께 보냈다. 그 후 왕이 특별히 지명하여 부르지 않으면 다시는 왕 앞에 나갈 수 없었다.

에스더의 차례가 되었을 때, 왕은 그녀를 다른 모든 여자들보다 더 사랑하여 그녀의 머리에 관을 씌우고 왕후로 삼았다. 그는 에스더를 위하여 왕실 잔치를 베풀고 신하들을 초대하였으며, 그날을 휴일로 공포하고 선물을 나누어주었다.

모르드개는 계속해서 대궐 문 앞을 떠나지 않았다. 하루는 그가 크세르크세스 왕의 내시 두 명이 왕을 죽이려는 음모를 꾸민다는 것을 알게 되었다. 모르드개는 이 사실을 에스더에게 말하였고, 그녀는 왕에게 전하였다. 조사해보니 모르드개가 한 말이 사실임이 밝혀졌다. 내시들은 나무에 매달려 처형당했고, 이 사건은 궁중실록에 기록되었다.

얼마 후, 크세르크세스 왕은 아각 사람 하만을 자신 다음으로 가장 높은 자리에 앉혔다. 왕은 다른 모든 신하들에게 하만을 향하여 땅에 얼굴을 대고 절을 하라고 명령하였다. 모르드개만 빼고 모두가 그렇게 하였다.

왕의 신하들은 모르드개에게 왕의 명령에 따를 것을 권하였으나 모르드개는 그들의 말을 무시하였다. 그들은 하만에게 이 사실을 알렸다. 하만은 화가 치밀어 올라 모르드개만 죽이는 것이 아니라, 그 나라에 사는 모든 유다 사람들을 멸하는 것으로 그에게 복수하기로 결심하였다.

하만은 왕에게 이렇게 말하였다. "왕의 나라에 흩어져 사는 민족이 하나 있는데, 그들은 다른 민족들과 섞이지 않습니다. 그들은 자기들만의 법을 가지고 있고 왕의 법을 지키지 않습니다. 왕께서 그들을 모두 없애도록 조서를 내려주십시오. 그러면 저는 그 일이 되는 것을 보기 위해 은화 75만 파운드를 내겠습니다."

왕은 그의 인장 반지를 하만에게 주며 "그 돈은 당신의 것이니 그대로 두고, 그 백성들은 당신이 좋을 대로 하시오"라고 말하였다.

### 죽으면 죽으리라

하만의 명령은 조서로 만들어져 왕의 반지로 봉인되었고, 제국의 모든 통치자들과 관리들에게 보내졌다. 백성들은 가깝게 정해진 하루 동안에 남녀노소를 가리지 않고 모든 유다인들을 죽이라는 명령을 받았다. 그리고 그들이 죽인 사람들의 재산을 빼앗을 수도 있었다.

모르드개는 이 사실을 알고 옷을 찢고, 굵은 베옷을 걸치고, 거리에서 통곡하였다. 모든 지방마다 유다인들이 금식하고 굵은 베옷을 걸치고 재 위에 누워 탄식하였다. 왕비 에스더는 그 소식을 듣지 못하였다. 그러나 모르드개가 굵은 베옷을 입고 있다는 소식을 들은 그녀는 충격을 받았다.

에스더는 모르드개에게 좋은 옷을 보냈으나 입기를 거부하였다. 그녀는 자신을 섬기는 내시 하닥을 불러서 모르드개에게 무슨 일이 일어났는지 알아오라고 하였다. 모르드개는 모든 사실을 이야기하고 에스더가 유다인들을 위해 왕에게 자비를 베풀어 달라고 탄원해야 한다고 하였다.

에스더는 왕이 부르지 않으면 누구도 그에게 나아갈 수 없기 때문에 왕에게 탄원하는 것이 어려우며, 그러다가 자신이 목숨을 잃을 수도 있다고 말하였다. 왕이 그녀를 부르지 않은 지 30일이나 되었기 때문에 에스더로서도 조심스러운 상황이었다.

모르드개는 에스더에게 이렇게 대답했다. "왕후께서 궁궐에 계시다고 하여 안전하다고 생각하지 마십시오. 이런 때에 왕후께서 침묵하고 계시면, 왕후와 왕후의 집안은 멸망할 것이고, 누구라도 와서 유다인들을 구원할 것입니다. 바로 이와 같은 때를 위하여 왕후께서 그 자리에 계신 것인 줄 누가 압니까?"

에스더는 다시 이렇게 말하였다. "도성 안에 있는 유다 사람들을 모두 한 곳에 모으시고, 사흘 동안 금식하십시오. 저도 시녀들과 함께 금식하겠습니다. 그 후에 제가 왕에게 나아가겠습니다. 그러다가 죽으면, 죽으렵니다."

## 극적인 반전

3일 동안 금식한 후 에스더는 예복을 입고 왕에게 갔다. 그녀를 본 왕은 쥐고 있던 규를 내밀어서 환영하며 물었다. "무슨 일이 있소? 당신에게라면 나라의 절반이라도 떼어 주겠소."

에스더는 왕에게 이렇게 말했다. "제가 오늘 왕을 위해 준비한 잔치 자리에 하만과 함께 오십시오."

에스더의 청대로 잔치 자리에 온 왕은 술을 마시다가 다시 한 번 에스더에게 원하는 것이 무엇이냐고 물었다. 그녀는 다음날에도 하만과 함께 잔치에 와달라고 요청하였다. 에스더는 그때 자신이 원하는 것이 무엇인지 이야기하겠다고 하였다.

하만은 이 특별한 식사에 초대를 받은 것 때문에 기분이 좋아서 궁궐을 나갔다. 그러나 궁궐 문밖에서 모르드개를 보자마자 잔뜩 화가 났다. 그는 친구들과 아내를 불러서 그들에게 자신의 부와 권력을 자랑하고, 크세르크세스 왕과 함께 왕후가 준비한 특별한 식사에 자신만 초대를 받았다고 떠벌렸다. 그러나 모르드개만 보면 모든 것이 엉망이 된다고 토로했다. 하만의 아내와 친구들은 높이 50자의 장대를 세우고 아침에 왕에게 모르드개를 거기 매달도록 말씀드리라고 제안하였다. 하만은 이 계획이 마음에 들었다.

그날 밤 크세르크세스 왕이 잠이 오지 않자 신하에게 궁중 실록을 가져와 읽게 하였다. 그는 모르드개가 암살 계획을 알려주어 자신의 목숨을 구해주었다는 사실을 알게 되었다.

“이런 일을 한 그에게 나는 무엇으로 보상해 주었느냐?” 왕이 물었다.

신하는 아무것도 하지 않았다고 대답하였다.

바로 그 순간 하만이 궁전 뜰에 와 있었다. 왕은 그에게 들어오라고 한 후 이렇게 물었다. “내가 특별히 보상해주고 싶은 사람에게 무엇을 하여 주면 좋겠느냐?” 자만심에 찬 하만은 왕이 자신에 대해 말하고 있는 것이라고 생각하고는 그에게 왕이 입는 옷을 입히고 왕의 말을 타고 성읍 거리를 행군하게 하고, 신하들은 왕이 보상해주고 싶어 하는 사람에게 이렇게까지 하신다고 외치게 하라고 제안했다.

그 말을 들은 왕은 이렇게 말했다. “유다 사람 모르드개에게 이같이 하여라.”

뜻밖의 말에 당황한 하만은 왕이 말한 대로 했지만, 근심이 가득하여 집으로 돌아갔다. 그가 아내와 친구들에게 무슨 일이 있었는지 이야기하자, 그들은 “이 사람이 유다인이라면, 절대 그를 무너뜨릴 수 없을 것이요. 그에게 맞선다면 당신은 엄청난 손실을 입게 될 것이오”라고 말하였다.

그날 저녁 만찬에서 왕은 다시 한 번 에스더에게 무엇을 해주기를 원하느냐고 물었다. 에스더는 “나와 내 민족의 목숨을 살려 주십시오. 그들이 그저 노예로 팔려가게 된 것이었다면, 이런 말씀을 드리지 않았을 것입니다. 그러나 그들이 살육을 당하게 되었습니다”라고 대답하였다.

그 말을 듣고 놀란 크세르크세스 왕이 에스더에게 물었다. “감히 누가 그런 일을 하려고 한단 말이오?”

“우리의 원수는 이 흉악한 하만입니다.” 에스더가 대답했다.

왕은 몹시 화가 났고, 하만은 두려움에 떨었다. 크세르크세스 왕이 방을 나가자, 하만은 에스더가 눕는 침상에 엎드려 목숨을 살려달라고 애원했다. 다시 방으로 돌아온 왕은 하만이 침상에 엎드려 있는 것을 보았고, 그 모습은 마치 에스더를 겁탈하려는 것처럼 보였다. 이 일로 왕은 더 화가 났다.

내시들 가운데 한 사람은 하만이 높은 장대를 세워놓고 모르드개를 매달아 죽이려고 한다고 말했다.

“하만을 거기에 매달아라!” 왕이 명령을 내렸다. 신하들은 왕의 명령에 순종하여 하만을 그 장대에 매달았다. 왕은 또한 하만의 재산을 에스더에게 주었다. 에스더는 왕에게 자신과 모르드개의 관계를 알려주었다. 왕은 이전에 하만에게 주었던 인장 반지를 모르드개에게 주었고, 에스더는 하만의 재산을 그에게 주었다.

그러나 그들은 유다 사람들에 대한 악한 음모를 해결해야 했다. 에스더는 왕에게 유다인을 멸하라는 명령을 취소시켜 달라고 애원하였다.

왕은 에스더와 모르드개에게 그들이 보기에 적당하게 새로운 조서를 써서 인장 반지로 도장을 찍으라고 하였다.

모르드개는 크세르크세스의 이름으로 지정된 날에 유다 사람들이 스스로를 방어할 수 있도록 허용하는 조서를 썼다. 그 문서는 가장 빠른 왕의 말을 탄 전령들에 의해 모든 지방으로 전달되었다. 이 소식을 접한 유다 사람들은 기뻐하였고, 다른 민족들 중 많은 사람들이 유다 사람들을 두려워하여 유다 사람인 척하였다.

하만이 유다 사람들을 멸하기 위해 정했던 그날, 오히려 유다 사람들이 그들의 대적을 멸하였다. 모든 민족들이 하나님의 백성들을 두려워하게 되었기 때문에 누구도 그들에게 맞서지 않았다. 모든 관리와 지도자들이 모르드개를 두려워하여 유다 사람들 편에 서서 싸웠다. 모르드개는 이제 왕궁에서 실권을 잡게 되었다.

각 지방의 유다 사람들은 하만의 아들들을 포함해서 그들을 공격하는 사람들을 죽였다. 에스더는 왕에게 유다 사람들이 원수와 싸울 수 있도록 하루를 더 허락해달라고 요청하였다. 왕은 그렇게 하라고 했다. 심지어 그는 유다 사람들에게 하만의 아들들을 장대에 매다는 것을 허락해주었다.

유다 사람들이 다시 원수들을 죽였으나 그들의 재산은 빼앗지 않았다. 이 일이 있은 후, 그들은 쉬면서 잔치를 베풀고 기뻐하였다. 모르드개는 해마다 이 이틀을 명절로 지키도록 정하였고, 그날에 잔치를 베풀고 선물을 주며, 특별히 가난한 사람들에게 선물을 주는 날로 지키도록 하였다(이날이 유다 사람들의 부림절이다).

## 느헤미야와 예루살렘 성벽 재건느헤미야

### 성벽 재건을 허락받다

포로가 된 유다 사람들 가운데 한 명인 느헤미야는 페르시아의 왕 아닥사스다의 신임을 얻어 그의 술을 담당하는 관원이 되었다. 왕의 재위 20년에 느헤미야의 형제가 예루살렘에 갔다가 돌아왔다. 느헤미야는 그에게 고국에 있는 유다 사람들이 어떻게 지내고 있는지 물어보았다. 돌아온 대답은 매우 실망스러웠다. "그 지방에 남은 사람들은 억압받고 멸시당하고 있습니다. 예루살렘 성벽은 무너졌고 성문들은 다 불에 탔습니다."

느헤미야는 이 소식을 듣고 며칠 동안 금식하며 하나님께 기도하였다. 그는 하나님께 그분의 백성들이 회개하면 그들을 고국으로 돌아오게 하실 것이라고 하신 약속을 지켜달라고 간구하였다. 왕은 느헤미야가 슬퍼하고 있다는 것을 알아채고는 무슨 문제가 있냐고 물었다.

"왕이시여, 만수무강 하시기를 빕니다." 느헤미야가 말했다. "하지만 제 고국이 폐허가 되었다는 소식을 듣고 어찌 슬퍼하지 않을 수가 있겠습니까?"

"네가 바라는 것이 무엇이냐?"라고 아닥사스다가 물었다.

느헤미야는 하나님께 기도를 드리고 나서 "예루살렘으로 가서 그 성을 재건하도록 허락해주시기를 바랍니다"라고 말하였다.

"그렇게 다녀오려면 얼마나 걸리겠느냐? 언제쯤 돌아올 수 있겠느냐?" 왕이 물었다.

느헤미야는 물음에 답했고, 왕은 그가 가는 것을 허락해주었다. 그러자 느헤미야는 한 가지를 더 요청하였다. "제가 무사히 갈 수 있도록 그 지방의 총독들에게 편지를 써주시겠습니까? 또 왕실의 숲을 맡고 있는 관리에게도 편지를 써서 제가 문들도 짜고, 성벽도 쌓고, 살 집도 지을 재목을 지원해주시기 원합니다."

왕은 이것도 승낙하였다. 느헤미야는 자기를 도우시는 하나님을 신뢰하였다. 왕은 또한 예루살렘으로 가는 동안 느헤미야를 보호하도록 장교와 기병대를 딸려 보냈다.

### 원수들의 방해

유다 지역에 도착한 느헤미야는 그 지방의 총독들에게 왕의 친서를 전하였다. 호론 사람 산발랏과 암몬 사람 도비야는 느헤미야가 도착했다는 소식을 듣고 위협을 느꼈다. 그들은 왕이 그처럼 중요한 인물에게 예루살렘 성벽을 재건하는 일을 맡긴 것에 화가 났다.

느헤미야는 예루살렘으로 가서 사흘을 머물렀다. 그는 자기가 무슨 일을 하고 있는지 혹은 왜 그곳에 왔는지 아무에게도 말하지 않고, 밤에 소수의 사람들만 데리고 성벽을 순찰하러 갔다.

성읍의 상황을 파악한 느헤미야는 유다 지도자들과 제사장들에게 하나님께서 어떻게 성벽 재건을 허락받을 수 있도록 도와주셨는지 말하였다. 하나님이 느헤미야와 함께하신다는 것을 확신한 지도자들은 즉시 반응을 보이며 일을 시작하자고 격려하였다.

이 소식을 들은 산발랏과 도비야가 조롱하기 시작했다. "당신들은 지금 왕에게 반역을 할 수 있다고 생각하는 것이오?" 그들이 물었다.

"하늘의 하나님이 우리가 이 일을 이루어낼 수 있도록 도와주실 것이오." 느헤미야가 대답했다. "당신들은 이 땅에 대한 아무런 권리도 없소."

유다인들은 먼저 양문을 재건하여 하나님께 바치고, 문짝을 만들어 제자리에 달았다. 다음으로 여러 제사장들과 감독들이 다른 성문들과 망대를 수리하고 재건하였다. 많은 사람들이 그들의 집 가까운 곳의 성벽을 수리하였다. 그러나 거만한 귀족들은 공사 감독들에게 협조하지 않았다.

산발랏은 자신의 동료들과 경계를 위해 와 있던 사마리아 군인들이 듣는 데서 성벽을 쌓고 있는 유다 사람들을 조롱하였다. "이 어리석은 유다인들이 도대체 무슨 일을 하고 있는 것이냐? 여기서 제사라도 지내겠다는 것이냐? 쓰레기 더미가 된 불타 버린 돌을 꺼내서 성벽을 쌓는데 사용할 수 있다고 생각하는 것이냐?"

그러자 도비야가 거들었다. "여우 한 마리만 기어 올라가도 그 담은 무너지고 말 것이다."

느헤미야는 하나님께 이 사람들이 하나님을 모욕하였으므로 그것이 다시 그들에게 되돌아가게 해달라고 간구하였다.

성벽을 쌓는 작업이 계속되자 이스라엘의 대적들은 점점 더 화가 났다. 그들은 작업을 방해하기 위해 예루살렘을 공격할 계획을 세웠다. 느헤미야는 하나님께 보호해주시기를 기도하며, 한편으로는 밤낮으로 경비병을 세워 경계하였다.

얼마 못 가서 유다인들이 지치자 대적들이 그들을 공격하려 하였다. 그들과 가까운 곳에서 살고 있는 유다인들이 이 계획을 알게 되어 성벽을 건설하는 사람들에게 알려주었다. 느헤미야는 백성들을 가문별로 조직하고, 그들을 무장시켜서 성벽이 약한 곳마다 배치하였다. 그는 "그들을 두려워하지 말라. 하나님의 능력을 기억하고 가족들을 위해 싸우라"고 하였다.

유다 사람의 원수들은 그들의 음모가 새나갔다는 것을 알고는 공격을 하지 않았다. 그 시점부터 유다 사람들의 절반은 계속해서 성벽을 쌓고, 절반은 그들을 보호하기 위해 무장을 하고 경비를 섰다. 많은 남자들이 성벽을 건설하면서 한 손으로는 검을 잡았다. 성벽은 길고 일꾼들은 성벽을 따라 멀리 퍼져 있었기 때문에, 느헤미야는 나팔수들을 준비시켜서 성벽의 어느 지점이든 공격을 당하면 나팔을 불어 사람들을 한 곳으로 모으게 하였다. 사람들은 낮에는 일을 하고 밤에는 성벽을 경비하면서 밤낮으로 버텼다. 이로 인해 사람들은 옷을 갈아입을 여유조차 없었다.

### 52일 만의 완공

시간이 지나자 백성들 가운데 일부와 그 아내들이 불평을 하기 시작했다. 그들은 세금을 내기 위해 돈을 빌려야 했고, 심지어는 자식들을 유다 지도자들에게 노예로 팔아야 했다.

이 말을 들은 느헤미야는 귀족들과 관리들에게 몹시 화가 났다. "어찌하여 같은 민족을 이런 식으로 대우할 수 있소? 당신들은 그들에게 이자를 받아서도 안 되고, 그들을 노예로 팔아서도 안 되오! 우리 원수들에게 우리를 조롱할 기회를 주지 않으려거든 하나님을 두려워하면서 살아야 하오." 유다 지도자들은 이 말을 받아들였다.

느헤미야가 귀환자들의 지도자로 있었던 12년 동안, 그와 그의 형제들은 총독으로서 받아야 할 녹봉을 받지 않았다. 이전의 총독과 그 부하들은 백성들에게 세금을 물리고 그밖에도 자기들을 위해 양식을 거두었다. 그러나 느헤미야는 하나님을 두려워하였기 때문에 열심히 일하였고, 모든 사람들이 음식을 먹고 필요들을 채울 수 있도록 해주었다. 그는 관리들이 백성들을 희생시켜서 번성하는 것을 완강히 거부하였다.

산발랏과 도비야와 다른 원수들은 성문만 제외하고 빈 곳 없이 성벽이 완공되었다는 소식을 들었다. 그들은 느헤미야를 공격할 계획을 세우고는 네 번씩이나 오노 들판에서 만나자고 요구하였다.

느헤미야는 매번 그들에게 공사를 하느라 바빠서 만나러 갈 시간이 없다고 내답하였다. 다섯 번째에 그들은 이러한 내용을 덧붙였다. "당신과 유다 사람들이 페르시아에 반역을 모의하고 있다는 소문이 퍼져 있소. 당신이 유다에 왕이 있다고 선포하게 할 선지자들까지 임명하였다는 말을 들었소. 이 일은 이제 왕에게까지 보고될 것이오. 그러니 우리가 만나서 그것에 대해 이야기를 나누어야 하오." 느헤미야는 그들의 고발이 터무니없는 것이라고 말했다.

하루는 느헤미야가 스마야의 집에 갔는데, 몇몇 사람들이 그날 밤에 그를 죽이려는 계획을 세우고 있으니 성전으로 들어가 성소 문을 닫으라고 하였다. 느헤미야는 도망가기를 거부했다. 스마야가 산발랏과 도비야에게 매수되어서 자기를 위협하여 성전에 들어가는 죄를 범하게 하려는 것임을 알았기 때문이다. 그 외에도 도비야와 동맹을 맺어 함께 일하는 유다인 반역자들이 더 있었다.

숱한 방해와 위협에도 불구하고 52일 만에 성벽이 완공되었다. 공사가 끝나자 유다의 원수들은 하나님이 그들을 도우셨다는 것을 알고 두려워하였다.

성벽이 건설되고 난 다음, 느헤미야는 문지기와 노래하는 사람과 레위 사람들을 세웠다. 그리고 그의 아우 하나니와 성채 지휘관 하나냐에게 예루살렘 경비를 맡겼다.

그때에는 성읍 안에 사는 사람들이 많지 않았고, 집들도 얼마 없었다. 느헤미야는 사람들을 모두 모아서 백성들이 그들의 족보를 확인할 수 있도록 옛 기록들을 찾아 읽었다. 유다 사람들 가운데 일부는 그들의 조상을 확인할 수 없었는데, 그들은 제사장이 와서 그들이 진짜 유다인인지 아닌지 판결을 내릴 때까지 성전에서 나오는 거룩한 음식을 먹을 수 없었다.

결집한 유다인들의 총 인원은 4만 2,360명이었고, 이에 더하여 7,337명의 종과 245명의 노래하는 사람들이 있었다. 또 그들은 736마리의 말, 245마리의 노새, 435마리의 낙타와 6,720마리의 나귀를 가지고 있었다. 각 가문의 우두머리 가운데 많은 사람들이 돈과 그릇과 예복을 기금으로 내놓았다. 그 후 사람들은 각기 고향으로 돌아가 자리를 잡았다.

### 기본으로 돌아가다

몇 달 뒤에 모든 백성들이 수문 앞 광장에 모였다. 그들은 모세의 가르침을 담은 책을 가져왔고, 에스라 제사장이 새벽부터 정오까지 모든 남자와 여자와 아이들에게 그것을 읽어주었다. 그가 책을 펴면, 백성들은 모두 일어섰다. 에스라가 주 하나님께 감사하면, 백성들은 모두 손을 들고 "아멘!"하고 외치고, 엎드려 얼굴을 땅에 대고 주님을 경배하였다. 그들은 하나님의 말씀을 읽었을 뿐만 아니라, 레위 사람들이 모여 있는 사람들에게 그 의미를 설명해주었다.

백성들은 이 책에 적힌 말씀을 들으면서 울기 시작하였다. 느헤미야와 에스라와 레위 사람들은 그들에게 울지 말라고 하였다. "오늘은 거룩한 날입니다. 가서 음식을 먹고 마시면서 기뻐하십시오. 충분히 갖지 못한 사람들에게는 먹을 것과 마실 것을 주십시오. 주님의 기쁨 안에서 강건하십시오!" 백성들은 이 말에 순종하였고, 주님의 말씀으로 인해 크게 기뻐하였다.

다음날 지도자들은 말씀을 공부하기 위해 다시 모였다. 그들은 하나님이 일곱째 달에 절기를 정하셨다는 것을 알게 되었는데, 마침 그때가 일곱째 달이었다. 그들은 절기를 지키기 위해 올리브나무와 들올리브나무와 종려나무와 다른 침엽수의 가지로 만든 초막에서 지냈다. 그리고 7일 동안 축제를 즐기며 하나님의 가르침을 읽었다.

그 달 이후에 유다 사람들은 베옷을 입고 머리에 재를 뒤집어쓰고 금식하였다. 이스라엘 사람들은 모든 이방 사람들과 관계를 끊고, 자신들의 죄와 조상들의 죄를 자백하였다. 그들은 레위 사람들이 이끄는 대로 일어서서 감사의 기도를 드리며 주님을 경배하였다.

그들은 기도 중에 하나님이 그들의 역사 가운데 그분의 백성들을 어떻게 돌보셨는지, 그 백성들이 어떻게 반역하였는지, 그리고 그분이 어떻게 그들을 다시 회복시키셨는지 이야기하였다. 그 다음 이해할 만한 나이가 된 모든 사람들이 하나님 앞에서 그분의 계명을 따라 이방인들과 결혼하지 않고, 하나님께 제물을 드리며, 절기를 지키고, 성전을 돌보며 살 것을 맹세하였다.

유다 지도자들은 예루살렘에 정착하였고, 나머지 백성들은 주사위를 던져서 10분의 1은 예루살렘 성으로 옮겨와 살게 하였다. 많은 사람들이 자원하여 그곳으로 옮겨오기도 하였다. 성벽을 봉헌할 때, 사람들은 레위 사람들을 모아서 노래하고 악기를 연주하며 축제를 돕게 하였다.

제사장과 레위 사람들은 자신과 백성들의 몸을 깨끗하게 하였고, 성문과 성벽을 깨끗하게 하는 예식을 올렸다. 느헤미야는 지도자들을 성벽 위로 올라가게 하고, 두 찬양대를 세워 감사를 드리고 행렬을 만들어 예루살렘을 행진하게 하였다.

느헤미야와 지도자들과 찬양대가 성전에서 함께 모였다. 그들은 제물을 드리고 아주 멀리서도 들을 수 있을 정도로 크게 기뻐하였다. 그날 그들은 또한 창고를 맡을 사람을 정하고, 하나님의 일을 맡은 제사장과 레위 사람들을 위하여 음식과 예물 배분을 체계화하였다.

사람들이 모여 다시 한 번 모세의 책을 읽던 중 이스라엘 백성들이 약속의 땅을 향해 가는 중 광야에 있을 때 암몬 사람과 모압 사람이 그들을 저주하기 위해 발람을 고용하였던 것을 알게 되었다. 백성들은 그 이야기를 듣고, 즉시 성전에 모이는 총회에 이방인들이 참석하지 못하게 하였다.

### 느헤미야의 개혁

느헤미야는 약속했던 대로 아닥사스다 왕에게 돌아가야 했다. 그러나 얼마 지나서 왕의 허락을 받아 다시 예루살렘으로 돌아왔다. 예루살렘으로 복귀한 느헤미야는 도비야(이방인)가 그의 친척 중 하나인 엘리아십 제사장을 통해 성전 저장고 중 한 방을 차지했다는 사실을 알게 되었다.

느헤미야는 몹시 화가 났다. 그는 도비야의 소유물들을 밖으로 내던지고 백성들에게 그 방을 깨끗하게 치운 다음, 성전 기구들을 다시 들여놓게 하였다. 설상가상으로, 느헤미야는 레위 사람들이 모세의 율법을 따라 받을 그들의 몫을 받지 못하고 있다는 것을 알게 되었다. 그들은 부득이하게 성전 의무를 저버리고 생존을 위해 자기들의 밭에서 일을 하고 있었다. 느헤미야는 레위 사람들을 다시 불러들이고, 그들을 지원하기 위해 백성들에게 곡식과 포도주와 올리브 기름을 가져오게 하였다. 그리고 물건의 배분을 위하여 새로운 책임자를 세우고 일을 맡겼다.

느헤미야는 급격한 개혁을 진행하던 중 하나님께 도움을 구하였다. "주님, 주님을 위해 제가 한 일을 기억하여 주시고, 주님의 긍휼과 무한한 사랑을 따라서 저를 도와주소서."

느헤미야가 자리를 비운 사이 문제가 생긴 것은 성전과 그 일을 맡은 사람들만이 아니었다. 느헤미야는 안식일에 노동을 하고 사고파는 일이 이루어지는 것을 보고 지도자들을 꾸짖었다. 그는 그들에게 이것은 무엇보다도 하나님이 이스라엘을 벌하셨던 주된 이유들 중 하나라고 말하였다. 그는 안식일에 예루살렘 성문을 닫도록 명하여서 백성들이 드나들며 짐을 나르고 물건을 팔지 못하게 하였다. 또한 상인들이 성문이 열리기를 기다리며 성 밖에서 밤을 보내지 못하게 하였다.

느헤미야는 이방 여인과 결혼한 유다 사람들을 꾸짖고 벌하였다. 그들이 자녀들에게 유다인의 유산을 가르치지 않았기 때문이었다. 느헤미야는 그들에게 이런 식의 통혼이 그들의 조상들로 하여금 죄를 짓게 하였다고 경고하였다. 그는 그들에게 자기 자녀가 믿음이 없는 이방인들과 결혼하는 것을 절대 허락하지 않겠다고 맹세하게 하였다.

느헤미야는 백성들이 그들의 집과 성전에서 이방 사람들을 제거하였는지 확인하였다. 그는 제사장들과 레위 사람들을 조직하여 그들이 백성들을 이끌어 제사를 드릴 때에 율법대로 행하도록 하였다. 느헤미야는 하나님께 기도를 드리면서 자신이 주님을 영화롭게 하기 위하여 기울인 용기 있는 수고를 기억하여 주시기를 간구하였다.

## 요약

바빌로니아 사람들이 유다를 침공하였을 때, 다니엘과 다른 귀족들이 인질로 잡혀갔다. 지혜와 총기가 남달랐던 다니엘과 그의 친구들은 왕의 특별한 조언자로 섬기게 되었다. 다니엘은 바빌로니아와 페르시아의 지도자들에게 하나님으로부터 특별한 은총을 받은 사람으로 분명하게 인식되었다. 그는 수수께끼 같은 꿈을 해석하였고, 이스라엘과 인류의 미래를 보았다.

페르시아의 고레스 왕은 조서를 공포하여 포로로 잡혀온 유다인들이 고국으로 돌아가 하나님을 예배하도록 허락하였다. 이에 수천 명의 유다인들이 유다 지역으로 돌아갔다.

귀환자들은 하나님을 예배하고 믿음을 회복하는 데 집중하였고, 곧 성전을 재건하기 시작하였다. 방해와 난관에 부딪혔을 때, 주님은 학개와 스가랴를 보내셔서 그들이 시작한 일을 끝낼 수 있게 격려하셨다. 그 일을 마치고, 유다 사람들은 하나님께 성전을 봉헌하고 유월절을 기념하였다.

많은 유다인들이 고국으로 돌아오지 않고 페르시아 치하에서 포로로 남아 있었다. 크세르크세스 치하에서 에스더는 왕후가 되었고, 그의 사촌 모르드개와 더불어 제국에 남아 있던 유다인들을 학살로부터 구하였다.

페르시아 아닥사스다 왕의 술 따르는 관원이었던 느헤미야는 왕에게 예루살렘 성벽을 수리하러 가는 것을 허락해달라고 청하였다. 그는 왕의 허락을 받아 예루살렘으로 돌아가 백성들과 함께 완강한 반대와 방해에 맞서 52일 만에 성벽 공사를 끝마쳤다.

예루살렘 성벽이 재건되자 유다 지도자들은 귀환자들의 영적인 삶에 대해 염려하였다. 그들은 유다인의 법에 정통한 에스라에게 모세의 율법을 읽어달라고 부탁하였다. 백성들은 주님께 재헌신하였고, 느헤미야는 그들에게 예배와 결혼 문제에서 하나님을 영화롭게 하라고 요구하였다.

www.purenard.co.kr